Monika Miklautz

Hysterisch
oder liebeskrank?

Die Übertragungsliebe bei Hysterikerinnen

Ernst Reinhardt Verlag München Basel

Dr. phil. Monika Miklautz, Klagenfurt, geb. 1947. Lehramtsstudium an der Universität Wien, Doktorat an der Universität Klagenfurt. Seit 1972 Gymnasiallehrerin für Geschichte, Psychologie, Philosophie und Pädagogik. Fortbildung auf dem Gebiet der Psychotherapie, unter besonderer Berücksichtigung der Psychoanalyse, an der Universität Klagenfurt und im Bereich der Beratung und Supervision am Pädagogischen Institut in Klagenfurt. Seit 1990 in der Lehrerfortbildung und als Schülerberaterin tätig. Langjähriges Engagement in der autonomen Frauenbewegung.

Die Deutsche Bibliothek – CIP-Einheitsaufnahme

Miklautz, Monika:
Hysterisch oder liebeskrank? : die Übertragungsliebe bei
Hysterikerinnen / Monika Miklautz. - München ; Basel : Reinhardt,
1998
    ISBN 3-497-01453-2

© 1998 by Ernst Reinhardt, GmbH & Co, Verlag, München

Printed in Germany

Inhaltsverzeichnis

Mir ward die Liebe nicht...

Mir ward die Liebe nicht –
Drum leb' ich wie die Pflanze,
Im Keller ohne Licht.

Mir ward die Liebe nicht –
Drum tön' ich wie die Geige,
Der man den Bogen bricht.

Mir ward die Liebe nicht –
Drum wühl' ich mich in Arbeit
Und leb' mich wund an Pflicht.

Mir ward die Liebe nicht –
Drum denk ich gern des Todes,
Als freundliches Gesicht.

Bertha Pappenheim[1]

Einleitung

In seiner behandlungstechnischen Schrift "Bemerkungen über die Übertragungsliebe" aus dem Jahr 1915 setzt sich Freud ausführlich mit dem Phänomen der Übertragungsliebe und ihrer Handhabung durch den Analytiker auseinander. Einerseits weist er auf die Wichtigkeit, ja Notwendigkeit einer solchen Behandlung hin, andererseits ist er sich bewußt, mit welchem Feuer der Therapeut in dieser Situation spielt. Die Notwendigkeit ergibt sich durch die Regression der Patientinnen und das Erinnern und Durchspielen kindlicher Szenen, wobei der Analytiker die Rolle der geliebten Person übernimmt. Die Gefahr besteht darin, daß er diese positive Übertragung, Liebesübertragung oder Übertragungsliebe als real ansieht, ihr nicht widerstehen kann und damit nicht nur die Regeln der Moral verletzt, sondern auch den Erfolg der Kur vereitelt, da Erinnerungen von Verdrängtem ausbleiben und Sublimierung durch Überwindung des Lustprinzips nicht erfolgen kann.

Es fällt auf, daß Freud hier nur von Patientinnen spricht, die einem männlichen Analytiker gegenübertreten, obwohl es andere Kombinationsmöglichkeiten, was das Geschlecht betrifft, bekanntlich auch gibt. Freud dürfte aber dabei von seinen analytischen Urerfahrungen ausgegangen sein, die in die Zeit vor der Entdeckung der Psychoanalyse zurückreichen und in der er es vorwiegend mit Hysterikerinnen zu tun hatte. Die Beschäftigung mit der Krankheit der Hysterie und die Lehren, die ihm seine frühen Patientinnen erteilten, führten schließlich zur Entwicklung der Psychoanalyse als einer neuen Theorie und Therapieform. Neben Freud, der sich damals gleichzeitig einer strengen Selbstanalyse unterzog, haben daher diese Frauen einen entscheidenden Anteil an der Entstehung der modernen Seelenerforschung.

Ich möchte mich in dieser Arbeit vor allem mit der Übertragungsliebe jener frühen Patientinnen auseinandersetzen, sie aber auch mit anderen Fallgeschichten aus dem 19. und 20. Jahrhundert vergleichen und dabei die Frage stellen: Um welche möglichen Übertragungen handelte es sich bei diesen? Oder anders ausgedrückt: Was hätte sich bei einer psychoanalytischen Behandlung eventuell herausstellen können?

Dies trifft im besonderen Maße auf die Fälle von Hysterie aus dem Zentrum für seelische Gesundheit im Landeskrankenhaus Klagenfurt, damals Irrenanstalt genannt, zu, die ich erstmals ausgewertet habe. Sie wurden hier verwahrt, gepflegt und medikamentös behandelt, aber nach der Ursache ihres Leidens wurde nicht geforscht. Ganz anders hingegen erging es z. B. Bertha Pappenheim oder Anna von Lieben, deren Ärzte sich für sie viel Zeit nahmen und der Krankheitsursache auf den Grund zu gehen versuchten. Selbst Ida Bauer, deren Analyse von ihr frühzeitig abgebrochen wurde und als mißlungen gilt, erhielt ein gewisses Maß an Zuwendung, Vertrauen und schließlich die Möglichkeit zur Abreaktion.

Weiters geht es mir darum zu zeigen, daß das Phänomen der Übertragungsliebe wirksam war, bevor es entdeckt und für eine Therapie ausgenutzt wurde, wobei ich den Begriff nicht zu eng gefaßt sehen will, denn was für die Liebesübertragung in der Psychoanalyse gilt, hat im Grunde für jedes Liebesverhältnis Geltung. Das sieht auch Freud so, wenn er feststellt, daß der Charakter jedes Verliebtseins darin besteht, infantile Vorbilder zu wiederholen, nur daß in der psychoanalytischen Kur die Liebe noch zusätzlich als Widerstand auftritt (Freud 1915 a, 227).

Deswegen erscheint es mir legitim, die Beziehung zwischen ekstatischen Heiligen und ihrem Gott, aber auch die zwischen "Hexen" und ihren Folterern auf der Basis der Übertragung zu interpretieren. Beide standen in einem intensiven Rapport zu einem männlichen Wesen und litten darunter, die einen, weil sie sich in asketischer Liebe nach Christus verzehrten, die anderen, weil sie zu diesem gezwungen wurden und somit als Projektionsfläche für die pervers-sadistischen Vorstellungen ihrer Folterer herhalten mußten. Kindliche Sehnsüchte nach Zärtlichkeit und Geborgenheit steigerten sich bei den Nonnen zu sexuellen Phantasien, während gewalttätige Erlebnisse im Kindheits- und Jugendalter die Basis für die "Liebe" zwischen den Inquisitoren und deren Helfern zu ihren meist weiblichen Opfern – und manchmal auch umgekehrt – boten.

Auch die sublimierte Form der Liebe, also die zur Kunst, Wissenschaft oder im sozialen Bereich, funktioniert nach diesem Prinzip. Zwar ist die Frau nach Freud zur Sublimierung ihrer Libido weniger befähigt als der Mann, weil ihr das strenge Über-Ich fehlen soll, aber es zeigt sich verstärkt im 19. und 20. Jahrhundert, daß sie dazu durchaus in der Lage ist, wenn man sie nur läßt. Die Liebe verschiebt sich dann von einem konkret erlebten Objekt (Vater und/oder Mutter) auf eine abstrakte Idee oder eine altruistische Tätigkeit wie im Falle Sabina Spielrein oder Bertha Pappenheim. Manchen gelingt sogar der Sprung in die vorderste Reihe von Kunst und Wissenschaft, wie z. B. Clara Schumann und Marie Curie. Ihnen blieb der Umweg über die Hysterie erspart.

Schließlich stelle ich mir die Frage, wie Freud selbst mit dieser Form von Liebe umgegangen ist – in seiner Beziehung zu Patientinnen, aber auch später, als er vorwiegend als Lehranalytiker tätig war, in der zu seinen Schülerinnen. Welche (Gegen)übertragungen aus seinem eigenen Leben lassen sich gegenüber seinem Mentor Breuer, seinem Freund Fließ und einigen seiner Schüler ausmachen?

Anschließend möchte ich noch kurz auf andere Übertragungskonzepte eingehen, vor allem auf das seines Schülers Ferenczi, und auf das Problem, das sich dadurch für Freud und die von ihm aufgestellte Abstinenzregel ergibt. Ferenczi stellte nämlich der frei schwebenden Aufmerksamkeit, wie sie Freud vom Analytiker verlangte, die Idee der Empathie, also des größtmöglichen Einfühlens in den Patienten, entgegen, was wiederum die Gefahr der Grenzüberschreitung in der Therapie in sich birgt. Auch die Frage der Gegenübertragung, zu der sich Freud in seinen veröffentlichten Schriften sehr spärlich geäußert hat, wird von Ferenczi dadurch thematisiert und gipfelt im Konzept der mutuellen Analyse, in der der Analytiker selbst zum Analysanden wird. Der Umgang mit der Übertragung ist auch in der heutigen Diskussion ein kontroversielles Thema.

In den Kapiteln über Hysterie versuche ich aufzuzeigen, daß diese unter verschiedenen Namen aufgetreten ist und unterschiedlich behandelt und erklärt wurde – in der Antike und im Mittelalter vorwiegend metaphysisch, seit der Aufklärung medizinisch, aber erst im 20. Jahrhundert wurde unter dem Einfluß der Sozialwissenschaften der gesellschaftliche Anteil berücksichtigt. Damit sind hysterische Reaktionen weder Auszeichnung oder Strafe Gottes noch Krankheiten des Nervensystems oder der Genitalien, sondern Folgen von Erziehung und Rollenerwartung in unserer patriarchalen Gesellschaft. Daher gehe ich zuletzt auf aktuelle Formen hysterischer Persönlichkeitsstörungen ein und frage mich, ob diese in einer Welt weiblicher Selbstbestimmung noch anzufinden sein werden.

Mein Anliegen ist es, folgendes aufzuzeigen: Es gab eine Entwicklung in der dynamischen Psychiatrie, die zum Begriff der Übertragung von Gefühlen aus der frühesten Kindheit führte, auf dessen Basis Freud die Psychoanalyse entwickelt hat. Freie Assoziation, Widerstand und Übertragung sind seither die Säulen seiner therapeutischen Praxis, aber auch seiner Forschungsmethode. Damit schuf er ein neues wissenschaftliches Instrumentarium, das eine Beziehung zwischen dem beobachteten Objekt und seinem Beobachter herstellt. Durch die Erkenntnis der Gegenübertragung wird dieses Band noch enger. Auch ich habe mich bei dieser Arbeit von dem psychoanalytischen Konzept leiten lassen, es entstand eine Art Dialog mit dem zu bearbeitenden Material. Schon bei der Themenauswahl, aber auch bei der Literaturinterpretation schimmert meine Betroffenheit als Frau durch.

Als mir das Thema nach dem Studium der Briefe Freuds an die Kärntner Patientin Anna von Vest klar war, erstellte ich eine Gliederung, die weitgehend mit dem Inhaltsverzeichnis ident ist, und wählte danach die weitere Literatur aus. Die Grundstruktur stand also von Anfang an fest. Da ich noch einen zusätzlichen Bezug zu Kärnten und Klagenfurt herstellen wollte, kam ich auf die Idee, Krankengeschichten in der psychiatrischen Abteilung des Landeskrankenhauses nach Fällen von Hysterie durchzusehen und diese mit den "klassischen" Fallgeschichten zu vergleichen. Das Studieren weiterer hysterischer Erscheinungsformen im Laufe der Geschichte sowie der Entwicklung von Übertragung und Gegenübertragung bildete dann das passende Ergänzungsmaterial dazu.

Ich möchte aufzeigen, daß es eine Übertragungsliebe im engeren Sinn gibt, die zur Entwicklung des Übertragungs- und Gegenübertragungskonzepts in der Psychoanalyse geführt hat, und eine im weiteren Sinn, die unsere alltäglichen Liebesübertragungen betreffen. Die Basis für beide bilden kindliche Erfahrungen und ihre Verarbeitung – im Falle der Hysterie in Form von Verdrängung. Meine These lautet: Diese Verdrängung hat nicht nur innerpsychische, sondern auch gesellschaftliche Gründe.[2]

An dieser Stelle möchte ich es nicht verabsäumen, meinen lieben Kolleginnen Eva Parte für das Korrigieren, Heidi Mochar und Evelyn Zelsacher für das Durchlesen dieser Arbeit zu danken. Auch Johannes Reichmayr und Klaus Ottomeyer verdanke ich diverse Anregungen. Schließlich gilt mein Dank noch Karl Brachtl, Alfred Krendl und Roman Miklautz für die Hilfe in technischen Fragen.

I. Übertragung

1. Übertragung in der Psychotherapie des 18. und 19. Jahrhunderts (Magnetismus, Mesmerismus, Suggestion)

Der Begriff Übertragung hat in unserem Sprachgebrauch mehrfache Bedeutung. Da kann man einmal eine Krankheit übertragen, aber auch eine Live-Sendung im Fernsehen. Es gibt eine Eigentumsübertragung und eine Übertragung im Sinne einer Schwangerschaftsüberschreitung um zehn bis vierzehn Tage. In diesem letzten Fall bedeutet Übertragung, etwas zu lange mit sich herumtragen, aber sonst heißt es eigentlich immer, Kontakt herstellen und etwas weitergeben.

Im 18. Jahrhundert, im Zeitalter des Mechanismus, kam der Begriff der Kraftübertragung auf. Dieser stand im engen Zusammenhang mit den Entwicklungen der Physik, vor allem auf dem Gebiet der Elektrizität. Für diese interessierten sich nicht nur Gelehrte, sondern auch Prinzen, Fürsten und Könige, die manchmal sogar als Amateurphysiker auftraten. Daß durch Reibung elektrische Ladung entsteht, wußte man schon länger. In der Zwischenzeit hatte man aber auch gelernt, Elektrizität durch Fäden und Drähte fortzuleiten. Einerseits fürchtete man sie in Form von Blitzen, die bei einem Gewitter niedergehen, andererseits entdeckte Luigi Galvani (1737–1798), daß tote Frösche, in die Nähe einer Elektrisiermaschine gebracht, zuckten. Sie taten dies auch, wenn sie mit zwei verschiedenen Metallen berührt wurden. Ein enger Zusammenhang zwischen Elektrizität und Lebensvorgängen deutete sich an. Daher kann man es vielleicht erklären, daß noch bis in unsere Zeit Elektroschocks als Therapiemittel bei psychischen Krankheiten eingesetzt werden. Auch Freud und seine Zeitgenossen behandelten Patienten, die Lähmungen aufwiesen, mit Stromstößen.

Eine zweite Kraft, die nicht nur durch Übertragung, sondern in erster Linie durch Anziehung wirkt, faszinierte die Menschen zu dieser Zeit – der Magnetismus. Schon im Altertum entdeckte man, daß, wenn man Bernstein mit einem weichen Tuch poliert, er Woll-

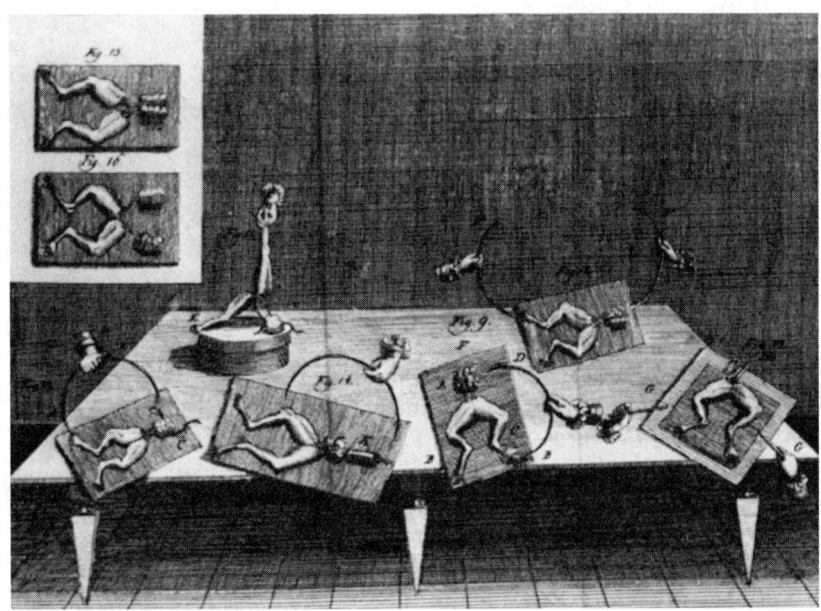

Luigi Galvani studierte die "tierische Elektrizität" (Deutsches Museum, München)

fasern, Federn und andere leichte Teilchen anzieht. Der heilige Augustinus schreibt im vierten nachchristlichen Jahrhundert in seinem Buch "Der Gottesstaat":

"Vom Magnetstein wissen wir, daß er das Eisen mit wunderbarer Gewalt an sich zieht ... Ich sah da, wie der Magnet einen Eisenring anzog und in der Schwebe hielt. Als man nun diesem Ring einen anderen näherte, zog er, wie wenn ihm der Magnetstein seine Kraft mitgeteilt hätte, auch diesen Ring an und es kam noch ein dritter und ein vierter dazu" (zit. nach Sexl 1982, 55).

Der heilkundige Philipus Aureolus Theophrastus Bombastus von Hohenheim (1493–1541), genannt Paracelsus, sah bereits im Magneten eine Heilkraft bei Bruchleiden und anderen Beschwerden.

Erst um 1800 entdeckte der dänische Forscher Hans Christian Örsted (1777–1851), daß es einen Zusammenhang zwischen Magnetismus und Elektrizität gibt; elektrische Ladung ist in der Lage, Magnetpole umzupolen (eine Entdeckung übrigens, die schon Seefahrer im 17. Jahrhundert machten, wenn ein Blitzschlag die Magnetpole aller Schiffskompasse umkehrte). Die Frage lag nahe, kann auch der Magnetismus elektrische Ströme erzeugen?

Etwa zur selben Zeit entdeckte Franz Anton Mesmer (1734–1815) in Wien den sogenannten tierischen Magnetismus, nach ihm Mesmerismus benannt. Er wurde in Inznang am Bodensee als Sohn eines Wildhüters geboren, studierte Theologie, Philosophie, Rechtswissenschaft und zuletzt Medizin in Wien. Dort heiratete er 1767 eine reiche Witwe und ließ sich als Arzt nieder. In den Jahren 1773/1774 behandelte er eine 27jährige Patientin namens Österlin durch die Einnahme eisenhaltiger Präparate und Magnete, die er an ihrem Körper befestigte. Die Patientin fühlte ungewöhnliche Ströme eines geheimnisvollen Fluidums (ähnlich dem elektrischen Strom), das nach Mesmers Meinung sich in seiner eigenen Person akkumuliert habe, in dem aber alle Körper wie in einem Ozean schwimmen, vergleichbar mit Newtons Äther (oder auch mit dem eines Descartes). Die Übertragung, von Mesmer Rapport genannt, erfolgte zunächst durch direkten Körperkontakt (Knie an Knie, Handauflegen, Streichen über einzelne Körperteile). Mesmer behandelte nach dieser Methode viele Menschen in Wien und wurde dadurch berühmt, aber auch angefeindet. Nach der letztendlich nicht geglückten Heilung der blinden Pianistin Maria Theresia Paradis, mit der ihn auch innigere Gefühle verbanden, verließ Mesmer Wien und ging nach Paris. Dort erfand er die Behandlung durch das Baquet, das ist ein großes Gefäß mit einem Deckel mit Löchern, in denen Stäbe stecken, die an verschiedene kranke Körperteile angelegt werden können. Dadurch konnten mehrere Menschen gleichzeitig behandelt werden. Wichtig ist bei der Kur auch das Heilritual mit Gebet, Musik und Menschenkette, die über das Wasser im Bottich mit Mesmer verbunden war.

Die Übertragung wurde rein physikalisch als eine Mitteilung des Lebensfeuers im Sinne Heraklits erklärt, wodurch die Patienten entflammt und zur heilsamen Krise in Form von Krämpfen, Schreien und Verzückungszuständen geführt werden sollen. Mesmer gründete die Societé de l'Harmonie, eine Geheimgesellschaft zur Weitergabe seines Wissens, und wurde reich und angesehen. 1784 prüfte eine königliche Kommission mit so prominenten Mitgliedern wie Bailly, Lavoisier, Guillotin und Benjamin Franklin seine Kuren, die allerdings keinen physikalischen Beweis entdecken konnte.

Nachdem Paris sich anderen Sensationen wie dem Magier Cagliostro[3] oder der sogenannten Halsbandaffäre[4] zugewandt hatte, verließ Mesmer diese Stadt und begab sich auf Wanderung durch die Schweiz, Frankreich, Deutschland und Österreich. Er starb 1815 in der Nähe seines Geburtsortes. Mit ihm schlägt die Geburtsstunde der dynamischen Psychiatrie.

Zur selben Zeit erzielte der Schweizer Landpfarrer Gassner dieselben Erfolge bei seinen Exorzismen und Teufelsbeschwörungen, nur wähnte dieser sich nicht im Besitz einer physikalischen, sondern einer göttlichen Kraft.

Die Annahme der Heilwirkung überirdischer Kräfte ist noch viel älter und geht auf die Frühgeschichte der Menschheit zurück. Im Schamanismus, einer animistischen Religionspraxis, herrscht die Vorstellung, daß eine Krankheit durch Eindringen eines Krankheitsobjektes oder Geistes, durch Hexerei oder durch Verletzung eines Tabus entsteht und durch Geisterbeschwörung oder Übertragung des fremden Geistes auf ein anderes Lebewesen durch den Schamanen geheilt werden kann. Dieser genießt eine außerordentliche Stellung und großes Ansehen in seiner Gruppe, meist allerdings nach einer eigenen schweren seelischen Krise. Schamanistische Praktiken gibt es heute noch in allen Teilen der nicht zivilisierten Welt.

Im europäischen Raum, in dem sich im Mittelalter das Christentum durchsetzte, wurden animistische Vorstellungen durch christliche ersetzt. Demnach war der seelisch und oft auch körperlich Kranke vom Teufel besessen und mußte mit Hilfe Gottes und seines Dieners, des Priesters, durch Exorzismus von seiner Besessenheit geheilt werden. Dieses Unterfangen galt als gefährlich, man mußte vorher fasten und beten, damit der Dämon nicht auf den Exorzisten übergeht. Im Sinne unserer modernen Nomenklatur wurde Exorzismus bei Schizophrenie und hysterischen Neurosen angewendet. Der Exorzist ist bis heute eine Stufe der niederen Weihen des Priesters in der katholischen Kirche.

Ein Schüler Mesmers setzte noch vor den Wirren der Französischen Revolution und den Napoleonischen Kriegen die Tradition der dynamischen Psychiatrie fort. Der Adelige Marquis Chastenel de Puységur (1751–1825) gilt als der eigentliche Entdecker der Hypnose, denn er erzeugte einen künstlichen Somnambulismus. Sein liebstes Medium war der Bauer Victor Race, der im magnetischen Schlaf über Probleme sprach, über die er im Wachzustand nicht sprechen konnte. Für Puységur war klar – nicht mehr ein physikalisches Fluidium ist hier wirksam, sondern der Wille des Magnetiseurs. Für arme Leute führte er eine Massenbehandlung ein, wobei die Menschen durch Schnüre mit einem Baum und untereinander verbunden waren, so daß eine ähnliche Menschenkette entstand wie bei Mesmers Baquet. Eine Rolle spielte sicher auch, daß der Adelige Puységur schon auf Grund seiner ausgezeichneten Stellung einen großen Einfluß auf seine Bauernklientel ausübte.

Damit war die erste Phase der dynamischen Psychiatrie beendet, im 19. Jahrhundert folgten noch zwei weitere Schübe (1815–1825 und 1840 –1855), die stark im Zusammenhang mit den Strömungen der Romantik und der Naturphilosophie gesehen werden müssen und die vor allem professionelle Magnetiseure, die weniger als Heiler, denn als Jahrmarktkünstler auftraten, hervorbrachten, aber auch spiritistische und okkultistische Zirkel, die sich mit Hellsehen, Telepathie, Fernheilung, automatischem Schreiben beschäftigten, Phänomenen also, die heute dem Gebiet der Parapsychologie zugerechnet werden (Ellenberger 1973).

Um 1850 wurde dann die Romantik vom Positivismus abgelöst, der wieder stärker die organischen Wurzeln psychischer Reaktionen betonte. In dieses Konzept paßte die Annahme des englischen Chirurgen James Braid (1795–1860), der hirnphysiologische Veränderungen als Ursache für die Hypnose ansah. Dieser Hypnotismus oder auch Braidismus verbreitete sich vor allem in Großbritannien und Amerika. Sein großes Verdienst bestand darin, sich vom Mesmerismus und dessen Mystifikation abgegrenzt zu haben. Er entwickelte die Methode der Augenfixation, wie sie auch heute noch zur Einleitung der Hypnose verwendet wird. Der Patient muß einen glänzenden Gegenstand im Abstand von 25 bis 45 cm fixieren, dabei werden die Pupillen zunächst kleiner, dann beginnen sie sich zu erweitern, bis sich zuletzt die Lider schließen und der Mensch in Trance verfällt. In dieser führte Braid auch kleinere Operationen durch. Durch den Druck auf bestimmte Punkte des Kopfes konnte er Veränderungen an bestimmten Körperteilen hervorrufen. Er bezeichnete das als Phreno-Hypnotismus. Dieser körperlichen Manipulation bediente sich noch der junge Freud, als er bei seinen hysterischen Patientinnen durch Kopfdruck den Erinnerungen nachhelfen wollte.

Braid vertrat somit ein psychophysisches Programm, also die Annahme einer Wechselwirkung von Körper und Seele als wissenschaftliche Hypothese seiner Lehre. Er ist nicht mehr der große Heiler wie Mesmer, sondern der Manipulator, der die Kräfte für die Selbstbeeinflussung in Bewegung setzt. Damit verweist er auf die Möglichkeit der Selbsthypnose. Zuletzt sei hier noch eine kurze Fallbeschreibung aus seinem Buch "Neurypnology or the rationale of nervous sleep, considered in relation of animal magnetism", 1843 zitiert:

"Mrs. B., Mutter einer Familie, litt andauernd an Kopfschmerzen und Verwirrtheitszuständen während der letzten zwei oder drei Jahre, deren Schweregrad zu verschiedenen Zeiten unterschiedlich war, von denen sie aber nie ganz frei war. Die Patientin suchte mich wegen der genannten Beschwerden am 22. Januar 1842 auf und behauptete zusätzlich, daß sie von epileptischen Anfällen heimgesucht werde. Ich hypnotisierte sie und weckte sie nach fünf oder sechs Minuten wieder auf. Sie hatte keine Kopfschmerzen mehr. Sie wurde nun einige Zeit lang fast täglich hypnotisiert, und sie blieb fünf Wochen, nachdem sie erstmals behandelt worden war, ganz frei von Kopfschmerzen, hatte in viel geringerem Ausmaß das Gefühl der Verwirrtheit und zwei Monate lang keinen Anfall mehr" (zit. nach Schrott 1989, 89).

In den achtziger Jahren des vorigen Jahrhunderts entstanden zwei neue Schulen der dynamischen Psychiatrie, die der Salpêtrière um den Neurologen Jean Martin Charcot (1825–1893) und die Schule von Nancy um den Internisten Hippolyte Bernheim (1840–1919).

1882 referierte Charcot vor den Mitgliedern der Akademie der Wissenschaften in Paris "Über die Nervenzustände, die bei Hysterikern durch Hypnose herbeigeführt werden". Es handelt sich dabei um drei Zustände, die man in ihrer ausgeprägten Form bei hysterischen Frauen beobachten kann:

"Im kataleptischen Zustand hält die Patientin ihre Glieder in jeder Stellung, in die man sie gebracht hat, Sehnenreflexe fallen aus oder sind sehr schwach, die Atmungspausen sind lang, und man kann verschiedene automatische Impulse hervorrufen. Im lethargischen Zustand sind die Muskeln schlaff, die Atmung ist tief und rasch, Sehnenreflexe sind merklich übertrieben; der Patient zeigt eine 'neuromuskuläre Übererregbarkeit', d. h. eine Neigung der Muskeln, sich stark zusammenzuziehen, wenn die Sehne, der Muskel oder der entsprechende Nerv berührt wird. Im dritten, dem somnambulen Zustand, sind die Sehnenreflexe normal, es besteht keine neuromuskuläre Erregbarkeit, wenn auch bestimmte leichte Reize eine Starre des betreffenden Gliedes herbeiführen; gewöhnlich besteht eine 'Erhöhung bestimmter wenig bekannter Arten der Hautempfindlichkeit, des Muskelsinnes und bestimmter Spezialsinne', und es ist gewöhnlich leicht, auf Befehl die kompliziertesten automatischen Handlungen ausführen zu lassen. Man kann eine Patientin durch leichtes Reiben des Scheitels aus dem kataleptischen in den lethargischen und in den somnambulen Zustand versetzen. Ein Druck auf die Augäpfel bringt die Patientin aus dem somnambulen in den lethargischen Zustand" (zit. nach Ellenberger 1973, 997).

Charcot bemühte sich mit diesem Vortrag, die Akademie von der Wissenschaftlichkeit des Hypnotismus bzw. Magnetismus zu überzeugen, was ihm auch letztendlich gelang. Er galt damals als der größte Neurologe und zählte Könige und Fürsten aus der ganzen Welt zu seinen Patienten. Mit 36 Jahren übernahm er die Leitung der Salpêtrière, einem Kranken- und Siechenhaus in Paris mit mehreren tausend Patientinnen. Hier hatte er die Möglichkeit, Nervenkrankheiten, vor allem aber die Hysterie, in Hülle und Fülle zu studieren. Er versuchte zu beweisen, daß Lähmungen nicht unbedingt durch eine Verletzung des Nervensystems, sondern durch rein psychische Faktoren herbeigeführt werden können. Den organischen Paralysen setzte er somit die dynamischen entgegen. Sie können nach einer Verletzung (Trauma) als die Folge einer Art Nervenschock auftreten, der einen hypnoiden Zustand (posttraumatische Paralyse) erzeugt, oder sie treten spontan bei den Hysterikern auf, bei denen man sie auch künstlich durch Hypnose hervorrufen kann. Der enge Zusammenhang zwischen Hysterie und Hypnose war somit hergestellt.

Auf Grund seines autoritären Charakters wagte niemand, Charcot zu widersprechen, und er erkannte leider nicht, daß die Patientinnen ihm genau die Vorstellung gaben, die er erwartete; d. h., die drei Stadien waren nichts anderes als ein Trainingsergebnis, bei dem auch die ärztlichen Untergebenen mitspielten, wohl um nicht in Ungnade zu fallen oder gar, um sich beliebt zu machen. Außerdem kann man ihm vom heutigen Standpunkt aus vorwerfen, daß er ein komplexes Krankheitsbild vereinfacht hatte und keinerlei Interesse für die Vorgeschichte seiner Patientinnen zeigte.

Eines aber hatte Charcot wie kein anderer damals offenbart (ohne es zu wissen), daß körperliche Reaktionen durch Suggestion herbeigeführt werden können. Bei seinen berühmten Vorlesungen am Dienstagmorgen, bei denen nicht nur Mediziner, sondern auch Schriftsteller und andere Neugierige und Berühmte anwesend waren, demonstrierte er seine Suggestionskraft und sein Schauspieltalent durch die Nachahmung bestimmter Krankheitsbilder. In diesem Punkt aber waren ihm einige seiner Patientinnen ebenbürtig.

Auch der junge Freud, der 1885 in Paris weilte, gehörte zu seinen Bewunderern. Obwohl Charcot sich nicht an der von Breuer entwickelten kathartischen Methode, über die Freud ihm berichtete, interessiert zeigte, verfaßte dieser nach dessen Tod einen sehr ehrenden Nachruf, zu einem Zeitpunkt also, zu dem Freud das Problematische an Charcots Theorie eigentlich schon bekannt sein mußte.

Erst der große Gegenspieler Charcots, Hippolyte Bernheim, erkannte die Bedeutung der Suggestion. Seiner Meinung nach ist die Hypnose kein pathologischer Zustand, der nur bei Hysterikern hervorgerufen werden kann, sondern sie besteht auf der Wirkung der Suggestion. Die Suggestibilität ist eine Eignung, die alle Menschen in verschiedenem Ausmaß besäßen und die Suggestivtherapie ist eine, die ausgeübt wurde

Vorlesung Charcots in der Salpêtrière 1886
(Fondation Nationale d'Art Contemporain, Paris)

"seitdem die Welt besteht ... aber verknüpft mit den gröbsten Ausschweifungen der Unwissenheit, des Aberglaubens und des Betrugs, versteckt wie eingesprengtes Gold mitten in einer dicken Schicht von taubem Gestein. Nichts anderes als Suggestivtherapie steckte hinter allem geheimen Kram der alten Magie, steckt noch jetzt hinter den magischen Künsten wilder Völker: Sie war der Inhalt der priesterlichen Medicin der Alten, der Chaldäer, Perser, Ägypter, Hebräer, Inder und Griechen, der Opfer, Zauberformeln, Gebete, heiligen Sprüche, religiösen Gebräuche, wie der Träume, die man in den Tempeln von Epidaurus beschwor; sie verbarg sich hinter den Lehren der orientalischen Theosophie, hinter dem Aberglauben des Christenthums, den Salbungen der Apostel und Heiligen, den heiligen Ölen, Reliquien und Gräbern der Märtyrer, den heidnischen und christlichen Talismanen. Während des ganzen Mittelalters und bis zum letzten Jahrhundert lag sie zu Grunde dem Spuk des Hexenwesens, den Exorcismen, dem Glauben an die Einmengung Gottes oder des Teufels, nicht minder wie den Amuletten des Paracelsus, den Mumien, den Schachteln gefüllt mit himmlischem Einfluß, den sympathiewirkenden Salben, Pflastern und Pulvern, den geheimnisvollen Tränken, der rohen Operation der Krankheitsübertragung, den Berührungen der englischen und französischen Könige, den Proceduren der Charlatane nicht minder als denen der wirklich gläubigen Heilkünstler, wie Greatrake und Gassner; sie war in den ebenso mannigfaltigen als unwissenschaftlichen Proceduren als thierischen Magnetismus enthalten, ja sie verbarg sich noch hinter den Hypnotisiermethoden Braid's. Dies Alles war nichts; der Glaube ist Alles, und dieser Glaube oder diese Gläubigkeit ist dem menschlichen Geiste eingeboren. Alle Wunder rühren von der menschlichen Phantasie her.

Unserem Zeitalter blieb es vorbehalten, das volle Licht über diesen Gegenstand zu verbreiten, einen klaren Begriff der wissenschaftlichen Lehre von der Suggestion zu bilden, vor dem alle Verirrungen der Phantasie und alle Ausschweifungen des Aberglaubens, welche die arme Menschheit so lange verblendet haben, schwinden müssen" (zit. nach Schrott 1989, 90).

Die Hypnose dient nur dazu, um die Suggestibilität zu erhöhen, das Wesentliche ist, daß der Patient an das glaubt, was ihm eingeredet wird oder was er sich selbst einredet (Autosuggestion). Dabei steht oft die kontrollierende kritische Vernunft im Weg, die durch die Erzeugung von tranceähnlichen Zuständen herabgesetzt werden kann. Bernheim lehnte es auch ab, die hypnotischen Zustände in ein allgemeines Schema zu pressen, wie Charcot es mit seiner Stadieneinteilung getan hat, vielmehr billigte er dem Menschen eine "suggestive Individualität" zu, die eben eine individuelle Behandlung erfordere. Manchmal steht allerdings der Suggestion des Arztes eine derartig starke (negative) Autosuggestion des Patienten entgegen, daß dieser nicht heilbar ist. Das sind dann, nach Bernheim, die Geisteskranken, die nur mit sich selbst im Rapport stehen.

Betrachten wir diese mehr als 100 Jahre dynamische Psychiatrie vor der Entstehung der Psychoanalyse, so fällt folgendes auf:

1. Es ist eine Entwicklung, in der sich aufklärerische und romantische Konzepte ablösen. Mesmer sah sich als Vertreter der Aufklärung, ebenso Braid. Gegen Ende des 19. Jahrhunderts übte eine Wiederbelebung der Romantik einen Einfluß auf die neuentstehenden dynamischen Schulen aus. Freud sah das 1890 in seiner Schrift "Psychische Behandlung" so:

"Auch die wissenschaftlich geschulten Ärzte haben den Wert der Seelenbehandlung erst in neuerer Zeit schätzen gelernt. Dies erklärt sich leicht, wenn man an den Entwicklungsgang der Medizin im letzten Halbjahrhundert denkt. Nach einer ziemlich unfruchtbaren Zeit der Abhängigkeit von der sogenannten Naturphilosophie hat die Medizin unter dem glücklichen Einfluß der Naturwissenschaften die größten Fortschritte als Wissenschaft wie als Kunst gemacht ... Alle diese Fortschritte und Entdeckungen betrafen das Leibliche des Menschen, und so kam es infolge einer nicht richtigen, aber leicht begreiflichen Urteilsrichtung dazu, daß die Ärzte ihr Interesse auf das Körperliche einschränkten und die Beschäftigung mit dem Seelischen den von ihnen mißachteten Philosophen gerne überließen ... Das Verhältnis zwischen Leiblichem und Seelischem (beim Tier wie beim Menschen) ist eines der Wechselwirkung, aber die andere Seite dieses Verhältnisses, die Wirkung des Seelischen auf den Körper, fand in früheren Zeiten wenig Gnade vor den Augen der Ärzte. Sie schienen es zu scheuen, dem Seelenleben eine gewisse Selbständigkeit einzuräumen, als ob sie damit den Boden der Wissenschaftlichkeit verlassen würden" (Freud 1890 a, 17 f.).

2. Das Medium, das zwischen Arzt und Patient wirkt, wurde zunächst als ein physikalisches (Mesmer) angesehen, dann physiologisch (Braid) erklärt und schließlich von Bernheim rein psychologisch aufgefaßt. Damit war er der Entdeckung des Unbewußten und des Begriffs der Übertragung schon sehr nahe; oder umgekehrt ausgedrückt: Freud konnte auf all diese Konzepte zurückgreifen und daraus ein neues entwickeln, das aufklärerisch und romantisch ist und das trotz seiner prinzipiell psychologischen Ausrichtung seine physiologischen Wurzeln verrät. Am Anfang von Freuds wissenschaftlicher Tätigkeit stand sowohl die Beschäftigung mit Fragen der Neurophysiologie als auch die Hypnoseforschung.

2. Übertragung in der Psychoanalyse (positive und negative Übertragung, Widerstand und Gegenübertragung)

Sigmund Freud (1856–1939) arbeitete noch als Student in der Zeit von 1876 bis 1882 am physikalischen Laboratorium von Ernst Brücke (1819–1892). Nach seinen eigenen Angaben interessierte ihn die Erforschung des Nervensystems mehr als die medizinischen Fächer, mit Ausnahme der Psychiatrie. Er wäre auch gerne in der Forschung geblieben, wenn er nicht eine Familie, bestehend aus Eltern und mehreren unversorgten Geschwistern, zu erhalten gehabt hätte. Außerdem trug er sich damals schon mit dem Gedanken, zu heiraten und eine eigene Familie zu gründen. Er wurde daher Arzt im Allgemeinen Krankenhaus Wien und wandte sich unter dem Einfluß von Meynert der Erforschung der Gehirnanatomie zu. 1885 erhielt er ein Stipendium für Paris und hatte dadurch Gelegenheit, Charcot kennenzulernen. 1886 heiratete er und ließ sich in Wien als Nervenarzt nieder.

Noch in der Zeit der Arbeit im Brückeschen Laboratorium machte Freud die Bekanntschaft mit Josef Breuer (1842–1925), einem um vierzehn Jahre älteren angesehenen Wiener Arzt, der ihm nicht nur durch Rat, sondern auch durch Tat, vor allem in finanzieller Hinsicht, geholfen hat. Breuer behandelte in den Jahren 1880 bis 1882 eine hysterische Patientin, die uns als Anna O. in den "Studien über Hysterie", die Freud und Breuer 1895 gemeinsam veröffentlichten, begegnet. An ihr und mit ihr entwickelte Breuer die kathartische Methode, die sich dadurch auszeichnet, daß sie der Patientin in Hypnose die Möglichkeit zur Aussprache gab. Statt durch suggestiven Befehl, der die Symptome zum Verschwinden bringen sollte, wurde die Kranke aufgefordert, sich zu erinnern, wann die jeweiligen Leiden das erste Mal aufgetreten waren. Meistens verschwanden diese danach, aber es traten dafür andere auf. Anna O. nannte dieses Verfahren, das sie selbst angeregt hatte, "talking cure" und die Reinigung dabei "chimney sweeping". Breuer war zunächst nicht bewußt, daß der Erfolg der Behandlung zu einem großen Teil in der positiven Beziehung lag, die die Patientin zu ihrem Arzt hatte. Als er es dann aber erkannte, vor allem auch den starken erotischen Anteil, brach er fluchtartig die Kur ab. Freud hingegen sah, daß gerade die Beziehung zwischen Arzt und Patientin das Wesentliche der Behandlung ausmacht, und entwickelte nach und nach das Konzept der Übertragung und der freien Assoziation, aus dem schließlich die Psychoanalyse hervorgegangen ist. Wegen der Bedeutung, die Freud der Sexualität bei der Ätiologie der Hysterie beimaß, kam es letztlich zum Bruch zwischen Breuer und Freud (Freud 1925 d).

Johann Georg Reicheneder meint, daß Breuer eher zufällig auf das kathartische Verfahren gestoßen sei und auch nie eine eigene Theorie entwickelt habe. Er glaubt daher, daß Freud in seiner Theoriebildung weniger von Breuer beeinflußt war als von Bernheim, dessen Suggestionsmethode er in Richtung "Ausfragen und Beruhigen" weiterentwickelt habe. Seine erste Patientin, die er mit dieser modifizierten Methode behandelte, war Emmy v. N. Die Behandlung erstreckte sich über jeweils mehrere Wochen von 1889 bis 1891. Die Krankengeschichte aber wurde erst 1895 in den "Studien über Hysterie" veröffentlicht.

Die Hypnose verwendete Freud seit 1887, was aus einem Brief an Wilhelm Fließ, einen Berliner Hals-Nasen-Ohren-Arzt und Quasi-Nachfolger Breuers, was die Freundschaft und das Vertrauen Freuds betrifft, hervorgeht (Freud an Fließ vom 28. 12. 1887, zit. nach Reicheneder 1983, 241). Nach Reicheneder gewinnt Freud den Anschluß an die Behandlung der Anna O. erst bei den Fällen, bei denen er von der Hypnose abgeht. Zu dieser Einsicht kommt er aber nicht durch eine fertige Theorie, sondern durch praktische Notwendigkeiten.

Wann genau Freud die Hypnose zur Gänze aufgegeben hat, ist nicht ganz sicher, aber es dürfte so um 1896 gewesen sein. Auffallend dabei ist, daß Freud in seinem Werk "Psychische Behandlung" aus dem Jahr 1890 das Verhältnis zwischen Hypnotisiertem und Hypnotiseur mit dem zwischen einem Kind und den geliebten Eltern bzw. die Einstellung des eigenen Seelenlebens auf das einer anderen Person mit einem Liebesverhältnis voller Unterwerfung und Hingabe verglichen hat. Hier scheint mir der erste Funke der späteren Erkenntnis aufzublitzen, daß die Beziehung zwischen Patienten und Therapeuten mit Kindheitserfahrungen zusammenhängt und daher eine sehr emotionale ist. Der Ausdruck Übertragung aber fällt erst in den "Studien über Hysterie". Dort erläutert Freud erstmals genauer das "Liebesverhältnis" zwischen Arzt und Patientin, wobei es besonders wichtig ist, wenn es um die Klärung erotischer Gedankengänge geht. Zu Hindernissen mag es kommen, wenn die Kranke sich zurückgesetzt fühlt, was bei Hysterikerinnen relativ leicht geschehen kann, wenn sie fürchtet, in sexuelle Abhängigkeit zu geraten, was sich dann in Form eines Widerstandes, wie z. B. Kopfschmerzen, äußert, und schließlich, wenn sie davor zurückschreckt, Inhalte peinlicher Vorstellungen auf die Person des Arztes zu übertragen. Ursache dieser Übertragung ist eine falsche Verknüpfung, und Freud führt hier das Beispiel einer Frau an, die ihm erzählte, daß sie sich einstens gewünscht habe, ein Mann, mit dem sie damals im Gespräch gewesen war, möge sie küssen. Diesen Wunsch übertrug sie auf den Therapeuten, was ihr nachher sehr peinlich war.

Um den Widerstand bei der Erinnerung zu brechen, bediente sich Freud damals noch der Drucktherapie, eines Verfahrens, bei dem er durch leichtes Drücken auf den Kopf und den suggestiven Befehl, sich doch zu erinnern, der Erinnerungsfähigkeit nachhelfen wollte. Gleichzeitig arbeitete er aber bereits mit der Therapie der freien Assoziation, wobei er durch Druck eine scheinbar sinnlose Assoziationsreihe aus der Patientin "herauspreßte", die schließlich von dieser geordnet wurde und dadurch eine sinnvolle Erinnerung ergab. Auch eigenhändige Massage, Wasser- und Ruhekuren gehörten in dieser Zeit noch zu seinem Repertoire.

Damals festigte sich bei Freud die Vorstellung, daß alle Neurosen letztendlich sexuellen Ursprungs seien. Zunächst sprach er noch von Sexualstoffen, deren toxische Veränderung zur Krankheit führe, später nahm er nur noch psychische Ursachen an; bei Hysterie und Zwangsneurosen zuerst in Form realer Verführung, dann in Form von sexuellen Phantasien. Diese Phantasien werden wiederum gespeist von frühen Kindheitserlebnissen. Die positiven und negativen erotischen Erfahrungen, die man mit Eltern oder ihren Substituten gemacht hat, werden zur Vorlage der Beziehung zum Therapeuten in der Psychoanalyse. Freud spricht von positiver Übertragung oder Übertragungsliebe und von negativer Übertragung, der er aber, nach Bericht seiner späteren Patienten, weniger Aufmerksamkeit schenkte (Bräutigam 1983). Er teilte die Neurosen schließlich ein in Aktualneurosen, zu denen es durch aktuelle Schädigung des Sexuallebens kommt, meist in Form von erzwungener Enthaltsamkeit oder mangelhaftem Konzeptionsschutz, und in Psychoneurosen, deren Wurzeln in der Kindheit liegen. Hier sind es wiederum die Übertragungsneurosen – Konversionshysterie, Angsthysterie und Zwangsneurose – die für die Psychoanalyse Bedeutung haben, da es bei diesen zur Übertragung der kindlichen Konflikte auf den Therapeuten kommen kann und eine Heilung möglich ist, während bei den narzißtischen Neurosen (Psychosen oder eigentlichen Geisteskrankheiten) es zu keiner Übertragung kommt, da der Kranke ganz auf sich selbst zurückgeworfen ist und keines analytischen Zuganges mehr fähig erscheint. Freud hielt diese Psychotiker – Paranoiker, Melancholiker und Demente – für psychoanalytisch unheilbar, obwohl er einige Fälle von Paranoia behandelt hatte.

Natürlich treten diese Übertragungen auch außerhalb der Psychoanalyse auf; in Anstalten z. B., wo sich eine Art

"blinde Abhängigkeit und dauernde Fesselung des Kranken an den Arzt zu ergeben pflegt, der ihn durch hypnotische Suggestion von seinen Symptomen befreit hat ... Die psychoanalytische Kur schafft die Übertragung nicht, sie deckt sie bloß, wie anderes im Seelenleben Verborgene, auf. Der Unterschied äußert sich nur darin, daß der Kranke spontan bloß zärtliche und freundschaftliche Übertragungen zu seiner Heilung wachruft; wo dies nicht der Fall sein kann, reißt er sich so schnell wie möglich, unbeeinflußt vom Arzte, der ihm nicht 'sympathisch' ist, los. In der Psychoanalyse werden hingegen, entsprechend einer veränderten Motivenanlage, alle Regungen, auch die feindseligen, geweckt, durch Bewußtmachen für die Analyse verwertet, und dabei wird die Übertragung immer wieder vernichtet. Die Übertragung, die das größte Hindernis für die Psychoanalyse zu werden bestimmt ist, wird zum mächtigsten Hilfsmittel derselben, wenn es gelingt, sie jedesmal zu erraten und dem Kranken zu übersetzen" (Freud 1905 e, 181 f.).

Der Fall Dora dürfte tatsächlich der erste gewesen sein, bei dem Freud bewußt mit Übertragungen gearbeitet und bei dem er die Träume in die Analyse einbezogen hat.

Bei seinem letzten Vortrag, den er, nach Aussage seines Biographen Ernest Jones (1960), in Wien vor offiziellem medizinischem Publikum im Jahr 1905 gehalten hat, grenzte er die Psychoanalyse bereits von den Suggestivtechniken ab. Er verglich dabei letztere mit der Malerei, die Farbhäufchen hinsetzt, wo sie früher nicht waren, also etwas auflegt, während die Psychoanalyse wie die Bildhauerkunst arbeitet, indem sie etwas wegnimmt. Das erinnert an den häufigen Vergleich zwischen Psychoanalyse und Chirurgie – beide entfernen etwas. Der Suggestionstechnik warf er vor, daß sie nur kurzfristig hält, in allen schweren Fällen aber abbröckelt und den Widerstand verschleiert, der wiederum ein Kernelement der Psychoanalyse darstellt. Außerdem führte er an, welche Voraussetzungen Personen mitbringen müssen, um psychoanalytisch behandelt zu werden – die wichtigsten sind: ein gewisser Bildungsgrad und einigermaßen verläßlicher Charakter, Freiwilligkeit, keine psychotische Erkrankung, kein zu hohes Alter und keine akute Gefährdung. Am wirkungsvollsten erweist sie sich bei allen chronischen Formen von Hysterie mit Resterscheinungen, bei Zwangszuständen und Abulien (Freud 1905 a).

In seinen späteren Schriften, vor allem denjenigen zur Behandlungstechnik, die sich speziell an praktizierende Psychoanalytiker richten, verknüpft er das Übertragungsmodell noch stärker mit seiner Libidotheorie. Er unterscheidet zwischen bewußten und unbewußten Libidoanteilen. Diesen entsprechen in der positiven Übertragung die freundlichen und zärtlichen Gefühle auf bewußter Ebene und die erotischen auf unbewußter:

"… alle unsere im Leben verwertbaren Gefühlsbeziehungen von Sympathie, Freundschaft, Zutrauen und dergleichen seien genetisch mit der Sexualität verknüpft und haben sich durch Abschwächung des Sexualzieles aus rein sexuellen Begehrungen entwickelt, so rein und unsinnlich sie sich auch unserer Selbstwahrnehmung darstellen mögen. Ursprünglich haben wir nur Sexualobjekte gekannt; die Psychoanalyse zeigt uns, daß die bloß geschätzten oder verehrten Personen unserer Realität für das Unbewußte in uns immer noch Sexualobjekte sein können" (Freud 1912 b, 165).

In der Neurose wird dieser unbewußte Anteil vermehrt, die Libido begibt sich in die Regression. Alle Kräfte, die diese verursacht haben, begeben sich in den Widerstand, wo sie noch zusätzlich auf unbewußte Komplexe stoßen, die diesen verstärken, was sich in der Psychoanalyse als besonders hartnäckiger Übertragungswiderstand zeigt. Dadurch entsteht ein Kampf zwischen Arzt und Patient, zwischen Intellekt und Triebleben, zwischen Erkennen und Agierenwollen.

Die Übertragung wird auch als eine Art Wiederholung angesehen, und die eigentliche Aufgabe der Psychoanalyse besteht im Durcharbeiten der Widerstände. Je älter Freud wurde, desto stärker verdrängte das pädagogische Modell das chirurgische. Es geht nun bei der Behandlung um Nacherziehung und Nachreifung, und auch die Übertragungsbeziehung spiegelt die Abgeklärtheit eines älteren Herren. Sie kann in verschiedenen Formen auftreten, als stürmische Liebesforderung oder eher gemäßigt:

"... an Stelle des Wunsches, Geliebte zu sein, kann zwischen dem jungen Mädchen und dem alten Mann der Wunsch auftauchen, als bevorzugte Tochter angenommen zu werden, das libidinöse Streben kann sich zum Vorschlag einer unzertrennlichen, aber ideal unsinnlichen Freundschaft mildern. Manche Frauen verstehen es, die Übertragung zu sublimieren und an ihr zu modeln, bis sie eine Art von Existenzfähigkeit gewinnt; andere müssen sie in ihrer rohen, ursprünglichen, zumeist unmöglichen Gestalt äußern. Aber es ist im Grunde immer das gleiche und läßt die Herkunft aus derselben Quelle nie verkennen" (Freud 1916–1917a, 425).

Die für unser Thema wahrscheinlich wichtigste behandlungstechnische Schrift trägt den Titel "Bemerkungen über die Übertragungsliebe" und entstand im Jahr 1915. Es geht hierbei um zweierlei:

1. Welche Folgen hat das Verlieben einer Patientin in ihren Arzt in den Augen der Laien und in denen des Analytikers?
2. Wie geht dieser mit seiner Gegenübertragung um?

Zum ersten Punkt wäre zu sagen, daß der Laie sich zwei mögliche Folgen vorstellt, die eigentlich für ein jedes Verliebtsein gelten – entweder man nimmt es an oder man lehnt es ab. Beim Erwidern gibt es die gesellschaftlich legitimierte Form der Heirat oder die damals sehr verabscheute, aber wahrscheinlich gar nicht so seltene Form der Affäre, wie wir sie durch Arthur Schnitzlers Leben und Werk hinreichend kennen. Die Ablehnung aber müßte letztendlich zum Abbruch der Behandlung führen, wie es Josef Breuer im Falle Anna O. tat. Der Psychoanalytiker muß aber beides – annehmen und ablehnen. Denn er darf die Gefühle der Patientin, die oft auch sehr ambivalent sein können (nur was man einmal geliebt hat, kann man auch hassen!), nicht zurückweisen, darf sie aber auch nicht erwidern. Er muß erkennen, daß das Verlieben der Patientin nichts mit seiner Person zu tun hat, sondern mit der analytischen Situation. Die Übertragungsliebe tritt nämlich regelmäßig zu einem Zeitpunkt auf, wo es gilt, sich besonders peinliche und deswegen schwer verdrängte Teile der Lebensgeschichte in Erinnerung zu rufen. Freud meint, daß das Verlieben auch den Versuch darstellt, die Autorität des Arztes zu untergraben, indem sie ihn auf die Stufe des Geliebten "herabdrücken" will, was wiederum einiges über den Wert aussagt, den die aktive Frau bzw. der liebende Mann in seinen Augen hat. Ähnlich abschätzend äußert er sich über "Frauen von elementarer Leidenschaftlichkeit" (Freud 1915a, 226), die keiner höheren Logik fähig sind und somit auch nicht der Sublimierung. "Bei diesen Personen steht man vor der Wahl: entweder Gegenliebe zeigen oder die volle Feindschaft des verschmähten Weibes auf sich laden"

(226). Sie sind daher für die Kur unbrauchbar. Dabei ist seiner Meinung nach nicht das grobsinnliche Verlangen der Patientin eine Versuchung – sie wirkt eher abstoßend – sondern die "feineren und zielgehemmten Wunschregungen des Weibes" (229).

Damit sind wir beim zweiten Punkt, dem der Gegenübertragung. Diese Frage war von Freud schon in einem Vortrag auf dem Nürnberger Kongreß 1910 aufgeworfen worden und findet ein paar Mal in den behandlungstechnischen Schriften Erwähnung, zu einer umfangreicheren Diskussion dieses Themas kommt es aber in seinen veröffentlichten Werken nicht (Freud 1915 a, 220, Anmerkung). Die speziellen Probleme, die Freud selbst damit gehabt haben könnte und die ich hier nur angedeutet habe, möchte ich in einem späteren Teil dieser Arbeit behandeln, ebenso die Frage, wie spätere Analytiker das Verhältnis von Übertragung und Gegenübertragung gesehen haben bzw. sehen. Für sich und seine Schüler stellte Freud jedenfalls die Abstinenzregel auf, obwohl er mit seinen Patienten durchaus auch private Kontakte pflegte.

Das vorrangige Ziel der Therapie aber muß sein, die Übertragung am Ende der Behandlung zu lösen und damit den Patienten freizumachen für neue reale Beziehungen, in denen sie nicht mehr nach altem Muster versagen.

Es ist meines Erachtens kein Zufall, daß Freud das Phänomen der Übertragungsliebe in erster Linie bei Hysterikerinnen entdecken konnte, zeigte sich bei ihnen doch die Liebeskrankheit im Laufe der Geschichte in ihren vielfältigsten Zügen und deren "Heilung" in ihrer scheußlichsten Fratze.

II. Liebe

1. Liebe und Geschichte: Der Liebesbegriff im Wandel der Zeit

Laut "Meyers Neuem Lexikon", 1978, wird Liebe folgendermaßen definiert:

"Liebe, die dem Haß entgegengesetzte Zuneigung zu bestimmten Personen (eng verbunden mit dem Gefühl der Geborgenheit), im übertragenen Sinne auch zu Sachen, insbesonders die der instinktiven Veranlagung (Sexualtrieb, Brutpflegetrieb u. a.) entsprechende seelische Bindung des Menschen speziell an den Geschlechtspartner (Liebe im eigentlichen Sinn) und an die aus dieser Partnerschaft hervorgehende Nachkommenschaft (Elternliebe, Liebe zum Kind). In der Religionsgeschichte ist Liebe Qualität der Gottheit wie auch ein für den Menschen gültiges Gebot."

Liebe steht also im Gegensatz zu Haß, hängt mit Sexualität zusammen und spielt auch in der Religion eine Rolle. Außerdem hat sie etwas mit Zuneigung und seelischer Bindung zu tun – eine ziemliche nüchterne Beschreibung für ein Gefühl, das von Dichtern als eine Himmelsmacht gepriesen wird.

Gehen wir in die menschliche Frühgeschichte zurück, so finden wir die ersten schriftlichen Zeugnisse des Liebeskultes schon bei Ägyptern und den Völkern Mesopotamiens. Im sumerischen Gilgameschepos, das vor ca. 4000 Jahren entstanden ist und damit das älteste literarische Werk überhaupt sein dürfte, wird die Liebe sehr sinnlich beschrieben. Ebenso in einem Gedicht, das zwischen Fruchtbarkeitshymnus und Liebesdichtung liegt:

"Ich badete mich für den wilden Stier/Ich badete mich für den Schäfer Dumuzi/Ich bestrich meine Seiten mit duftender Salbe/Ich bestrich meinen Mund mit duftendem Bernstein/Ich schwärzte meine Augen/Er formte meine Lenden mit seinen schönen Händen/Der Schäfer Dumuzi füllte meinen Schoß mit Rahm und Milch/Er strich über mein Schamhaar …/Er legte seine Hand auf meine heilige Vulva …/Mein Geliebter, die Freude meiner Augen, kam zu mir/Gemeinsam frohlockten wir/Er hatte seine Lust an mir/Er führte mich in sein Haus" (zit. nach Bergmann 1994, 37).

*Diana als Mutter (Demeter), Mond-, Nacht- und Todesgöttin (Hekate)
und Jungfrau (Persephone)*

Hier begegnen wir der Göttin Innana, dem Prototyp der Fruchtbarkeitsgöttin, die uns später in der Gestalt der semitischen Ischtar, der Isis, der
Astarte und der Kybele entgegentreten wird. Diese Göttinnen werden ambivalent erlebt, einerseits als Lebens- und Lustbringerinnen, andererseits
als Zerstörerinnen (kastrierend). Tatsächlich wurden in den matriarcha-
len Kulturen des Alten Orients Jünglinge geopfert, um die Fruchtbarkeit
des Landes und seiner Bewohner herbeizubeschwören. Gleichzeitig gab
es die heilige Hochzeit zwischen Herrscher und Priesterin, die im oben
angeführten Gedicht beschrieben wird, um dasselbe von der Göttin zu
erflehen. Bergmann meint, daß es sich bei dieser Literatur noch nicht
um Liebesdichtung – also auch noch nicht um Liebe – sondern um Vorläufer der weltlichen erotischen Lyrik handelt. Steigen diese Göttinnen
in die Unterwelt, die Welt des Todes hinab, bedeutet das, daß nichts
mehr wächst, daß die Erde und die Menschen verdorren. Deswegen muß
alles getan werden, um die Lebensspenderin zurückzuholen.

Dieses Thema taucht auch wieder bei den Griechen in der Sage von
Persephone auf, die ihrer Mutter Demeter von Hades, dem Gott der
Unterwelt, geraubt wurde und die nach langen Verhandlungen zwei
Drittel des Jahres wieder zu ihrer Mutter zurück darf – dann herrschen
auf Erden Frühling, Sommer und Herbst – das letzte Drittel muß sie
aber bei ihrem Gatten verbringen – dann ist Winter, die Jahreszeit, in
der die Natur "stirbt".

Im griechischen Mythos spaltet sich die semitische Fruchtbarkeitsgöttin auf in Aphrodite, sie steht für die Leidenschaft, in ihren
Sohn Eros, er verkörpert die (kindliche) Verliebtheit, in Athene,
sie erbt den aggressiven Anteil und wird zur jungfräulichen Kriegs-
göttin, und in Urania, die Muse der himmlischen Liebe, was hier
noch wortwörtlich gemeint ist als Liebe zur Astronomie. Der perso-
nellen Aufspaltung im Mythos entspricht eine Begriffsdifferenzie-
rung im Logos. Dieser wird wiederum beherrscht von der Philosophie, in erster Linie von Platon. Doch auch er bedient sich häufig
einer mythologischen Metapher, vor allem in seinem Werk "Sym-
posion", in dem es um die Liebe geht. Berühmt ist die Geschichte
von den Kugelwesen, die von den eifersüchtigen Göttern gespalten
worden sind, und nun sucht jede Hälfte nach ihrer Ergänzung. Dabei gibt es neben der Kombination männlich-weiblich auch die zwischen denselben Geschlechtern. Platon macht kein Geheimnis daraus, daß für ihn die gleichgeschlechtliche Liebe zwischen Männern
die höherwertige ist (er befand sich darin in Einklang mit vielen
anderen Philosophen, Staatsmännern und Dichtern seiner Zeit).
Der Gott Eros mutiert zum Begriff und bedeutet soviel wie "Streben nach" – ja wonach? Über die Liebe zu einem Körper (Sexualität)
soll der Jüngling zur Liebe zu den schönen Körpern (bildende Kunst)
kommen, sich dann nach und nach vom Körperlichen lösen (Wissenschaft oder richtiger "freie Künste"), bis er die Idee des Wahren,
Schönen und Guten erschauen darf, den Gipfel des Liebesstrebens
und das Optimum an Erkenntnis. Freilich dürfte diese zu erreichen
auch im alten Griechenland nur wenigen Auserwählten vorbehalten gewesen sein, ähnlich wie im christlichen Mittelalter die Unio
mystica mit Gott. Bergmann meint, daß Platon beschreibt, was Freud
später als Sublimierung bezeichnen wird. Freud war ja bekanntlich ein
guter Kenner der griechischen Mythologie, was seine Begriffe Ödipuskomplex oder Narzißmus beweisen. Auch der Ausdruck Katharsis
stammt von einem griechischen Philosophen, nämlich Aristoteles,
der damit die Seelenreinigung beim Miterleben einer Tragödie auf
dem griechischen Theater meint, eine Art Abreagieren starker Gefühle von der Zuschauerbank aus. In den mythischen Figuren Narziß
und Pygmalion wird die extreme Selbstliebe geschildert. Narziß, der
zugrunde geht, weil er sich in sein eigenes Spiegelbild verliebt, Pygmalion, weil er nur lieben kann, was er selbst erschaffen hat. Das
Gegenstück dazu ist Echo, die Nymphe, die Narziß liebt und sich dabei
selbst aufgibt.

Bartholomäus Spranger (1546–1611): Mars, Venus und Amor
(Alte Galerie des Steiermärkischen Landesmuseums Joanneum, Graz)

Die Griechen hatten, wie wir sehen, eine sehr diffizile Vorstellung von
Liebesmöglichkeiten, die Römer waren im Vergleich dazu eher haus-
backen. Es dominiert die Preisung der ehelichen Liebe als Garant für
den Fortbestand von Familie und Staat. Bei Vergil muß Aeneas Dido
verlassen, um in Italien ein neues Volk zu gründen.

"Aber wenngleich Aeneas sich gedrängt fühlt, tröstend ihr Leid zu lindern / und
Kummer und Gram mit freundlichem Wort zu verscheuchen, / wenn er auch

seufzt, schon wankend gemacht durch den Ansturm der Liebe,/handelt er fromm doch nach Göttergeheiß und mustert die Flotte" (zit. nach Bergmann 1994, 91).

Daneben gibt es noch eine mehr oder minder schwüle Liebesdichtung wie die Amores von Ovid oder die Gedichte Catulls.

Kehren wir aber wieder in den Alten Orient zurück. Dort entsteht infolge des Jahwe-Kultes die erste monotheistische Religion (wenn wir von dem kurzlebigen Sonnenkult eines Echnaton in Ägypten absehen). Im alten Testament lernen wir einen Gott kennen, der Liebe schenkt (Auserwähltheit), aber sie auch fordert, vor allem in Form der Gesetzestreue. Wir begegnen in der Genesis der Vorstellung vom Paradies, einem Zustand des Unwissens und der Unschuld, aber auch der Einheit, wie er in der Psychoanalyse in der symbiotischen Phase zwischen Mutter und Kind angenommen wird. Es herrscht noch keine geschlechtliche Differenz, denn erst nach dem Sündenfall schämen sich Adam und Eva voreinander.

Neben der kosmischen Liebe ohne jegliche Ambivalenz zu Gott begegnen wir auch der irdischen Liebe zwischen Frau und Mann, vor allem im "Hohelied", auch Lied Salomos oder Lied der Lieder genannt. In einem Kommentar dazu wurde diese bereits vom Hellenismus beeinflußte Dichtung sehr unterschiedlich interpretiert.

"Neben der Meinung, das Hohelied entstamme dem Kult der Fruchtbarkeitsgöttin Astarte und übertrage dem im Alten Orient weit verbreiteten Ritus der heiligen Hochzeit auf die Jahwe Verehrung, nimmt die Auffassung zu, es handle sich bei diesem Buch um eine realistische Darstellung und Verherrlichung der ehelichen Liebe … Älter ist jedoch die allegorische Auslegung: Die Liebe Gottes zu seinem Volk wird dargestellt unter dem Bild der Liebe zwischen Eheleuten … Von den christlichen Schriftstellern wurde später das Hohelied auf die Verbindung Christi mit der Kirche oder auf die mystische Einheit der Seele mit Gott ausgedeutet" (Die Bibel, Hohelied, 1980, 730).

Der Kommentar scheint den Spuren Platons zu folgen: von der sexuellen Liebe zur mystischen; er spiegelt somit den Sublimierungsprozeß im Christentum wider. Das eigentliche Ideal im Christentum ist die Jungfräulichkeit, die ihre Vorläufer in der Selbstkastration orientalischer Geheimkulte hat. Sexualität wird sowohl in den Schriften des Apostels Paulus als auch in denen des Kirchenvaters Augustinus verdammt. Und doch sprechen beide sehr viel von der Liebe. Im ersten Korintherbrief preist Paulus in einem anderen Hohelied die Liebe mit folgenden Worten:

"Wenn ich in der Sprache der Menschen und Engel redete, hätte aber die Liebe nicht, wäre ich dröhnendes Erz oder eine lärmende Pauke. Und wenn ich prophetisch reden könnte und alle Geheimnisse wüßte und alle Erkenntnis hätte; wenn ich alle Glaubenskraft besäße und Berge damit versetzen könnte, hätte aber die Liebe nicht, wäre ich nichts. Und wenn ich mein ganzes Habe verschenkte und wenn ich meinen Leib dem Feuer übergäbe, hätte aber die Liebe nicht, nützte es mir nichts" (Die Bibel, 1. Korintherbrief 13, 1980, 1278).

Gemeint ist hier in erster Linie zwar die Liebe zu Gott, die über allen Gaben steht, aber man könnte es auch so interpretieren, daß man zu Menschen und Dingen Zuneigung haben muß, um einen echten Zugang und nicht nur eine oberflächliche Beherrschung zu erreichen. Der Satz von Augustinus "Liebe – und dann tu, was du willst!" weist in dieselbe Richtung.

Im Mittelalter und zur beginnenden Neuzeit schlägt sich dieses leibfeindliche Liebeskonzept in den Visionen der Mystikerinnen und den Erlösungsvorstellungen der Inquisition nieder. Hier wird die Unio mystica mit Gott angestrebt, dort die Rettung der Seele unter Opferung des Leibes, meist durch Verbrennung.

Daneben gab es im Mittelalter natürlich auch noch die Lobpreisung der irdischen Liebe, entweder in Form der höfischen oder hohen Minne – die, zumindest sexuell, unerfüllt bleibt, da die Dame ranghöher ist als der verehrende Ritter und meist verheiratet, und die manchmal im gemeinsamen Liebestod endet (Tristan und Isolde) – oder die bäuerlich-derbe niedere Minne, die von sehr realen Liebesabenteuern berichtet. Auch hier sind die Helden Ritter, die in Liebe zu einem Bauernmädchen oder gar zur Frau Venus (Tannhäuser) entbrennen.

Die Reformation kehrte wieder zu einem nüchtereren Liebesideal zurück. Die Liebe zwischen Frau und Mann spielt sich in der Ehe ab, wobei die Frau in erster Linie als gute Hausfrau geschätzt wird, die Liebe zu Gott zeigt sich durch seine Gnade, die sich wiederum in Reichtum und Erfolg niederschlägt (Calvinismus).

Damit kommen wir zum bürgerlichen Liebesbegriff. Er zeichnet sich aus durch:

1. Individualisierung von Sexualität. Man heiratet aus Liebe und den Partner, den man sich selbst ausgesucht hat.
2. Betonung der Andersartigkeit der Geschlechter und ihrer Bestimmung und gleichzeitig die Sehnsucht nach Gleichheit im Sinne einer Ergänzung durch ein Alter-Ego.

Welche Tugenden er an der Frau schätzt, berichtet uns Jean Jacques Rousseau (1712–1778) in seinem Erziehungsroman "Emile" und damit auch indirekt, welche am Manne.

"Von welcher Frau habt ihr einen besseren Eindruck und welcher Frau nähert ihr euch mit größerer Ehrfurcht, wenn ihr das Zimmer betret: wenn ihr sie mit Arbeiten ihres Geschlechts, mit den Sorgen ihres Haushaltes und beim Flicken der Kindersachen beschäftigt seht, oder wenn sie auf ihrem Putztisch Verse schreibt, umgeben von allen möglichen Drucksachen und von Briefchen in allen Farben? Wenn es nur vernünftige Männer auf der Welt gäbe, so blieb jedes gelehrte Mädchen ihr Leben lang alte Jungfer" (zit. nach Stopczyk 1980, 121).

Die Sehnsucht nach dem Alter-Ego führt schließlich zum Topos der Geschwisterliebe, die früher als Blutschande galt und auch heute noch gesetzlich geahndet wird. Dieses Denken wurzelt im Deutschen Idealismus Fichtes, der dem Ich in dialektischer Spannung ein Nicht-Ich entgegensetzt, aus dem dann beim Dichter Novalis (eigentlich Friedrich von Hardenberg 1772–1801) ein Du wird, das mit dem Ich in Liebe vereint ist. Christina von Braun spricht in ihrem Buch "Die schamlose Schönheit des Vergangenen. Zum Verhältnis von Geschlecht und Geschichte" (1989) von einer Liebesdialektik; bei Novalis noch nicht zwischen echten Geschwistern, sondern zwischen Menschen, die sich in geschwisterlicher (also nicht sexueller) Liebe verbunden fühlen. Er selbst wählte als 22jähriger ein 12jähriges Mädchen zur Braut, das mit 15 Jahren starb und dem er über den Tod hinaus die Treue hielt. Man kann ein solches Verhalten auch als Flucht vor der Sexualität ansehen.

Mehr als ein Jahrhundert später schildert Robert Musil (1880–1942) in seinem Roman "Der Mann ohne Eigenschaften" die Beziehung zwischen Ulrich und Agathe, bei der es zu einer inzestuösen Liebe kommt, die einander aber auch auf intellektueller und emotionaler Ebene in jeder Hinsicht ergänzen. Tatsächlich klingen die Dialoge der beiden oft wie Selbstgespräche:

"Ulrich fragte: 'Was bedeutet eigentlich der Auftrag: "Liebe deinen Nächsten wie dich selbst!"?'/Agathe sah ihn von der Seite an./'Offenbar: Liebe auch den Fernsten und Allerunnächsten!' fuhr Ulrich fort. 'Aber was will es heißen: wie sich selbst? Wie liebt man sich denn selbst? In meinem Fall wäre die Antwort: Gar nicht! in den meisten anderen: Mehr als alles! Blind! Ohne zu fragen und zuchtlos!'/'Du bist zu kriegerisch; wer es gegen sich selbst ist, ist es auch gegen andere!' antwortete Agathe kopfschüttelnd. 'Und wenn du dir selbst nicht genug bist, wie sollte gar ich es dir sein?' Sie sagte das in einem Ton, der zwischen dem heiter ertragenen Schmerzes und höflichen gewendeten Gespräches lag. Aber Ulrich überhörte es, verblieb beim Allgemeinen und sah steif ins Weite. Er fuhr fort:' Vielleicht sagte ich besser: Gewöhnlich liebt sich jeder am meisten und kennt sich am wenigsten! Liebe deinen Nächsten wie dich selbst, hät-

Louis Janmot: Virginitas (Musée des Beaux-Arts, Lyon)

te dann den Inhalt: Liebe ihn, ohne ihn zu kennen und unter allen Umständen. Und seltsam genug, wenn der Scherz erlaubt ist, fände sich auch in der
Nächstenliebe wie in jeder anderen das Erbübel, vom Baume der Erkenntnis
zu essen!'/Agathe blickte langsam auf. 'Es hat mir gefallen, daß du einmal von
mir gesagt hast, ich sei deine Liebe zu dir selbst, die du verloren und wieder-
gefunden hast. Aber nun sagst du, daß du dich nicht liebst, und mich, nach
strenger Logik und Beispiel, nur deshalb, weil du mich nicht kennst! Beleidigt
es mich nicht gar, daß ich deine Selbstliebe bin?' Der Schmerz der Stimme hatte nun vollends der Heiterkeit Platz gemacht" (Musil 1970, 1123 f.).

Musil geht hier von einer Diskrepanz zwischen Lieben und Erkennen
aus. Dabei hieß früher "eine Frau erkennen" mit ihr sexuell verkehren.
Das weibliche Alter-Ego gibt sich mit dieser Trennung auch nicht zufrieden.

Eines aber zeigt sich ab der Mitte des 19. Jahrhunderts in Philosophie und Literatur klar und deutlich – Liebe und Sexualität sind nicht
mehr voneinander zu trennen. Ob die Liebe nun ein schlauer Trick

der Natur ist, um für die folgenden Generationen die optimale Selektion sicherzustellen, wie sich das Schopenhauer vorstellt, oder ob sie in verschiedene Kategorien eingeteilt wird wie bei Stendhal (leidenschaftliche, galante, sinnliche und eitle Liebe), immer ist Sexualität mit im Spiel. Für den zeitgenössischen Dichter Francesco Alberoni schließlich ist Liebe Sexualität im Ausnahmezustand (Bergmann 1994).

Sind wir also bei der Ausgangssituation, der Gleichsetzung von Liebe und Sexualität, angelangt, wie wir sie im Alten Orient kennengelernt haben? Sicher nicht! 2000 Jahre Christentum und 500 Jahre moderne Naturwissenschaft gingen nicht spurlos an uns vorüber. Wir leben in einer entzauberten Welt, aus der man "die Geister ausgetrieben hat" (Descartes), da ist kein Platz für Fruchtbarkeitsgöttinnen, noch dazu, wo heute viele alles daransetzen, um nicht fruchtbar zu sein. Aber nachdem "Gott tot ist" (Nietzsche), wenden wir uns wieder stärker der irdischen Liebe zu, suchen vielleicht eine Synthese von "Dionysischem" und "Apollinischem" (Nietzsche). Wenn nicht bereits das Sexualwesen in uns durch den Jahrtausende langen Weg der Abstraktion, den die Erfindung der Schrift möglich gemacht hat, abgetötet und durch künstliche Sexualität in Form von Pornographie, Sex-Idolen und Sex-Prothesen ersetzt worden ist, wie das Christina von Braun in ihrem Werk "Nichtich" (1985) annimmt.

Die Psychoanalyse stellt ein Modell dar, in dem man Dionysisches und Apollinisches wieder zu vereinen sucht. Unser Ich wird getrieben vom Es und dessen Energie, der Libido, aber auch kontrolliert und gebremst durch das Über-Ich, den Sitz unserer Werte, die uns zur Sublimierung befähigen. Wie liebesfähig wir sind, hängt von der Erfahrung ab, die wir mit unseren ersten Liebesobjekten, unseren Eltern, gemacht haben. "Liebe ist die Wiederherstellung eines verlorenen Glücks. Die Elternfiguren, einstmals Liebesobjekte, bleiben innerpsychisch besetzt, doch darf die Bindung an sie nicht so stark sein, daß sie die Wahl eines neuen Objektes verbieten" (Bergmann 1994, 225). Nur der Neurotiker ist nicht in der Lage zu lieben, da er, wo er liebt, nicht begehrt, und wo er begehrt, nicht lieben kann. In der Analyse werden die libidinösen Wünsche auf den Analytiker übertragen. Die Analyse dieser Übertragung ermöglicht, neben der Kenntnis der jeweiligen Biographie, ein besseres Verständnis des Patienten und somit dessen Nachreifung.

Später stellte Freud zwei Typen der Objektwahl auf, den narzißtischen, der liebt, was er selbst ist, war oder sein möchte, und den inzestuösen oder Anlehnungstyp, der die nährende Mutter oder den schützenden Vater sucht. Freud selbst formulierte es 1909 folgendermaßen:

"Die Verliebtheit in die eigene Person (= in die eigenen Genitalien) sei ein notwendiges Entwicklungsstadium. Von da gehe man zu ähnlichen Objekten über. Der Mensch hat allgemein zwei ursprüngliche Sexualobjekte, und sein weiteres Leben hängt davon ab, bei welchem er fixiert bleibt. Die beiden Sexualobjekte sind für jeden das Weib (die Mutter, Pflegerin etc.) und die eigene Person. Und es komme darauf an, beide loszuwerden und bei beiden nicht zu lange zu verweilen" (zit. nach Bergmann 1994, 236).

Zwei Fixierungen, die inzestuöse und die narzißtische, bedrohen das Liebesleben jedes Menschen, wenn sie nicht gelöst werden.

1915 schließlich entwickelte Freud in seinem Aufsatz "Triebe und Triebschicksale" eine dritte Theorie über die Liebe, bei der er diese als Leistung des Ich ansieht und von der Libido abgrenzt. Das bedeutet aber auch, daß sexuelle Strebungen zu keiner dauerhaften menschlichen Beziehung führen. Damit ist er Platon wieder sehr nahe gekommen.

Es scheint also eine notwendige Diskrepanz zwischen Sexualität und Liebe zu geben, wenn der Mensch eine höhere phylo- bzw. ontogenetische Entwicklungsstufe erreicht hat.

2. Liebe und Körpersprache:
Hysterie als Liebeskrankheit im Wandel der Zeit

Diejenige, die diese Diskrepanz zwischen Liebe und Sexualität wie kaum jemand anderer spürt und es mit ihrem Körper ausdrückt, ist wohl die Hysterikerin. Die Art und Weise, wie sie das tut, ist vielfältig, ebenso sind es die Ursachen, die für diese Krankheit von durchwegs männlichen Experten angegeben werden. Die Wurzel aber scheint immer die gleiche zu sein, ein Verlangen nach Liebe und Zuwendung oder zumindest der Wunsch nach einer adäquaten Sublimierung.

Laut Christina von Braun entstand die Frauenkrankheit Hysterie mit der Entwicklung der Schrift, als Reaktion auf die Trennung von Geist und Materie, von Kopf und Körper, durch den Abstraktionsprozeß, wobei der Mann für den Geist, die Frau für Körper und Natur steht (von Braun 1985).

Schon in der Antike sprach der griechische Arzt Hippokrates von einer Krankheit, die durch eine herumwandernde Gebärmutter erzeugt wird und die daher bei Frauen alle möglichen Beschwerden hervorruft, unter anderem auch Erstickungsanfälle (globus hystericus), weil die Gebärmutter in Richtung Hals gewandert ist und dadurch das Atmen erschwert. Ein Teil des weiblichen Körpers wurde somit mit einem herumschweifenden Tier gleichgesetzt, was man als eine Art Pars pro toto ansehen kann. Als Heilmittel wird Schwangerschaft empfohlen, beim römischen Arzt Galenus sexuelle Betätigung (auch Freud empfahl dieses Allheilmittel seinen Patientinnen). Außerdem setzte man damals auf wohlriechende Dämpfe, die den Unterleib umwehen, und übelriechende, die eingeatmet werden sollten, um die Gebärmutter zur Wanderung nach unten zu animieren.

Im Mittelalter empfahl man hingegen Enthaltsamkeit entsprechend der sexualfeindlichen Ideologie des Christentums und der Geringschätzung der Frau als Verführerin Adams.

An der Wende zur Neuzeit galten die Symptome der Hysterie als Stigmata diaboli und wurden durch Folter und Verbrennung therapiert. Das Weib wurde nicht nur als sündenanfälliger als der Mann angesehen, der Teufel bemächtigte sich auch leichter ihres Körpers, um Böses zu wirken.

Paracelsus wiederum rechnete die Hysterie nicht mehr zu den gynäkologisch-libidinösen Leiden, wie die antiken Ärzte, sondern zählte sie zu den fallsüchtigen Anfallsleiden wie etwa auch die Epilepsie. Die Hysterie kann nur Frauen befallen, die mit einem Mann verkehren, ist somit männlich verursacht. Er leitete damit das Leiden aus der Beziehung zwischen Mann und Frau ab, die er wiederum auf kosmologische Einflüsse zurückführte.

Im 17. Jahrhundert verschob sich die Ursache der Krankheit vom Unterleib in den Kopf, wodurch sich allmählich die Vorstellung einer männlichen Hysterie, die zunächst allerdings als Hypochondrie bezeichnet wurde, durchsetzte. Diese dürfte nicht von allen Ärzten akzeptiert worden sein, denn der Psychiater Krafft-Ebing belehrte Freud, als dieser bei einem Vortrag von männlicher Hysterie sprach, daß Hysterie von hystera (= Gebärmutter) komme und daher dem weiblichen Geschlecht vorbehalten sei.

Bahnbrecher einer neurologischen Theorie waren die Engländer Thomas Willis und Thomas Sydenham sowie der Franzose Charles Lepois.

Der Medizinhistoriker Shorter berichtet, daß in der ersten Hälfte des 19. Jahrhunderts zunächst die Ursache für Nervenkrankheiten im Rückenmark (Spinalirritationstheorie) gesucht wurde, während sich ab der zweiten Hälfte die Reflextheorie durchsetzte, die davon ausging, daß jedes Organ im Körper mit allen anderen reflektorisch verbunden sei. Dadurch trat die Gebärmutter, die nun mit dem Gehirn in Verbindung stand, wieder in den Mittelpunkt. Die Hysterie war jetzt eine Reflexneurose, der man erstmals auch operativ zu Leibe rückte. Zunächst durch die Entfernung der Ovarien oder/und der Klitoris (oder deren Verätzung), später durch die Entfernung der Gebärmutter (oder Verätzung des Gebärmutterhalses) bzw. durch Totalamputation. Diese Operationen erfreuen sich zum Teil auch noch heute großer Beliebtheit, obwohl nicht immer eine eindeutige organische Indikation vorliegt (Shorter 1994).

Christina von Braun unterscheidet bei der Hysterietherapie zwei Formen, die frauenfreundlichen und die frauenfeindlichen. Zu den frauenfreundlichen zählt sie die Dufttherapie oder die Verordnung von Sexualverkehr und Mutterschaft.

"... während sich die Methoden der anderen 'Schulen' durch strengste Körper- und Sexualfeindlichkeit auszeichneten. Letztere bilden die weit überwiegende Mehrheit der überlieferten Therapiemethoden und scheinen zum Teil in den Schulen der Folterlehrmeister erworben zu sein. Da wurden schwere Steine auf den Bauch der Patientin gelegt, ihr Unterleib mithilfe eines Feuerbocks oder Stampfers gepreßt; man riß ihr Nägel und Schamhaare aus oder wickelte um Hals und Brüste erstickende Kompressen; in die Vagina wurden Hirschgeweihe, Ziegenfüße oder die Warzen von Pferdefüßen eingeführt; mit Schlagstöcken und Feuer vertrieb man 'böse Geister' oder 'weibliche Spermatozoiden' aus dem Uterus. Die angebliche 'Übersinnlichkeit' der Hysterika wurde durch die Entfernung der Klitoris behandelt, während Elektroschocktherapien für die Behandlung von Hautunempfindlichkeit oder Lähmungen empfohlen wurden. Die Therapeuten ließen sich kaum ein Mittel, das der 'Fortschritt' brachte, entgehen, um dem Körper und insbesondere seinen Geschlechtsteilen Schmerzen zuzufügen. Sogar die Garotte empfahl ein Arzt des 19. Jahrhunderts als Behandlungsmethode gegen den 'globus hystericus'. Es 'ist eine Art Strangulation', so kommentierte ein Kollege diese neue Erfindung der Hysterie-Therapie. Allerdings müsse 'man damit noch Erfahrungen sammeln, da die Wirksamkeit noch nicht für alle Fälle nachgewiesen ist'" (von Braun 1985, 24).

Ebenso vielfältig wie die Therapieformen waren auch die Symptome. Sie paßten sich der Zeit an. Konnte man von der Antike bis ins 18. Jahrhundert vor allem Krampfanfälle beobachten, die unter dem Namen Besessenheit auftraten, so gesellten sich diesen im 19. Jahrhundert in zunehmendem Maße Lähmungen und Ohnmachtsanfälle hinzu. Shorter spricht von iatrogener Symptomgestaltung, die wiederum abhängig ist von kulturellen und gesellschaftlichen Normen. Konvulsionen, Schreien und Um-sich-Schlagen zeugen immerhin noch von einer gewissen Wildheit, Widerborstigkeit, Ungezähmtheit, während Lähmun-

38

gen und sensorische Störungen wie Blindheit, Taubheit und Gefühllosigkeit nur mehr einen schwachen passiven Protest einer "höheren Tochter" oder einer erschöpften Hausfrau und Mutter darstellen, deren höchste Tugenden Gehorsam, Sanftheit und dienende Demut waren.

In den 20er und 30er Jahren unseres Jahrhunderts verschwanden hysterische Krämpfe nahezu ganz, wenn, dann traten sie eher in der Arbeiterschicht auf, also in einer Gruppe, in der Frauen noch weniger Möglichkeit zur Selbstentfaltung hatten. In den Industrieländern wurde die Hysterie überhaupt durch psychosomatische Leiden ersetzt, die aber auch als Folgen von Depressionen auftreten können, vor allem in Form von Kopfschmerzen, Schwindel und Panikattacken. Christina von Braun meint, daß die eigentlichen Nachfolgerinnen der Hysterikerinnen die Anorektikerinnen seien, die nicht mehr durch den Körper ihren Protest ausdrücken, sondern den Körper selbst bekämpfen (von Braun 1985).

Ein spezielles Phänomen, das das 20. Jahrhundert zwar nicht erfunden hat, das in diesem aber besonders häufig auftritt, stellt die Massenhysterie dar. Entweder von einem Politdämon à la Hitler hervorgerufen oder von einem Popstar oder Jugendidol. Und wiederum sind es vor allem Frauen und Mädchen, die scharenweise in Weinkrämpfe ausbrechen oder in Ohnmacht fallen. Die herausragende männliche Person wird Projektionsfläche aller weiblichen Sehnsüchte und Wünsche, die die Realität ihnen offensichtlich nicht erfüllen kann.

Doch kehren wir noch einmal ins 19. Jahrhundert zurück, wo in den 80er Jahren die Hysterie ihre Blütezeit erlebte. Zentrum der Erforschung war die Salpêtrière in Paris, wie wir schon hörten, ein Kranken- und Siechenhaus, in dem zwischen 6000 bis 8000 Frauen vor allem der Unterschicht untergebracht waren. Es gab dort neben Hysterikerinnen auch geistig Behinderte, Epileptikerinnen, aber auch Prostituierte und Kriminelle. 1795 übernahm Philipp Pinel (1745–1826) die Leitung. Er war von der aufklärerischen Idee inspiriert, menschenunwürdige Internierungslager in Krankenhäuser umzuwandeln. Sein Nachfolger war Esquirol (1770–1840), der die "moralische Behandlung", die bereits in England praktiziert wurde und die die Kranken zur Vernunft bringen und sie gesellschaftlich integrieren sollte, einführte. 1862 übernahm Jean Martin Charcot diesen Posten. Er stand vor dem Problem, Hysterie und Epilepsie zu unterscheiden, die beide für ihn Nervenkrankheiten waren, die vom Zentralnervensystem aus gesteuert werden. Nachdem es ihm gelungen war, hysterische Symptome durch Hypnose herbeizuführen, ging er daran, die Gesetze des großen hysterischen Anfalls zu beschreiben. Er unterschied vier Phasen:

"beginnend mit Muskelzuckungen, die dem epileptischen Anfall ähnlich sind, über die zweite, 'Clownismus' genannte Phase der 'großen Bewegung', deren typischste der hysterische Bogen ('arc de cercle') ist, bei dem der rückwärts gewandte Körper nur am Kopf und an den Füßen aufs Bett gestützt wird, die dritte Phase der 'leidenschaftlichen Stellungen und Gebärden', in welcher der Kranke sozusagen seinen Wahn in Szene setzt, wobei er Worte und Schreie ausstößt, die in Beziehung zu seinen düsteren Vorstellungen und ihn verfolgenden Schreckensvisionen stehen, zum abschließenden Wahnstadium (Delirium), in dem der Kranke, nachdem sein akuter Erregungszustand abgeklungen ist, am ehesten dazu bewegt werden kann, seine oft sehr intimen Wahnvorstellungen auszusprechen" (Gödde 1994, 19).

Den Phasenverlauf ließ er auch photographisch und zeichnerisch festhalten. In ätiologischer Hinsicht ist die Hysterie seiner Ansicht nach erblichen Ursprungs, daher eigentlich nicht therapierbar.

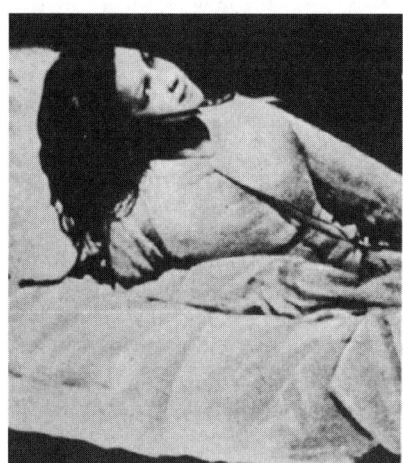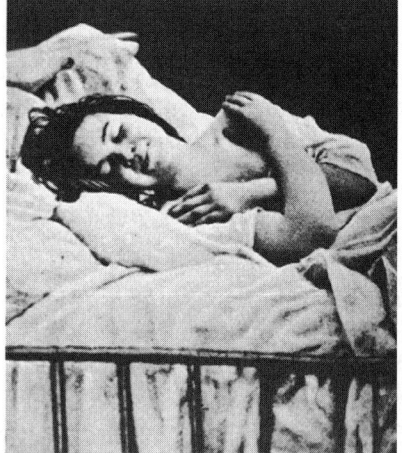

Dargestellt ist die 16jährige Augustine, die Opfer einer Vergewaltigung wurde, welche sie zwanghaft immer wieder nachspielte (Bibliotheque Charcot, Paris)

Sein Oberarzt Gilles de la Tourette (1857–1904) verfaßte ein Werk über Hysterie ("Die Hysterie nach den Lehren der Salpêtrière", 1894), in dem er sich von den vorwissenschaftlichen Auffassungen abgrenzte und die Symptome folgendermaßen zusammenfaßte:

Somatische Symptome

1. Sensibilitätsstörungen, zu denen Anästhesien, Hyperästhesien der Haut, Schleimhäute und Sinnesorgane sowie die hysterogenen Zonen (z. B. Ovarialgegend) gehören.

2. Störungen im Bereich des Sehapparates wie Gesichtsfeldeinengung und Blindheit.

3. Motorische Störungen wie Neigung zu Muskelkontrakturen, Muskelschwäche und Muskelzittern.

Psychische Symptome

Neigung zur Lügenhaftigkeit ohne Grund und Suggestibilität (Gödde 1994, 26).

Damit wurde der Versuch unternommen, eine streng wissenschaftliche, auf Grund von klinischen Beobachtungen gewonnene Beschreibung einer Krankheit zu geben. Aber ist die Hysterie überhaupt eine Krankheit? Kann man ein Leiden, das eine Reaktion auf gesellschaftliche Verhältnisse ist, als Krankheit bezeichnen, die mit den klassischen medizinischen Mitteln – Einflößen von Medikamenten und Herausschneiden von Körperteilen – behandelt werden muß? Waren Hysterikerinnen wirklich Lügnerinnen oder nur Frauen mit überschießender Phantasie, weil die Realität nicht gerade rosig für sie aussah. Und wenn sie logen, welchen Grund hatten sie dazu? Warum lügt ein Kind? Meistens wohl deshalb, weil es fürchtet, bestraft zu werden. Könnte das nicht auch in diesem Fall zutreffen, da Frauen ja oft wie Kinder gehalten worden sind? Und wie steht es mit der Suggestibilität? Da es sich in der Salpêtrière vorwiegend um Frauen der Unterschicht gehandelt hat, die wahrscheinlich ziemlich ungebildet waren, liegt es da nicht nahe, daß sie sich von den Herren Doktoren alles mögliche einreden ließen, zumal man das auch von ihnen erwartete? Waren die Ärzte unserer patriarchalen Gesellschaft quasi betriebsblind, weil eine soziale Diagnose ihre Position als Mann erschüttert hätte? Glaubten sie bestenfalls, daß bei Hysterie das Geschlechtsleben zwischen Frau und Mann nicht funktioniere und daß man hier eine Korrektur anbringen müsse, oder meinten sie, daß Sexualität und Schwangerschaft überhaupt ein Allheilmittel für Frauen seien, denn andere Ansprüche haben sie ja nicht oder sollten sie nicht haben?

Welche Beziehungen hatten denn die Ärzte zu ihren Patientinnen? Bei Charcot z. B. verlief die Prozedur der Untersuchung, nach einer Schilderung zweier ehemaliger Schüler, folgendermaßen:

"Er nimmt hinter einem leeren Tisch Platz ... und läßt umgehend die zur Beobachtung vorgesehene Kranke hereinführen. Diese wird vollständig entkleidet. Der Assistenzarzt liest die Krankengeschichte vor, der Meister hört aufmerksam zu. Darauf langes, sehr langes Schweigen: er beobachtet; mit einer Handfläche leicht die Tischplatte klopfend, beobachtet er die Patientin. Die Assistenten, stehend, zu Trauben zusammengedrängt, harren gespannt eines erhellenden Wortes. Charcot schweigt weiter. Dann heißt er die Kranke eine Bewegung ausführen, gehen, sprechen, läßt ihre Reflexe, ihr Empfindungsvermögen prüfen. Erneutes Schweigen – Charcots geheimnisvolles Schweigen. Schließlich läßt er eine zweite Kranke hereinführen, untersucht sie auf dieselbe Weise wie ihre Vorgängerin, verlangt nach einer dritten und vergleicht die drei miteinander, wobei er auch jetzt noch kein einziges Wort fallen läßt" (zit. nach Shorter 1994, 292 f.).

Ansonsten war sein Umgang mit Frauen eher ruppig, was Leon Daudet auf seine große Schüchternheit zurückführte (Shorter 1994, 298). Der große Hexenmeister, der "die Puppen tanzen ließ" (oder das zumindest glaubte), ein Mann, der im Grunde Frauen fürchtete? Oder waren sie ihm eher gleichgültig, wie ein anderer Schüler, Axel Munthe, meinte? Das paßt schon besser zu einem Mann der Wissenschaft, der einem Sachproblem nachging und Menschen nur als Experimentierobjekte ansah. Es könnte aber auch beides stimmen. Weil Charcot im Grunde schüchtern war, suchte er Erfolg in einem Beruf, in dem er Macht über Frauen ausüben konnte, und kaschierte seine Schwäche mit einem extrem autoritären Auftreten. Dieses hatte wiederum zur Folge, daß er von seinen Patientinnen, aber auch von vielen Mitarbeitern hintergangen wurde.

"Ohne Wissen und Wollen Charcots wurde diesen Patientinnen eine Reihe unbewußter Suggestionen eingepflanzt, die auf eine regelrechte Dressur hinausliefen, von der Charcot nicht die mindeste Ahnung hatte. Eben deswegen waren seine sämtlichen Forschungen in Sachen Hypnose grundsätzlich auf Sand gebaut" (zit. nach Shorter 1994, 311).

Israel schildert uns in seinem Buch "Die unerhörte Botschaft der Hysterie" (1983) eine weniger distanzierte Untersuchung, besonders, wenn es galt, die hysterogenen Zonen zu erforschen – das sind vor allem Ovarialregion, Leistengegend, Gebärmutterhals und Brust, Körperteile also, die uns in der Psychoanalyse als erogene Zonen begegnen. Schon früher war es üblich, hysterische Anfälle durch das Kitzeln der Klitoris zum Stillstand zu bringen, was immerhin als eine das Schamgefühl verletzende Prozedur angesehen wurde. Auch Verdacht auf Oberflächenanästhesie wurde so getestet (Shorter 1994, 146).

Man erkannte also durchaus vor Breuer und Freud, daß Hysterie mit Sexualität zusammenhängt, offiziell wurde es aber oft negiert. Charcot soll sich in Anwesenheit von Freud folgendermaßen geäußert haben "Mais dans des pareils c'est toujours la chose genitale, toujours ... toujours ... toujours" (zit. nach Schaps 1982, 57). Bewegung und Ausdruck des großen Anfalls wurden ebenfalls als erotisch angesehen.

Zur selben Zeit galt aber auch Anästhesia sexualis oder Frigidität mit ihren Steigerungsformen Vaginismus (Scheidenkrampf) und Hymenismus (Abwehr der Defloration) als Erscheinungen der Hysterie. Erklärt wurden sie durch Vererbung, kulturelle Degenerationserscheinungen, sexuelle Entwicklungshemmungen, aber auch durch Onanie oder pseudohomosexuelle Neigung.

Ebenso vielfältig wie die körperlichen Erscheinungen sind auch die psychischen, obwohl ihnen weniger Augenmerk geschenkt wurde. Als Haupteigenschaften der Hysterikerinnen wurden genannt: Falschheit, Lüge, Doppelzüngigkeit, Betrug; gefolgt von: Geltungssucht, Affektiertheit, Theatralik, Übertreibung (vor allem, was die weibliche Rolle betrifft); weiters wird ihnen nachgesagt, sie seien: subversiv, ungehorsam, launisch und intrigant. Ihr Denken sei infantil, archaisch und negativ, ihr Wille abhängig und suggestibel. Wenn sie aber ihren "Meister" gefunden haben, dann können sie auch aufopfernd sein (Israel 1983).

Damit zeigt die Hysterikerin Züge, die auch der "normalen" Frau im Patriarchat zugewiesen werden: kindlich, unstet, emotional, willensschwach. Otto Weininger (1880 – 1903) bringt in seinem Werk "Geschlecht und Charakter" (1903) die Meinung von 4000 Jahren Männerherrschaft auf den Punkt, wenn er schreibt:

"Selbst wenn eine Frau je ihre eigene Determiniertheit zu ahnen beginnt, ein klares Bewußtsein derselben, eine Auffassung und ein Verständnis ist dies nicht zu nennen; denn dazu wäre der Wille zu einem Selbst erforderlich ... Das Weib steht wie unter einem Fluche ... Darum lügt die Frau stets, auch wenn sie objektiv die Wahrheit spricht ... Das Fürchterliche und für die Leerheit und Nullheit der Frauen Entscheidende ist vielmehr dies, daß sie nicht einmal vor dem Tode zum Problem des Lebens gelangen; weil in ihnen nicht ein höheres Leben der Persönlichkeit realisiert werden wollte. Die Frau ist also nicht ... Die Frauen haben nicht diese oder jene Eigenschaft, sondern ihre Eigenheit beruht darauf, daß sie gar keine Eigenschaften haben: das ist die ganze Kompliziertheit und das ganze Rätsel des Weibes, darin besteht seine Überlegenheit und Unfaßbarkeit für den Mann, der stets auch hier nach dem festen Kerne sucht ... das Weib ist nichts, es ist nur Materie" (zit. nach Stopczyk 1980, 291).

Die Frau ohne Eigenschaften also, der erst der Mann die eine oder andere Eigenschaft zuweist, tritt uns hier entgegen. Ist es da ein Zufall, daß sie hin und wieder recht spektakulär auf sich aufmerksam machen mußte, durch Zuckungen, Schreien, Weinen, Lachen, Versteifen, Ohnmacht und vieles mehr? Wollte sie damit nicht ausdrücken – ich bin hier, bitte übersieh mich nicht, ich existiere nicht nur in deinem Kopf oder deinem Bett, sondern ich bin ein reales Wesen mit eigenen Wünschen und Bedürfnissen und ich möchte so geliebt werden wie ich bin. Ich bin auch nicht nur die Mutter deiner Kinder, die treusorgende Gattin, die unermüdlich tätige Hausfrau, die verständnisvolle Zuhörerin und Seelentrösterin, die inspirierende Muse und leidenschaftliche Geliebte, nein – ich bin ich.

Könnte das die Botschaft sein, die uns die Hysterikerin mitteilen will? Eine Botschaft, die zwar über den Körper ausgedrückt wird, auf den sie oft reduziert wurde, die aber eine seelische Not aufzeigt.

Anfang der 80er Jahre des vorigen Jahrhunderts wurde dieser Notruf erstmals gehört und ernstgenommen – durch Josef Breuer, den Entdecker der kathartischen Methode und Förderer Freuds. Mit ihm beginnt die psychologische Erforschung der Hysterie und gleichzeitig kamen die Betroffenen auch erstmals selbst zu Wort.

3. Liebe und Sexualität: Die Übertragungsliebe bei diversen Krankengeschichten des 19. und 20. Jahrhunderts

Bevor wir uns der Person Josef Breuers zuwenden, betrachten wir erst einmal die medizinische Situation in Wien von 1880 bis 1900. Für Nervenkrankheiten fühlten sich in erster Linie die Neurologen oder Neuropathologen zuständig. Das Spezialfach Neuropathologie war in Wien relativ jung und aus der Inneren Medizin hervorgegangen. Hauptsächlich beschäftigte man sich mit hirnphysiologischen Vorgängen, leitete also psychische Krankheiten von Funktionsstörungen des Gehirns ab. Wegen dieser einseitigen Betrachtungsweise und den sich daraus entwickelnden spekulativen Theorien sprach man später etwas abwertend von Hirnmythologie. Eine eigene psychiatrische Klinik wurde erst 1870 eingerichtet und ihr erster Leiter war Theodor Meynert (1833 – 1892), unter dem Freud eine Zeitlang gearbeitet hatte. Meynert führte psychische Störungen auf den Ernährungszustand der Hirnrinde zurück. Die Wirkung suggestiver Therapie bei Hysterie erklärte er sich so:

"Die Hysterische befindet sich dabei in dem Zustand wie Einer, der durch den Gewinn des großen Loses in eine freudige Verstimmung kommt, in dessen Gehirn durch diesen Umstand eine Summe von Associationen seiner Person und begehrenswerther Lebenslagen functionell flüssig geworden ist, ein Reichtum von Gedankengängen. Dieser Reichtum von Gedankengängen provocirt functionelle Hyperaemie in reicher Fülle. Die Wahrnehmung der dadurch gesetzten apnoetischen Athmungsphase der Rindenzellen ist die heitere Stimmung. Wenn ein Mensch, dem die Kranke glaubt, ihr Heilung verspricht und irgendein Behandlungsmittel anwendet, so ist die Zuversicht auf Heilung ihr gleich dem großen Los, welches der aus Arbeitsunfähigkeit Darbenden, der unwillig auf die Ehe Verzichtenden die Anknüpfung an die begehrenswerthen Dinge, die erwünschten Lebenssituationen im reichen Associationsspiel ermöglicht, ihren Cortex durch functionelle Hyperaemie regeneriert, ihm die Hemmungsfähigkeit subcorticaler Erregungen, bulbärer Erscheinungen wiedergibt. Neuralgien werden dadurch verschwinden, eine functionelle Unfähigkeit zur Bewegung sich beheben können; wie vorübergehend, ist für dieses Verständniss nicht von Belang" (zit. nach Hirschmüller 1991, 113).

Meynerts Nachfolger wurde Richard Krafft-Ebing (1840–1902), in dessen Lehrbuch über Psychiatrie Hysterie als Zustand psychischer Entartung ausgewiesen wird und der sich auf dem Gebiet der Sexualpathologie spezialisierte.

Ihm folgte Julius Wagner-Jauregg (1857–1940), der 1927 den Nobelpreis für Medizin bekam und während des Ersten Weltkrigs mit Freud in Konflikt geriet, da er die "Kriegszitterer", also Fälle von männlicher Hysterie, für Drückeberger hielt und wieder an die Front schicken wollte.

Aufgeklärter gegenüber der Hysterieforschung waren Moritz Rosenthal und Moritz Benedikt. Während Rosenthal die Hysterie traditionell als Krankheit des Zentralnervensystems ansah, betrachtete Benedikt sie als funktionelle Erkrankung im Sinne einer Libidostörung. Er behandelte hysterisch Erkrankte auch hypnotisch, obwohl diese Therapie seit Mitte des 19. Jahrhunderts in Wien als unwissenschaftlich verworfen worden ist. Erst in den 80er Jahren stieß die Hypnose hier öffentlich auf großes Interesse, in erster Linie durch Vorstellungen berufsmäßiger Hypnotiseure (Hirschmüller 1978 b, 1991).

Im deutschsprachigen Raum entwickelte sich das Burghölzli in Zürich zum führenden psychiatrischen Krankenhaus der Welt, es stellte sogar Emil Kraepelins angesehene Münchner Universitätsklinik in den Schatten. Sein Leiter war zuerst August Forel (1848–1931), später Eugen Bleuler (1857–1939) und schließlich C. G. Jung (1875–1961). Daneben existierte im Schweizer Raum das Sanatorium Bellevue in Kreuzlingen, das von den Binswangers geleitet wurde und in dem z. B. Bertha Pappenheim, Breuers Anna O., behandelt wurde (Kerr 1994).

In Deutschland wirkte in München neben Emil Kraepelin (1865–1926) der Psychiater Leopold Loewenfeld, der ein Buch mit dem Titel "Die moderne Behandlung der Nervenschwäche (Neurasthenie), der Hysterie und verwandter Leiden" verfaßte, wobei er besonders die Behandlung mit Luftkuren, Bädern, Gymnastik und der Mitchell-Playfairschen Mastkur neben psychischer Therapie hervorhob.

In Berlin untersuchte Albert Moll die Libido sexualis, in Leipzig Paul Moebius einerseits funktionelle Nervenkrankheiten wie Hysterie und Neurasthenie, andererseits argumentierte er in seinem 1900 erschienenen Buch "Über den physiologischen Schwachsinn des Weibes" auf der Ebene der Hirnmythologie (Ellenberger 1973).

In Paris schließlich folgten auf Charcot Joseph Babinski (1857–1932) und Pierre Janet (1859–1947). Beide schenkten der Hysterie besonderes Augenmerk, wobei Babinski die Patientinnen extrem isolierte, ihr Bett sogar mit weißen Tüchern verhing (Kerr 1994). Über Janets Fälle und seine Behandlungsmethoden werden wir später noch einiges erfahren.

Man kann also folgendes festhalten:

1. In der damaligen Psychiatrie standen einander zwei Gruppen gegenüber – die Organiker, die von der Physiologie herkamen und die z. T. Hirnmythologie betrieben, und die Psychiker, die psychische Krankheiten als dynamische Erscheinungen ansahen. Letztere finden wir eher in Frankreich und in der Schweiz, während in Österreich zunächst noch die traditionelle Gehirnforschung überwog.

2. Die Sexualität und deren Störung wurde bereits vor Freud als Ursache für Krankheiten, insbesondere die Hysterie, angesehen, was die Studien von Benedikt, Moll und Krafft-Ebing beweisen.

3. Allmählich gingen auch Erkenntnisse der noch jungen experimentellen Psychologie mit ihrem Zentrum in Leipzig unter der Führung von Wilhelm Wundt (1832-1920) in die psychiatrische Forschung ein.

4. Hypnose und Suggestion wurden um 1900 als Therapiemethode zunehmend suspekt und durch andere Behandlungsarten ersetzt.

5. An sonstigem Behandlungsrepertoire standen dem Arzt im Umgang mit der Hysterie noch folgende Therapiemethoden zur Verfügung:

a) Diätische Maßnahmen: Verordnung oder Verbot bestimmter Speisen, Wasserkuren unter Verwendung ganz bestimmter Quellen, Molken- und Traubenkuren.

b) Medikamentöse Behandlung: Sogenannte Antihysterica (Baldrian, Asa foetida), Antispasmodica, Narcotica (Brompräparate, Opium, Morphium, Chloroform, Paraldehyd, Sulfonal, Chloralhydrat), Antipyretica, anregende Substanzen (Strychnin, Campher, Arsen), Eisenpräparate, Digitalis und Atropin.

c) Elektrotherapie.

d) Hydrotherapie und Balneotherapie.

e) Klimatherapie: See- und Landaufenthalte, Höhenklima.

f) Metallo- und Magnetotherapie.

g) Mechanotherapie (Bewegungsübungen, Sport, Massage).

h) Lokale Behandlung (z. B. einer Genitalaffektion).

"Von allen diesen Verfahren wurde der Hydrotherapie und der Elektrotherapie am meisten Bedeutung beigemessen. Eine Kombination von Diät, Elektrotherapie und Mechanotherapie mit Isolierung und Bettruhe war die Mastkur von Weir Mitchell und Playfair, die wegen ihrer besonders günstigen Resultate bei bestimmten Krankheitsformen gerühmt wurde. Daneben wurden häufig auch psychotherapeutische Maßnahmen ergriffen: Die Prophylaxe der Hysterie hatte mit der Fernhaltung schädlicher psychischer Einflüsse zu beginnen, umfaßte aber auch positive Maßnahmen wie Regulierung der Lebensweise, gut gewählte Lektüre, Anregung der Willenskraft und so fort. Die Behandlung selbst forderte unter Umständen die Aufklärung des Patienten über seinen Zustand, Versuche, mit Appellen auf seinen Willen Einfluß zu nehmen (traitement moral), sowie allgemeine psychisch-diätische Maßnahmen" (Hirschmüller 1978 b, 125).

Diese Vielfalt ist nicht unbedingt ein Zeichen der Güte, sondern läßt eher auf Ratlosigkeit schließen.

Wien bot an psychiatrischen Einrichtungen die Psychiatrische Klinik des Allgemeinen Krankenhauses und die der Niederösterreichischen Landesirrenanstalt an. Daneben existierten noch fünf größere Privatanstalten in Oberdöbling, Erdberg, Lainz, Inzersdorf und Tulln bei Wien, die eher von wohlhabenden Patienten aufgesucht wurden. Darüber hinaus gab es auch diverse niedergelassene Neurologen oder Neuropathologen, wie Freud einer war (Hirschmüller 1991).

Ganz anders verlief Josef Breuers Zugang zu den Nervenleiden. Er spezialisierte sich zunächst auf dem Gebiet der Inneren Medizin, veröffentlichte etliche Arbeiten zu physiologischen Themen, habilitierte sich schließlich, legte die Privatdozentur aber wieder zurück und verzichtete hiermit auf eine wissenschaftliche Karriere zugunsten einer als Hausarzt der besseren Kreise von Wien. Er war "für die Vielseitigkeit und Individualität, aber auch für die Behutsamkeit seiner Therapie berühmt" (Hirschmüller 1978 b, 52).

Seine Hauptcharakterzüge waren heitere Gelassenheit und optimistische Lebenseinstellung. Sein Wahlspruch "Suum esse conservare", ein Zitat Spinozas, weist sowohl auf eine gewisse Selbstgenügsamkeit und Selbstbeschränkung als auch auf einen konservativen Wesenszug hin. Er hatte nichts himmelstürmend Faustisches an sich wie Freud, sondern eher etwas Stoisches, obwohl er Ungerechtigkeit und Falschheit durchaus beim Namen nannte und gegen sie auftrat. Auch äußerte er hin und wieder Unkonventionelles, z. B. daß er Eros und Religion für zusammenhängend halte, besonders bei Frauen, was in der Sexologie der Jahrhundertwende oft hervorgehoben wurde, privat aber als tabu galt (Hirschmüller 1978 b).

In einem Brief an seine Frau Mathilde aus dem Jahr 1877 schildert sich Breuer selbst als Skeptiker, nicht als Held. Menschliche Bindungen seien ihm wichtiger als ein isoliertes Sachproblem. Er wäre Realist, nicht Idealist, Praktiker, kein Theoretiker, Reformer, kein Revolutionär. Vor der endgültigen Vereinnahmung hindere ihn das Wort "Aber".

"Wo steht es doch, der moderne Mensch habe einen Dämon, der nennt sich 'Aber'. 'Aber' steht hinter ihm und hält ihn zurück, wenn er sagen soll, seine Liebe werde immer dauern. Weißt du, was immer heißt? flüstert er, 'bist du deiner selbst sicher? Bist du Herr und Meister über das Unwillkürliche in dir, deine Empfindung?' Und der bekannte moderne Mensch sagt nicht ja, er sagt: ich glaube" (zit. nach Hirschmüller 1994, 30).

Insgesamt tritt uns in Josef Breuer ein hochgebildeter Mann entgegen, der sich in der Philosophie ebenso auskannte wie in den Naturwissenschaften, und der auch mit den geistigen Größen seiner Zeit in Kontakt stand; hatte er doch als Hausarzt der Hautevolee Zugang zu diversen Wiener Salons.

Stellen wir dieser Persönlichkeit die seiner wohl berühmtesten Patientin Bertha Pappenheim, der Anna O. in den "Studien über Hysterie", gegenüber. Sie wurde 1859 als drittes Kind orthodoxer jüdischer Eltern in Wien geboren. Ihre zwei Schwestern starben, es verblieb nur der jüngere Bruder. Sie wurde sehr traditionell auf ihre künftige Rolle hin als Ehefrau erzogen und besuchte eine katholische Privatschule, in der sie Fremdsprachenunterricht erhielt und in Musik, vor allem Klavierspiel, und Handarbeiten unterwiesen wurde. Auch sonst führte sie das typische Leben einer höheren Tochter aus besserem Haus. Sie besuchte Teegesellschaften, Theater, Konzerte, ritt aus, ging (wohl in Begleitung einer Anstandsdame) spazieren und fertigte Handarbeiten an, "die gerade durch ihre Unbrauchbarkeit so erschreckend dauerhaft sind" (zit. nach Hirschmüller 1978 b, 137).

Als einzige überlebende Tochter achteten die Eltern besonders auf ihre Gesundheit, was diese unbewußt auch als Machtmittel einsetzen konnte. Sie bezeichnete sich Breuer gegenüber als nicht religiös, beachtete aber um ihres Vaters willen die religiösen Vorschriften, wie z. B. die Menstruationshygiene, die der Frau das Gefühl geben mußte, während der Regel schmutzig zu sein, ja sogar einen schädigenden Einfluß auf alles Lebendige zu haben. (Sie darf keine Speisen berühren und soll sich von allen Lebewesen fernhalten.)

Dem Vater war sie sehr zugetan, das Verhältnis zur Mutter erwies sich als distanzierter. Zu einer Störung dieser Beziehung scheint es erst gekommen zu sein, als man ihr den Tod des Vaters zu verheimlichen versuchte. In späteren Jahren dürfte sich das Verhältnis beider zueinander verbessert haben, Bertha soll sogar ihrer Mutter immer ähnlicher geworden sein.

Insgesamt kommt mir ihre Beziehung zu den Eltern nicht außergewöhnlich vor. Daß ein begabtes Mädchen sich eher von der Welt des Vaters angezogen fühlte und diesen aus der Ferne, denn er war wahrscheinlich viel geschäftlich unterwegs und wenig daheim, verehrte, ist verständlich, ebenso, daß sie mit der Mutter, der Verfügbaren und weniger Geachteten, Konflikte austrug. Für die Entwicklung einer nervösen Erkrankung mußte noch ein Auslöser dazukommen – in diesem Fall (wie in vielen anderen Fällen von Hysterie) die Erkrankung des Vaters.

Im Sommer 1880 trat bei ihm eine schwere Brustfellentzündung auf höchstwahrscheinlich tuberkulöser Grundlage auf. Mutter und Tochter teilten sich die Krankenpflege. Während einer Nachtwache, bei der Bertha den rechten Arm über die Stuhllehne gelegt hatte, halluzinierte sie erstmals schwarze Schlangen, die aus den Wänden krochen und ihren Vater bedrohten. Der rechte Arm war durch die Lage gefühllos geworden und ihre Finger verwandelten sich in kleine Schlangen mit Totenköpfen. In ihrer Angst wollte sie beten, aber die Sprache versagte, bis ihr endlich ein englischer Kinderreim einfiel, so daß sie dann auf englisch beten konnte. Später kamen an Symptomen noch hinzu: Versteifung des rechten Armes, Würgen im Hals, Taubheit, Schielen, Doppelsehen, Gesichtsfeldeinengung, Nichterkennen von Menschen, Husten, Gehörhalluzinationen, Versteifung des rechten Beines und Krämpfe.

Meistens traten sie im Zusammenhang mit dem Vater auf: Gehörhalluzinationen, weil sie einmal seine Anrede überhört hatte, Husten, als sie Musik vernahm und die Lust verspürte wegzugehen, Sprachlosigkeit, wenn sie vom Vater gescholten wurde.

Breuer, der erst im November desselben Jahres wegen eines nervösen Hustens herbeigeholt worden war, erkannte bald den Zusammenhang zwischen dem Leiden des Vaters und dem der Tochter. Zunächst aber verschlechterte sich ihr Zustand, psychisch schwankte sie zwischen Heiterkeit, Angst, Sehnsucht und Aggression. Dazwischen gab es auch Phasen der Klarheit, so daß man von zwei Bewußtseinszuständen sprechen kann. Die Sprachlosigkeit behandelte Breuer dadurch, daß er sie zwang, vom Vater zu sprechen. Das tat sie auch – aber auf englisch. In ihrer abendlichen Autohypnose begann sie Geschichten zu erzählen, meist auf Grund eines Stichwortes, das man ihr gab und das etwas mit dem vorhergehenden Tag zu tun hatte. Hirschmüller nimmt an, daß das nur durch die intensive Mitarbeit der Familie und der Wärterin möglich war (Hirschmüller 1978 b). Nach und nach verschwanden die Symptome, so daß Bertha Pappenheim am 1. April 1881 das Bett verlassen konnte.

Doch der Tod des Vaters am 5. April löste wieder eine schwere Krise aus. Die Familie konsultierte sogar den Psychiater Krafft-Ebing, der damals in Graz tätig war. Das irritierte die Patientin aber so sehr, daß sie Breuer schlug, obwohl er sonst der einzige war, der ihr Vertrauen besaß und sie z. B. füttern durfte. Als Breuer kurz danach für einen Tag verreiste, ging es Bertha nach seiner Rückkehr so schlecht, daß er sie wegen Suizidgefahr in einer Villa neben dem Sanatorium in Inzersdorf unterbrachte, um sie weiter selbst behandeln zu können, sie aber gleichzeitig bei seiner Abwesenheit in guter Obhut zu wissen. Die psychotischen Symptome erreichten jetzt ihren Höhepunkt. Zur Beruhigung erhielt die Patientin, wie damals üblich, Chloral.

Als Breuer seinen Sommerurlaub antrat, verschlechterte sich ihr Zustand abermals. Bei seiner Wiederkehr erzählte sie nicht mehr nur poetische Geschichten, sondern eher Berichte über das, was sie jüngst erlebt hatte. Dabei entdeckte Breuer, daß die Symptome verschwanden, wenn sie über das Ereignis sprechen konnte, bei dem sie erstmals aufgetreten waren; z. B. die Trinkhemmung, die sich einstellte, nachdem sie einen Hund aus einem Wasserglas trinken gesehen hatte.

Im Herbst 1881 kehrte sie wieder nach Hause zurück, wobei die Krankheit sehr wechselvoll verlief. Da jedes einzelne Symptom bis zu seinem ersten Auftreten zurückverfolgt werden mußte, genügte die abendliche Autohypnose zur Aussprache nicht mehr, und Breuer wandte nun erstmals selbst die Hypnose als Therapietechnik an. Das Ende der Krankheit wird höchst unterschiedlich überliefert. Der Bericht in den

"Studien über Hysterie" erweckt den Eindruck einer vollständigen Heilung: Bertha Pappenheim habe am Jahrestag ihrer Verbringung nach Inzersdorf, also am 7. Juni 1882, die traumatische Schlüsselszene am Krankenbett ihres Vaters wiederholt.

"Am letzten Tag reproduzierte sie mit der Nachhilfe, daß sie das Zimmer so arrangierte, wie das Krankenzimmer ihres Vaters gewesen war, die oben erzählte Angsthalluzination, welche die Wurzel der ganzen Erkrankung gewesen war und in der sie nur Englisch hatte denken und beten können; sprach unmittelbar darauf Deutsch und war nun frei von all den unzähligen einzelnen Störungen, die sie früher dargeboten hatte. Dann verließ sie Wien für eine Reise, brauchte aber doch noch längere Zeit, bis sie ganz ihr psychisches Gleichgewicht gefunden hatte. Seitdem erfreut sie sich vollständiger Gesundheit" (Breuer/ Freud 1895 d, 60).

Die Dokumente aus Kreuzlingen, wohin sie im Juli 1882 eingewiesen wurde, sprechen allerdings eine andere Sprache. Sie litt nach wie vor an Halluzinationen, dazu kamen eine Trigeminusneuralgie und Krämpfe, gegen die sie Morphium erhielt und so zur Morphinistin wurde. Laut Krankenbericht saß sie oft stundenlang vor dem Bild des Vaters und weinte (Hirschmüller 1978 b, 364).

Eine dritte Version liefert uns Ernest Jones in seiner Freudbiographie. Demnach soll Breuer Freud erzählt haben, daß Bertha Pappenheim bei seinem letzten Besuch die Geburt (s)eines Kindes halluziniert habe, worauf dieser sie fluchtartig verließ, mit seiner Frau auf Urlaub fuhr und seine Tochter Dora zeugte. Hirschmüller veweist diese Variante in den Bereich der Legende, da erwiesenermaßen Breuers jüngstes Kind schon vor dem Sommer geboren wurde. Jones scheint hier Freuds Interpretation ungeprüft übernommen zu haben (Hirschmüller 1978 b, 172). Wir werden auf dieses Thema nochmals zu sprechen kommen.

Tatsächlich dürfte es Jahre gedauert haben, bis sich Berthas Zustand einigermaßen normalisiert hatte. Nach einem kurzen Aufenthalt bei der Tante in Karlsruh, wo sie einen Krankenpflegekurs absolvierte, aber nicht abschloß, wurde sie in Wien noch dreimal in das Sanatorium in Inzersdorf eingewiesen, was auch Breuer bekannt war. Erst nachdem sie ihre Brücken nach Wien abgebrochen hatte und mit ihrer Mutter nach Frankfurt am Main gezogen war, konnte sie sich als Mensch entfalten. Sie wurde die erste deutsche Sozialarbeiterin und engagierte sich besonders in der jüdischen Frauenbewegung. 1907 gründete sie ein Heim für gefährdete Mädchen und uneheliche Kinder. Sie blieb unverheiratet, obwohl sie gegen Männer prinzipiell nichts hatte und auf manche von ihnen reizvoll wirkte (Hirschmüller 1978 b).

Soviel zur Lebens- und Leidensgeschichte von Bertha Pappenheim. Wir wollen diese als Basis für die Beziehungsebene hernehmen, die es im Sinne der Übertragungsliebe zu untersuchen gilt. An Beziehungen erscheint mir besonders wichtig die

a) zum Vater
b) zur Mutter
c) zum Bruder
d) zu Breuer
e) zu ihren "Schützlingen"

a) Breuer schildert uns in seiner Krankengeschichte, die er nach Kreuzlingen abschickte, Berthas Situation folgendermaßen: "Sehr monotones, ganz auf Familie beschränktes Leben; Ersatz wird gesucht in leidenschaftlicher Liebe zu dem sie verhätschelnden Vater und im Schwelgen der sehr entwickelten poetisch-phantastischen Begabung" (zit. nach Hirschmüller 1978 b, 349). Aber Breuer dürfte das Wort "leidenschaftlich" etwas undifferenziert gebraucht haben, denn als seiner Patientin während ihres Aufenthaltes im Sanatorium ein Neufundländer geschenkt wurde, soll sie diesen auch leidenschaftlich geliebt und ihn sogar mit der Peitsche gegen eine angreifende Katze verteidigt haben (Breuer/Freud 1895 d, 51). Vielleicht wäre hier das Wort "zärtlich" angebrachter für ein 21/22jähriges Mädchen, das sich möglicherweise zu wenig geliebt fühlte und seine Sehnsüchte in Phantasien auslebte. Leidenschaftlich paßt wahrscheinlich besser zu Breuer selbst, der sich allerdings zunächst dieses Gefühls nicht bewußt gewesen war, schon eher erkannte das seine Frau.

Trotzdem steht außer Zweifel, daß die Hauptsymptome von Berthas Krankheit im Zusammenhang mit der Nachtwache an Vaters Krankenbett zu suchen sind. Welche Gedanken mögen ihr dabei durch den Kopf gegangen sein?

Der Tod der (geliebten?) Schwester? Davon erfahren wir in Breuers Bericht eigentlich nichts. Henriette starb 1867, da war Bertha acht Jahre alt und ihre Schwester mindestens zehn.

Schuldgefühle gegenüber dem Vater? Die Symptome Taubheit und Nicht-verstehen-Können weisen darauf hin. Breuer vermerkt, daß sie 108mal nicht hörte, als jemand eintrat, 27mal nicht verstand, was Personen sprachen, 50mal direkte Ansprache überhörte, 37mal taub wurde vor Schreck über Geräusche, 54mal nach Lauschen nichts hörte – jedesmal im Zusammenhang mit dem Vater (Breuer/Freud 1895 d, 56 f.).

Auch die Angsthalluzination von Schlangen und die darauf auftretenden Lähmungserscheinungen weisen auf Schuldgefühle und Verlustängste hin. Sie war die Wärterin und hätte die Schlangen verjagen müssen, sie aber fühlte sich wie gelähmt und sprachlos. Der Vater war nicht nur ein besonders verehrtes Familienmitglied, er stellte auch den Kontakt zur Außenwelt dar. Wenn er stirbt, geht auch dieser Kontakt verloren. Deswegen zog sie sich mit all ihren Sinnen zurück, verstand die Welt nicht mehr und schwelgte noch stärker als früher in ihrem "Privattheater". Ihre Phantasiebegabung, bis dahin ein probates Mittel zur zeitweiligen Realitätsflucht, wurde nun zur Falle. Schließlich stellten sich zwei Persönlichkeiten ein, eine lebte vor Vaters Tod, die andere danach. Aus einer latenten hysterischen Neigung war zunächst eine manifeste Hysterie mit chronischem Charakter und schließlich eine Psychose geworden, in der aber "auch bei ganz schlimmen Zuständen in irgendeinem Winkel ihres Gehirns ein scharfer und ruhiger Beobachter zurückblieb" (Breuer/Freud 1895 d, 65).

b) Die Mutter dürfte ihr in dieser Zeit keine Stütze gewesen sein. Sie war eher ernst, vielleicht auch etwas überängstlich – schließlich hatte sie schon zwei Kinder verloren. An Berthas Krankheit zeigte sie rege Anteilnahme, was sowohl ihre Tagebuchaufzeichnungen, die Breuer bei seiner Rekonstruktion der traumatischen Erlebnisse sehr halfen, als auch ihre Korrespondenz mit Robert Binswanger, dem damaligen Leiter des Sanatoriums Bellevue in Kreuzlingen, beweisen (Hirschmüller 1978 b, 373–380).

Bertha konnte ihrer Mutter lange nicht verzeihen, daß sie sie über den Zustand des Vaters belogen hatte, wohl um die Rekonvaleszentin zu schonen. Sie verlangte damals zu essen und zu schreiben, in der Meinung, daß, wenn der Vater wirklich tot wäre, man ihr das verweigern würde. Sie betonte, man habe sie um seine letzten Worte betrogen. Deswegen ließ sie weder Mutter noch Bruder an ihr Lager. Bei ihrer Anwesenheit spürte sie einen Strom unangenehmer Wärme und nannte sie daher "stoves", obwohl man üblicherweise mit Ofenwärme keine unangenehmen Gefühle verbindet, sondern eher die von Heimeligkeit. Aber wahrscheinlich war es Bertha in dieser Situation zu heimelig, also unheimlich. Der Draht zur großen weiten Welt war weg, es blieb das langweilige Zuhause.

c) Der Bruder, der Bertha manchmal etwas schulmeisterte, war vermutlich noch zu jung, um an Vaters Stelle zu treten. Wahrscheinlich wurde er wegen seines freieren Lebens und seiner gediegeneren Erziehung von der Schwester beneidet. Ein Symptom, die sogenannte Strumpfcaprice, hängt mit ihm zusammen. Bertha weigerte sich nämlich im Sanatorium in Inzersdorf, sich am Abend ihre Strümpfe ausziehen zu lassen. Als sie in der Nacht aufwachte, schimpfte sie aber über die Nachlässigkeit der Wärterinnen. Breuer bekam die Ursache heraus: als der Vater krank war, schlich sie in Strümpfen zu seinem Zimmer, um zu lauschen, und wurde dabei von ihrem Bruder ertappt. Bei ihrem Aufenthalt in Karlsruh übernahm dann ein Vetter kurzfristig die Bruderrolle.

d) Während dieser ganzen Familienmisere dürfte Breuer der einzige Mensch gewesen sein, zu dem Bertha Vertrauen hatte und eine starke Zuneigung entwickelte. War er eine Art Vaterersatz? Am Anfang sicher – nur er durfte in ihrer Nähe sein, sie füttern (was eher eine mütterliche Tätigkeit ist) und ihren Geschichten lauschen. Ob sie Englisch und manchmal auch andere Sprachen wählte, um sich von ihrer "Mutter"-Sprache zu distanzieren oder um eine Art Geheimcode zu entwickeln, ist nicht ganz klar, denn wir wissen nicht, ob die Mutter diese Fremdsprachen beherrschte.

Auffallend ist auch, daß ihr Zustand sich immer dann verschlechterte, wenn Breuer längere Zeit abwesend war. In der besonders intensiven Phase der Therapie besuchte er sie zweimal am Tag – am Morgen hypnotisierte er sie, um zu erfahren, wann ein bestimmtes Symptom erstmals aufgetreten war, und sie antwortete mit kurzen Assoziationen; am Abend erzählte sie dann in Autohypnose die Begebenheiten ausführlicher. Sie selbst nannte das "talking-cure" und die Befreiung vom Symptom "chimney-sweeping". Den tranceartigen Zustand der Autohypnose bezeichnete sie als "clouds".[5]

Dieses häufige Beisammensein schuf eine wahrscheinlich nie kennengelernte Intimität – sicher nicht von grobsexueller Art, aber von subtiler Erotik. Breuer war zu Beginn der Kur 38 Jahre alt, Bertha 21, beide standen also in einem Alter, in dem sie, nach damaliger Auffassung, ein "schönes Paar" ergaben. Auch dürften sie sowohl intellektuell als auch emotional auf gleicher Wellenlänge gelegen sein. Trotzdem waren die Gefühle Berthas für ihren Arzt eher schwärmerisch als leidenschaftlich, wie sie bei Adoleszenten häufig aufzutreten pflegen. Und man kann bei ihr noch von Adoleszenz sprechen, wenn man davon ausgeht, daß die Mädchen zu dieser Zeit im Durchschnitt mindestens zwei Jahre später geschlechtsreif wurden als heute.

Josef Breuer im Alter von 35 Jahren (1877)
(Institut für Geschichte der Medizin, Wien)

Bertha Pappenheim
(A. W. Freud et al.)

Laut Krutzenbichler/Essers reagierte Bertha auf den Abbruch der Behandlung deswegen mit einer Scheingeburt, um sich an die Stelle von Breuers Frau zu setzen und ein phantasiertes Kind zu gebären, das tatsächlich drei Monate zuvor von Mathilde Breuer geboren worden war und von dessen realer Existenz sie vermutlich wußte. Ähnlich wie später bei Sabina Spielrein steht meines Erachtens das Kind nicht ausschließlich für den Wunsch nach Sexualität, sondern als Symbol der Zusammengehörigkeit und Wahlverwandtschaft[6]. Durch die Flucht Breuers "kann sie die Abwehr des Verlustes ihres Vaters nicht mehr aufrechterhalten und verliert gleichzeitig ihren phantasierten Vater und Liebhaber" (Krutzenbichler/Essers 1991, 20). Die Folge ist eine erneute jahrelange Erkrankung.

Und wie erging es Breuer mit seiner Patientin? Pollock (1968) weist darauf hin, daß beide in der Kindheit den Verlust naher Angehöriger erlitten haben. Breuer verlor seine Mutter Bertha im Alter zwischen drei und vier Jahren, Bertha ihre Schwester mit acht. Außerdem war

Bertha ungefähr in dem Alter, in dem Breuer seine gleichnamige Mutter im Gedächtnis behalten hat. Das löste vermutlich quälende Erinnerungen aus; sein Rückzug kann auch als Abwehr dieses Konflikts betrachtet werden (Hirschmüller 1978 b, 175). Darüber hinaus dürfte er durch diese gefühlsmäßige Verstrickung seine Ehe gefährdet gesehen haben. Nach Lorenzer war es "die Inszenierung des Zusammenspiels (das die Psychoanalyse später die Einheit von Übertragung und Gegenübertragung nennen wird), die ihn in die Rolle des 'Liebhabers' brachte" (zit. nach Krutzenbichler/Essers 1991, 21).

Was aber nicht stimmt, ist, daß Breuer keine Fälle von Hysterie mehr behandelte, er dürfte sich nur nicht mehr auf die kathartische Methode oder, nach Bertha Pappenheim, auf die "talking-cure" eingelassen haben.

Freud beschäftigte sich mit dieser Beziehung, seit er 1882 erstmals davon von Breuer gehört hatte. Er berichtete darüber seiner Verlobten Martha, die sowohl Bertha Pappenheim als auch Mathilde Breuer gut kannte. Bereits in den "Studien über Hysterie" kritisiert Freud die Außerachtlassung des sexuellen Moments bei Breuer. In der Darstellung der Geschichte der psychoanalytischen Bewegung 1914 geht er auf die Natur der Übertragung im Falle Anna O. (= Bertha Pappenheim) ein.

"Ich habe nun starke Gründe zu vermuten, daß Breuer nach der Beseitigung aller Symptome die sexuelle Motivierung dieser Übertragung an neuen Anzeichen entdecken mußte, daß ihm aber die allgemeine Natur dieses unerwarteten Phänomens entging, so daß er hier, wie von einem 'untoward event' betroffen, die Forschung abbrach. Er hat mir hiervon nie direkte Mitteilung gemacht, aber zu verschiedenen Zeiten Anhaltspunkte genug gegeben, um diese Kombination zu rechtfertigen" (zit. nach Hirschmüller 1978 b, 171). Und 1925 meint er schließlich: "Nachdem die kathartische Behandlung erledigt schien, hatte sich bei dem Mädchen plötzlich ein Zustand von 'Übertragungsliebe' eingestellet, den er nicht mehr mit ihrem Kranksein in Beziehung brachte, so daß er sich bestürzt von ihr zurückzog" (zit. nach Hirschmüller 1978 b, 171 f.).

In dem schon erwähnten Brief an Stefan Zweig aus dem Jahr 1932, den Jones in seiner Freudbiographie zitiert, meint Freud bedauernd, daß Breuer den "Schlüssel in der Hand (hatte), der den Weg zu den Müttern geöffnet hätte" (zit. nach King 1995, 838). Er wies damit, in Anlehnung an Goethes Faust II, auf die Entdeckung des Unbewußten und dessen Entschlüsselung hin.

Breuer selbst berichtet in einem Brief vom 21. November 1907 an August Forel:

"So habe ich damals viel gelernt; viele wissenschaftlich wertvolle Dinge; aber auch ... daß es für den Arzt unmöglich ist ... einen solchen Fall zu behandeln, ohne daß seine Praxis und Privatleben vollkommen ruiniert werden. Damals habe ich mir gelobt, mich nie wieder einem solchen Gottesurteil auszusetzen." Und er fügt hinzu: "Ich gestehe, daß das Eintauchen in die Sexualität in Theorie und Praxis nicht nach meinem Geschmack ist" (zit. nach Krutzenbichler/Essers 1991, 22).

Noch zehn Jahre nach der Behandlung zeigte diese bei Breuer Wirkung. Als er von Freud zu einem Fall von Hysterie mit Scheinschwangerschaft beigezogen wurde, nahm er, ohne ein Wort zu sagen, Stock und Hut und verließ schleunigst das Haus.

e) Bertha Pappenheim hingegen machte das Geschichtenerzählen zu einer Profession. Bereits in den späten 80er Jahren veröffentlichte sie eine erste Sammlung "Kleine Geschichten für Kinder", 1890 erschien ihr Buch "In der Trödelbude", 1899 folgte ein Schauspiel "Frauenrecht", sowie die deutsche Übersetzung der "Verteidigung der Rechte der Frau" von Mary Wollstonecraft. Weiters finden sich Streitschriften, Zeitungsartikel, Gebete, Gedichte und zusätzliche Märchen. Bezeichnend für die Situation der literarisch tätigen Frau zu dieser Zeit ist, daß sie die ersten Werke anonym oder unter einem Pseudonym veröffentlichte. Sowohl die Themen ihrer Geschichten als auch ihre Sozialarbeit weisen darauf hin, daß sie ihre Liebesfähigkeit zu sublimieren und ihre organisatorische Begabung einzusetzen gelernt hatte. Besonders ihre Sehnsucht nach einem Kind konnte sie dadurch stillen. In vielen Geschichten ist in der Phantasie vorweggenommen, was Bertha in ihrer späteren Tätigkeit als Waisenhausmutter verwirklichen durfte.

Ihre "Liebesgeschichte" mit Breuer scheint sie in der Erzählung "Weihernixe" verarbeitet zu haben. Eine Nixe fühlt sich von Tanzmusik angezogen, verläßt den Teich und begegnet im Tanzsaal einem Mann.

"Es war ein großer, schöner Mann; ein langer Bart umrahmte sein Gesicht, und tief dunkelblaue Augen sprachen aus demselben von Liebe und Güte. Sie blickte nicht auf. Er umfaßte sie, und dahin rasten sie nach den Weisen und Tönen, die ihrem Ohr berauschender und berückender klangen denn je. Ob er wußte, mit wem er tanzte?! Ob er wußte, daß sie dem kalten, unnahbaren Elemente angehörte, das sie nicht straflos verlassen durfte!? Sie hatte lange getanzt, wortlos geruht, sich immer neuerdings in den Reigen gestürzt, bis die Zahl der Paare sich verringerte und die Musik endlich verstummte. Als das Nixchen wieder in der Nähe des Wintergartens war, da wollte es sich ein Herz fassen und seinem Tänzer danken. Sie blickte auf zu ihm, während sie schüchterne Worte sagen wollte – da sah er, daß sie grüne Augen hatte, Augen so grün, wie das Schilf am Weiher. Da fuhr ein Schaudern durch den Mann, und er wandte sich ab, denn er wußte, mit wem er getanzt hatte, und das Nixchen wußte, nun war es vorbei!" (zit. nach Hirschmüller 1978b, 166f.).

Hier scheint sie nicht nur Breuer porträtiert zu haben, sondern auch das kalte und unnahbare Milieu, aus dem sie gekommen ist und dem sie sich durch Poesie entziehen wollte. In den späteren Schriften wurde sie sachlicher und direkter, sie prangerte z. B. die sexuelle Ausbeutung der Frau durch den Mann an. In ihrem Wesen scheinen Mütterliches und Väterliches, weibliche und männliche Stereotypien[7] vereinigt gewesen zu sein. Eine spätere Mitarbeiterin beschreibt sie als einzigartigen "Zusammenklang von Strenge und liebevoller Güte, von Ernst und Heiterkeit, von gepflegter Weiblichkeit und erstaunlicher Willenskraft" (zit. nach Hirschmüller 1978 b, 165). Der Psychoanalytiker Max Stern meint, man könnte eine Biographie Bertha Pappenheims umschreiben mit: Die Rolle der Sublimierung, aber richtiger müßte es heißen: Die Rolle der gelungenen Verdrängung (Hirschmüller 1978 b, 170).

In dieselbe Zeit, in der Breuer Bertha Pappenheim behandelte, fallen auch die großen Erfolge Charcots und etwas später die Janets in Paris. Charcots "la reine des hysteriques" war Blanche Wittmann. Sie stellte wie keine andere die klassischen Stadien der Hysterie dar und wurde auch auf etlichen Photographien in diesen Posen abgebildet. Jules Janet, Pierre Janets Bruder, konnte bei ihr zwei Persönlichkeiten feststellen. Die erste war eher autoritär, launisch und unangenehm, die zweite viel ausgeglichener. Als Blanche II erzählte sie, daß sie sich bei den Demonstrationen der drei Stadien der Hysterie beobachtet habe und dabei wütend geworden sei. Es gelang Jules Janet, ihren Zustand zu verbessern, so daß sie später eine Stellung im Photolabor und danach im radiologischen Laboratorium der Salpêtrière übernehmen konnte.

Eine andere legendäre Patientin Charcots war Madame D. Von ihr kennen wir auch die Vorgeschichte. Die 34jährige verheiratete Näherin wurde 1891 von ihrem Mann in die Salpêtrière gebracht. Sie zeigte Zustände extremer Angst, dann tagelange Lethargie und schließlich Amnesie. Kurz vor ihrer Einlieferung war sie von einem vermutlich tollwütigen Hund gebissen worden, die Wunde wurde aber ausgebrannt und sie kam vorübergehend ins Pasteurinstitut zur Beobachtung.

Charcot stellte sie in seiner Vorlesung dem Publikum vor, bevor sie hypnotisiert wurde, wobei sie nichts über ihre jüngste Vergangenheit wußte, und nachdem sie hypnotisiert wurde, sie sich an alles erinnern konnte. Diese Patientin wurde Pierre Janet zur Psychotherapie anvertraut. Er versuchte, verschüttete Erinnerungen in der Hypnose durch automatisches Schreiben und Sprechen aufzudecken. Janet ging davon aus, daß psychische Traumen fixe Ideen auslösen.

"In der Hypnose beschwor er vorsichtig die Gestalt des Mannes herauf, der Madame D. erschreckt hatte, und suggerierte der Patientin ein verändertes Bild des Mannes. Dann brachte er sie dazu, die Szene noch einmal durchzuspielen, in der nun Janet an die Stelle des Unbekannten trat und sie fragte, ob sie ihn als Gast in ihr Haus aufnehmen wollte" (Ellenberger 1973, 500).

Auch Janet scheint hier mit einer Art Übertragung gearbeitet zu haben; zuerst erlangte er ihr Vertrauen, dann setzte er sich an die Stelle des Angstauslösers, und mit der Zeit trat Besserung ein.

Sein berühmtester Fall, den Janet noch im Krankenhaus von Le Havre behandelt hatte, war der von Marie. Sie zählte damals 19 Jahre und litt an Delirien und Krampfanfällen. Eine Zäsur stellte jeweils die Menstruation dar. Vor dieser zeigte sie sich finster und gewalttätig, litt unter Schmerzen, Krämpfen und Zittern. Am ersten Tag der Menstruation normalisierte sich ihr Zustand, aber knapp 20 Stunden nach dem Einsetzen der Periode hörte diese auf, sie entwickelte wieder Zittern und aufsteigende Schmerzen und darauf folgte eine schwere hysterische Krise mit Delirien und Körperverrenkungen. Dazwischen traten Ruhepausen ein. Am Ende des Anfalls erbrach sie Blut. Nach ein paar Tagen beruhigte sie sich und konnte sich nicht an das Vorgefallene erinnern. In den Intervallen zwischen den Menstruationen zeigte sie Anästhesien, Kontrakturen und Blindheit am linken Auge. Nach monatelanger ineffektiver Behandlung und großer Verzweiflung auf Seiten der Patientin versetzte Janet sie in tiefe Hypnose und erfuhr folgendes:

"Im Alter von 13 Jahren hatte Marie ihre erste Menstruation gehabt, aber wegen einer kindlichen Vorstellung oder wegen etwas, das sie gehört und mißverstanden hatte, meinte sie, es sei etwas Schädliches, und sie dachte sich ein Mittel aus, die Blutung so schnell wie möglich zum Stillstand zu bringen. Etwa 20 Stunden nach dem Beginn der Blutung ging sie heimlich hinaus und setzte sich in einen großen Eimer mit kaltem Wasser. Der Erfolg war vollkommen; die Menstruation hörte plötzlich auf, und obwohl sie heftigen Schüttelfrost bekam, konnte sie den Heimweg gerade noch bewältigen. Sie war ziemlich lange krank und lag mehrere Tage lang im Delirium. Aber alles kam wieder ins Lot und die Menstruation kam erst fünf Jahre später wieder. Als sie erneut eintrat, brachte sie die Störungen mit sich, die ich schon beobachtet hatte" (zit. nach Ellenberger 1973, 494).

Durch hypnotische Suggestion gelang es Janet, sie in das Alter von 13 Jahren zu versetzen und sie zu überzeugen, daß die Menstruation nicht durch obiges Ereignis unterbrochen worden sei. Danach verschwanden die Symptome, die mit dieser Szene im Zusammenhang standen.

Die Blindheit des Auges stammte von einer Situation her, in der Marie sechs Jahre alt war. Sie mußte, trotz Protestgeschreis, mit einem Kind mit entstellenden Flechten in der linken Gesichtshälfte, in einem Bett schlafen. Marie bekam daraufhin ebenfalls Flechten dann Beulen, dann Anästhesie in der linken Gesichtshälfte und wurde schließlich auf dem linken Auge blind. Janet behandelte sie wieder durch Suggestion in der Hypnose, brachte sie sogar so weit, das kranke Kind zu liebkosen, und befreite sie auch von diesem Leiden.

Alle weiteren Fälle behandelte Janet in der Salpêtrière im Grunde nach derselben Methode.

Justine, eine 40jährige verheiratete Frau, kam drei Jahre ambulant zu ihm. Sie zeigte krankhafte Furcht vor der Cholera. Da ihre Mutter Krankenschwester war, hatte sie als Kind Cholerakranke und Leichen gesehen. Das dürfte einen Schock ausgelöst haben. Er analysierte zuerst den Inhalt der hysterischen Krise und begab sich dann als Mitakteur in das private Drama. Wenn die Patientin schrie: "Cholera! Er will mich packen!" antwortete Janet "Ja, er hat sie schon am rechten Bein!" (Ellenberger 1973, 501). Auf diese Art konnte er ein Zwiegespräch mit ihr führen. Der nächste Schritt war die Substitution, d. h. mit Hilfe hypnotischer Suggestion veränderte er das halluzinatorische Bild, so daß es weniger bedrohlich wirkte. Ein häßlicher nackter Leichnam wurde bekleidet und mutierte zu einem chinesischen General, den die Patientin einmal bei der Weltausstellung gesehen hatte. Die Besserung stellte sich nur sehr langsam ein, die Bindung der Patientin an ihren Arzt dürfte aber auch hier stark gewesen sein, denn

"Justine sah Janet häufig in Visionen und hörte seine Stimme; in einer Halluzination bat sie ihn um Rat und er antwortete ihr mit guten Ratschlägen, die interessanterweise nicht bloße Wiederholungen dessen waren, was er wirklich gesagt hatte, sondern sich als neu und klug erwiesen" (Ellenberger 1973, 503).

Die Geschichte von Irène erinnert ein wenig an die von Anna O. Bei letzterer brach die Hysterie während der Pflege des Vaters aus, bei ersterer während der ihrer Mutter, die schließlich ebenfalls verstarb. Auch hier traten zwei Bewußtseinszustände auf – ein heiter verstimmter und ein depressiver, in der die Stimme der Mutter befahl, Selbstmord zu begehen. Auch den Tod ihrer Mutter ließ sie im Zustand des Somnambulismus wieder erstehen. Sie stellte der Hypnose großen Widerstand entgegen, aber "von dem Augenblick an, in dem Irène fähig wurde, nach ihrem Belieben an ihre Mutter zu denken, brauchte sie nicht mehr unfreiwillig an sie zu denken" (zit. nach Ellenberger 1973, 506) und gesundete.

Wenn wir Charcot und Janet vergleichen, so fällt auf, daß Charcot Patientinnen vorwiegend zu Demonstrationszwecken verwendete und keine Heilung versuchte. Er war mehr Forscher als Arzt. Janet hingegen kam von der Philosophie her und wurde erst dann Arzt, d. h., er hatte ein starkes psychologisches Interesse an seinen Kranken und entwickelte Strategien, um ihnen zu helfen. Er ging davon aus, daß ein traumatisches oder erschreckendes Erlebnis unterbewußte fixe Ideen auslöst, die zur meist hysterischen Erkrankung führen. Diese fixen Ideen sind zugleich Ursache und Folge von Geistes- und Ichschwächen, deswegen besteht die Behandlung auch in Umerziehung und Geistestraining. Die Symptome der Krankheit haben Symbolcharakter und müssen daher analysiert werden, um an den Ursprung der unterbewußten fixen Ideen zu kommen. Kann man diese suggestiv nicht auflösen, so versucht man sie umzuwandeln, wie z. B. – der angstmachende Mann verwandelt sich in den vertrauten Therapeuten (Madame D.), das ekelerregende Kind in ein nettes (Marie), der Choleratote in einen chinesischen General (Justine).

Zwei weitere Fälle, mit denen Janet sich beschäftigte, waren solche einer Verquickung von religiösem Wahn und Erotik. Diese Kombination trat nicht selten auf, auch Breuer berichtet unter anderem davon. Besonders bei einfachen Frauen dürfte sich ihre Liebessehnsucht auf Heilige oder gar den Gottessohn oder das Jesuskind übertragen haben. Wir werden davon noch im Zusammenhang mit den Klagenfurter Krankengeschichten und den mittelalterlichen Heiligen und Mystikerinnen erfahren.

Meb, eine 26jährige junge Dame, die in spiritistischen Kreisen verkehrte, litt an hysterischen Halluzinationen. Sie gab an, daß sie im Vor- und Pubertätsalter von Engeln besucht wurde. Einen nannte sie Philomena, mit diesem identifizierte sie sich zeitweise. Dieser Engel sorgte für Spukerscheinungen. Janet brachte sie in Hypnose dazu, die Szenen nachzuspielen und befreite sie dadurch von den Geistern.

Madeleine hingegen, eine 42jährige Frau, stand von 1896 bis 1901 und noch einmal 1903/1904 in Janets Behandlung. Sie blieb mit ihm bis zu ihrem Tod 1918 in Kontakt und schrieb ihm fast jeden Tag. Sie war sehr fromm, karitativ tätig und glaubte, ihr würden göttliche Offenbarungen zuteil und sie könne sich schwebend in die Luft erheben. Sie trug die Wundmale Christi. Janet unterschied fünf abnorme Zustände – Trost, Ekstase, Versuchung, Trockenheit, Qual; später kam noch der des Gleichgewichts hinzu (Ellenberger 1973, 541). Geheilt im medizinischen Sinne wurde sie wohl nie.

Mit all seinen Patientinnen dürfte sich Janet um einen Rapport bemüht haben, im Sinne der Tradition des Hypnotismus wußte er um seine Bedeutung. Er benutzte diesen allerdings eher, um zu beeinflussen und zu lenken, weniger um der Patientin die Möglichkeit der Aussprache zu geben, wie Breuer es tat. Er deckte durch eine Art Frage-und-Antwort-Spiel die traumatischen Szenen auf. Das unterscheidet seine Methode von der kathartischen. Trotzdem dürfte ihm klar gewesen sein, daß die Ursachen der Störungen unbewußt sind, er spricht von unterbewußten fixen Ideen, und daß gegenüber dem Hypnotiseur starke Gefühle wie leidenschaftliche Liebe, Verehrung, Eifersucht usw. auftreten. Auf jeden Fall scheint er nicht mit der Übertragungsliebe gearbeitet zu haben, wie Freud das später getan hat. Wenn man sich seine Erfolgsbilanz ansieht, dürfte dies auch nicht unbedingt notwendig sein, vielleicht schaffen Einfühlungsvermögen und Geduld mehr als jene "höchst gefährliche Methode", wie William James sie bezeichnete (Kerr 1994). Auch Freud räumte in seinen späteren Jahren ein, daß für manche Fälle, bei geringer Kapazität an Zeit und Geld, das Hypnoseverfahren durchaus hilfreich sein kann.

Im selben Jahr, in dem Josef Breuer Höhepunkt und Ende der Therapie mit Bertha Pappenheim erlebte (1882), beendete Freud zunächst seine akademische Laufbahn und wurde Arzt im Allgemeinen Krankenhaus. Daneben arbeitete er im gehirnanatomischen Institut unter der Leitung Theodor Meynerts. Diese Tätigkeit dürfte ihm behagt haben, während er zu Kranken nach eigenen Angaben eher ein distanziertes Verhältnis hatte.

1883 verließ seine Braut Martha Wien und übersiedelte nach Hamburg, was bei Freud zeitweise Depression und Migräne auslöste. Damals dürfte er den Kontakt zu Josef Breuer, den er schon aus seiner Studienzeit kannte, intensiviert haben. Er verbrachte vor allem die Wochenenden bei den Breuers und zeigte für Mathilde Breuer so große Verehrung, daß er später seine erste Tochter nach ihr benannte.

Breuer hatte Zutritt zum Salon von Johanna Meynert, einer außergewöhnlich intelligenten und aktiven Frau, der sogar die administrative Leitung des Maria-Theresien-Hospitals übertragen wurde, ohne daß sie dazu eine Ausbildung besaß. Sie ist ein lebendes Beispiel dafür, daß begabte Frauen, wenn sie eine befriedigende Aufgabe gefunden haben, nicht in die Krankheit flüchten müssen, obwohl auch ihr schwere Schicksalsschläge nicht erspart geblieben sind.

Freud dürfte damals zu diesen Kreisen keinen Zugang gehabt haben, obwohl in ihnen einige seiner späteren Patientinnen aus den "Studien über Hysterie" verkehrten, die ihm von Breuer vermittelt worden waren. In dieser Zeit aber behandelte er an der II. Psychiatrischen Klinik eher Patienten aus der Unter- und Mittelschicht. Es existieren aus der Feder Freuds 33 Originalkrankengeschichten und 12 Überweisungsschreiben an die Niederösterreichische Landesirrenanstalt.

An Diagnosemöglichkeiten fand damals folgendes Schema Verwendung:

(1) angeborener Blödsinn oder Schwachsinn,
(2) Melancholie,
(3) Manie,
(4) Verwirrtheit und allgemeiner Wahnsinn,
(5) Verrücktheit,
(6) periodische Geistesstörung,
(7) erworbener Blödsinn,
(8) paralytische Geistesstörung,
(9) epileptische Geistesstörung,
(10) hysterische Geistesstörung,
(11) neurasthenische Geistesstörung,
(12) Geistesstörung bei Herderkrankung,
(13) alkoholische Geistesstörung,
(14) andere Intoxikationspsychosen.
(Hirschmüller 1991, 164)

Uns interessieren in erster Linie die weiblichen Krankengeschichten, von denen 11 von Freud unterzeichnet sind. Darunter gibt es keine einzige mit der Diagnose hysterische Geistesstörung. Am häufigsten wurde Wahnsinn festgestellt, manchmal auch in Kombination mit Trunkenheit, gefolgt von Schwachsinn oder Blödsinn. Dreimal traten Wahnideen im Zusammenhang mit religiösen Vorstellungen auf, einmal als Folge schwerer Schuldgefühle wegen Masturbation. Die meisten Patientinnen waren verheiratet und wir finden faktisch alle Altersgruppen.

Auch die nicht von Freud unterschriebenen Krankengeschichten, die bis zum Aufnahmejahr 1884 reichen, weisen als häufigste Diagnose Wahnsinn auf. Bei einigen von ihnen werden Schwindel, Kopfschmerzen, Glottiskrämpfe und Ohnmachtsanfälle als Begleitsymptome erwähnt, was, ebenso wie eine vorübergehende "Männertollheit", auf hysterische Züge hinweist, ohne daß eine hysterische Geistesstörung diagnostiziert wird.

Ein deutliches inneres Engagement ist bei Freud nicht zu erkennen. Gegenüber seiner Braut äußert er sich einmal so:

"Das Mädchen, an dessen Schicksal ich solchen Anteil genommen, hat nach wenigen Tagen das Ergreifende für mich eingebüßt. Es waren zu viel Komplikationen dabei, denen in unserem Verhältnis gar nichts analog war, und zuviel Verschulden auf ihrer Seite. Ganz stumpft man sich wohl als Arzt nicht gegen das menschliche Elend ab, soll es auch nicht, man wird aber weniger empfindlich, wenn man sein eigenes Glück im Hause hat" (zit. nach Hirschmüller 1991, 128).

Über Behandlungsversuche und -ergebnisse erfahren wir so gut wie nichts. Die Verläufe sind insgesamt trostlos und die Todesursache ist häufig Tuberkulose oder eine andere Infektionskrankheit.

Freud verließ im Oktober 1883 Meynerts Klinik, arbeitete aber im hirnanatomischen Laboratorium weiter und konnte wissenschaftliche Erfolge erzielen. In diese Zeit fiel seine Beschäftigung mit Kokain – beruflich, aber auch privat. 1885 brachte schließlich den erfolgreichen Abschluß seines Habilitationsverfahrens und das Stipendium, das ihm den Aufenthalt in Paris bei Charcot ermöglichte. Hier lernte er einen neuen Zugang zu psychischen Krankheiten kennen – weg von der Hirnanatomie, hin zu einem psychodynamischen Konzept.

1886 heiratete er und ließ sich als Nervenarzt in Wien nieder. Daneben arbeitete er noch in der neurologischen Ambulanz am Ersten öffentlichen Kinderkrankeninstitut.

Freud hielt auch Vorträge über Hypnotismus und männliche Hysterie und zog sich dadurch die Ungnade Meynerts zu. Die Auseinandersetzung zwischen Organikern und Psychikern war nun voll ausgebrochen.

Als frei praktizierender Arzt war Freud auf Behandlungserfolge angewiesen. Traten diese nicht ein, drohte ein Ausbleiben der Patienten und damit eine schwere finanzielle Krise. Aus diversen Briefen Freuds[8] geht hervor, daß es ihm wirtschaftlich nicht immer gut gegangen ist und er auf die Überweisung anderer Ärzte, v. a. Breuers, angewiesen war. Dieser half ihm auch mit einer größeren Geldsumme aus, deren spätere Rückzahlung nicht konfliktfrei verlief, worauf wir noch genauer eingehen werden. Wir dürfen nicht vergessen, daß Freud damals faktisch zwei Familien zu ernähren hatte – seine eigene, die sich im Laufe von neun Jahren auf acht Personen, Eltern und sechs Kinder, erweitert hatte, und seine Eltern, eine unverheiratete Schwester und eine Zeitlang noch einen studierenden jüngeren Bruder.

In diese Zeit fallen seine psychoanalytischen Lehrjahre, und die Lehrmeisterinnen waren seine Patientinnen. Nachdem er sich von der Elektrotherapie wegen Ineffektivität verabschiedet hatte, wandte er sich der Hypnose zu. In seiner "Selbstdarstellung" sieht Freud das später so:

"Man hatte zum erstenmal das Gefühl seiner Ohnmacht überwunden, der Ruf des Wundertäters war sehr schmeichelhaft. Welches die Mängel des Verfahrens waren, sollte ich später entdecken. Vorläufig konnte ich mich nur über zwei Punkte beklagen, erstens, daß es nicht gelang, alle Kranken zu hypnotisieren; zweitens, daß man es nicht in der Hand hatte, den einzelnen in so tiefe Hypnose zu versetzen, als man gewünscht hätte. In der Absicht, meine hypnotische Technik zu vervollkommnen, reiste ich im Sommer 1889 nach Nancy, wo ich mehrere Wochen zubrachte ... Zum Zwecke der Belehrung hatte ich eine meiner Patientinnen bewogen, nach Nancy nachzukommen. Es war eine vornehme genial begabte Hysterika, die mir überlassen worden war, weil man nichts mit ihr anzufangen wußte" (Freud 1925 d, 41).

Diese begabte Hysterika, Freuds Primadonna, war Anna von Lieben, die er in den "Studien über Hysterie" Cäcilie M. nennt und die nicht im Rahmen einer großen Krankengeschichte aufscheint, sondern nur als Anmerkung und Ergänzung, weil diese Frau in Wien sehr bekannt war und er sie nicht kompromittieren wollte. Ihre Behandlung fiel in die Zeit von 1888 bis 1893. Sie war die erste, bei der er die Redekur anwandte und die ihm tiefe Einblicke in die Hysterie lieferte. Sie war seine Anna O. Als Baroneß von Todesco 1847 geboren, zeigte sie schon früh Interesse für Malerei, Musik und Lyrik. Seit ihrem 15. Lebensjahr wurde sie immer wieder krank, vor allem eine Entzündung der Eierstöcke und der Gebärmutter machte ihr sehr zu schaffen. Seit diesem Alter aber drückte sie auch ihre Gefühle in Gedichten aus. Das Milieu, in dem sie aufgewachsen war, war einerseits grandios – sowohl Mutter als auch Tante führten einen großen Salon – andererseits auch pathogen, denn Nervenleiden waren bei den weiblichen Familienmitgliedern weit verbreitet. Mit 19 ging sie zu ihrer Schwester nach England und war dort fast ein Jahr bettlägrig. Sie wünschte sich damals den Tod. 1872 heiratete sie und gebar im Laufe von zehn Jahren drei Töchter und zwei Söhne. Während der Schwangerschaft war sie frei von hysterischen Symptomen. Sonst zeigte sie sich launisch, egozentrisch und kapriziös. Sie beklagte sich, daß ihr Mann sie nicht liebe – er hatte später tatsächlich eine von allen anerkannte Geliebte. Ihre Kinder wollte sie nicht umsorgen, weckte sie aber nachts, wenn ihr nach Aussprache war. Wegen ihrer Schlaflosigkeit mußte ein Schachspieler die ganze Nacht bereit sein; sie spielte manchmal auch zwei Partien simultan. Bei den Mahlzeiten ließ sie die Familie warten, manchmal ernährte sie sich nur von Champagner und Kaviar.

Freud lernte Anna von Lieben 1887 über Breuer kennen. Sie war ein hoffnungsloser Fall, daher erlaubte man dem jungen und unbekannten Arzt und medizinischen Außenseiter sie zu behandeln. Zweimal war sie auch bei Charcot in Therapie (Swales 1986; Appignanesi/Forrester 1994).

Sie litt an Gesichtsschmerzen, weswegen ihr sieben gesunde Zähne gezogen wurden, an Schmerzen in der rechten Ferse und zwischen den Augen. Freud gelang es jeweils die Szenen freizulegen, bei denen die Schmerzen erstmals aufgetreten waren. Der Gesichtsschmerz folgte einer Auseinandersetzung mit dem Gatten, die wie ein Schlag ins Gesicht erlebt wurde; der Schmerz in der Ferse, als sie Angst hatte, ob sie das rechte Auftreten in einer fremden Gesellschaft finden werde, und der bohrende Schmerz in der Stirn, als sie die Großmutter durchdringend anblickte. Ähnlich erging es ihr auch, wenn sie einen stechenden Schmerz in der Herzgegend fühlte ("es hat mir einen Stich ins Herz gegeben") oder bei Kopfschmerz ("es steckt mir etwas im Kopf"), der sich löste, wenn das betreffende Problem gelöst war. Man könnte sagen, sie symbolisierte Redewendungen, die sie auf sich bezog (Breuer/Freud 1895 d, 196–201).

Sie war Morphinistin und bekam von Freud Morphium, um die hysterischen Attacken zu beenden und sie gesprächiger zu machen. Er mußte oft zweimal am Tag zu ihr kommen, dann lag sie auf der Chaise-longue und reagierte sich schreiend, weinend und deklamierend ab. Freud hypnotisierte und massierte sie, drückte Kopf und Stirn und soll sogar mit ihr am Boden gelegen sein. Die Kinder nannten ihn daher den Zauberer, und Peter Swales bezeichnet die Beziehung der beiden als Folie à deux (Swales 1986, 47).

Er hielt sie an, ein Analysetagebuch zu führen, das aber nach ihrem Tod vernichtet wurde. Ihre Gedichte weisen darauf hin, daß sie selbst als Ursache für ihr Leiden frühere Leidenschaften angesehen hat. Sie sprach auch häufig von "Tilgung aller Schulden" oder von ihrer eigenen Verworfenheit; welcher Art, das wissen wir nicht, aber man kann annehmen, daß sich ihre Ausschweifungen nur in ihrer Phantasie abgespielt haben. Oder war Verführung mit im Spiel?

Breuer fungierte bei Freud als eine Art Supervisor, sein Bericht an Forel zeigt, daß Anna bei ihren Reminiszenzen bis weit in ihre Kindheit zurückgegangen ist. Die Kur wurde wahrscheinlich auf Wunsch der Verwandtschaft beendet, oder sie begann Freud zu "verschlingen". Laut einem Brief an Wilhelm Fließ vermißte er sie jedenfalls (Freud an Fließ vom 27. 9. 1893, Masson 1986, 55). Geheilt wurde sie nicht, aber es ging ihr stunden-, manchmal auch tagelang besser. Ferdinand von Saar berichtete nach einem ausführlichen Gespräch mit Anna von Lieben, sie bräuchte einen kongenialen Partner (Swales 1986, 57).

Ob Anna von Lieben jene Patientin war, die Freud beim Erwachen aus der Hypnose die Arme um den Hals gelegt und damit auf die Bedeutung von Erotik und Übertragung hingewiesen hat, ist nicht geklärt, ebensowenig, ob sie füreinander entflammt waren. Eine starke sexuelle Wechselbeziehung zwischen Arzt und Patientin dürfte es aber in ihrer Familie gegeben haben, heiratete doch ihre Tochter Valerie einen Kollegen Breuers. In dem Gedicht "Krankengeschichte" bringt die Patientin möglicherweise ihre Gefühle während der Therapie zum Ausdruck: "Jugend, die zu früh begraben/Muß noch einmal Leben haben/Einmal noch den Odem trinken/Um für immer zu versinken" (zit. nach Appignanesi/Forrester 1994, 128).

Sie starb im Jahr 1900 an einem Herzversagen. Ein Jahr später gab die Familie einen Band ihrer Gedichte heraus. In Freuds Bibliothek stand ein Exemplar davon.

Aus ähnlichem Milieu und im nahezu gleichen Alter war Fanny Moser, die Emmy v. N. in den "Studien über Hysterie". Sie wurde ebenso wie Anna von Lieben von Breuer an Freud überwiesen, der auch weiterhin in Kontakt mit ihr blieb. Ihre Symptome waren: Spannungen im Gesicht, Sprachschwierigkeiten (Schnalzen, Stottern), Schlaflosigkeit, sie bewegte dauernd ihre Finger, hatte Tics im Gesicht, von Zeit zu Zeit bekam ihr Gesicht den Ausdruck von Grauen und Ekel und sie sagte dann "Seien Sie still – reden Sie nichts – rühren Sie mich nicht an!" (Breuer/Freud 1895 d, 68). Das war eine Art magische Schutzformel.

Freud verordnete ihr zuerst Bäder und Massagen, begleitet von Gesprächen und Hypnose. In dieser erzählte sie ihre Geschichte. Sie wurde 1848 in der Schweiz geboren und war das 13. von 14 Kindern einer alten Züricher Patrizierfamilie. Als sie 20 war, lebten nur noch vier davon. Mit 19 fand sie die Mutter nach einem Schlaganfall tot auf. Mit 23 heiratete sie den verwitweten, sehr reichen Industriellen Heinrich Moser, der aus erster Ehe fünf Kinder mitbrachte und bereits 66 Jahre alt war. Nach kurzer Ehe starb er bald nach der Geburt der zweiten Tochter. Die Kinder aus erster Ehe fochten das Testament an und verbreiteten das Gerücht, ihr Vater sei von der Stiefmutter vergiftet worden. Die Folge war, daß Fanny Moser in ihren Kreisen gesellschaftlich geächtet wurde. Sie umgab sich daher gerne mit Künstlern und berühmten Personen und hatte auch Affären mit einigen ihrer Ärzte.

Neben den körperlichen Symptomen konstatierte Freud noch jede Menge Phobien. Ihre Tierfurcht ging bis in ihre frühe Kindheit zurück und stand im Zusammenhang mit einem Erlebnis, als ihr Bruder ihr eine tote Kröte nachgeworfen hatte, worauf sie hysterische Zuckungen bekam. Die Formel "Seien Sie still" richtete sich daher gegen halluzinierte Tiergestalten, die sie bei der Bewegung ihr gegenübersitzender Personen wahrnahm. Ihre Angst vor dem Irrenhaus beruhte darauf, daß einige nahe Familienmitglieder dort eingewiesen worden waren und ein Dienstmädchen dem damaligen Kind damit gedroht hatte. Die Furcht vor einem unerwarteten Schrecknis, wie z. B. das Öffnen einer Türe oder das Eintreten eines Menschen, hing mit dem plötzlichen Tod ihres Gatten zusammen, hatte aber vielleicht auch etwas mit einem Erlebnis im Hotel zu tun, wo sich ein Kellner im Zimmer ihrer Kammerzofe versteckt hielt und von der Patientin nicht gleich erkannt wurde. Die Phrase "Rühren Sie mich nicht an!" ging auf drei verschiedene Erlebnisse zurück, bei denen sie fest gepackt wurde – einmal vom Bruder im Morphiumwahn während einer Krankheit, ein zweites Mal von einem Bekannten in einem Wahsinnsanfall und schließlich von ihrem kranken Kind während eines Fieberdeliriums. Es bot sich also eine Fülle von traumatischen Erlebnissen an, die Freud durch Hypnose ans Tageslicht brachte.

Die erste Behandlung dauerte zunächst einige Wochen und endete mit Erfolg. In ihre gewohnte Umgebung zurückgekehrt, verschlechterte sich aber ihr Zustand wieder, und Freud wurde abermals konsultiert. 1891 lud sie ihn auf ihr Gut in der Schweiz ein, um seine Meinung über den nervösen Zustand ihrer ältesten Tochter einzuholen. Das hier vorgefundene familiäre Umfeld war allerdings alles andere als idyllisch.

Ihre älteste Tochter, die zu Behandlungsbeginn 17 Jahre zählte, zeigte auch schon hysterische Symptome, vor allem Schmerzen im Genitalbereich, die sie sogar zeitweise am Gehen hinderten. Sie stand in gynäkologischer Behandlung, die aber nicht sehr erfolgreich war, und ihre Mutter machte unter anderem auch Freud Vorwürfe, daß er das töchterliche Leiden früher nicht ernst genug genommen habe. Zwischen Mutter und Tochter scheint es eine gegenseitige Identifikation gegeben zu haben. Als Fanny Moser einen "Sturm im Kopf" spürte, rief sie ständig ihren Namen, der auch der ihres ältesten Kindes war. In einem Nachtrag zur Krankengeschichte aus dem Jahr 1924 erfahren wir, daß dieses Mädchen später Ärztin wurde, obwohl Freud sie seinerzeit für unbegabt gehalten, und zoologische Forschungen betrieb, obwohl ihre Mutter an einer Tierphobie gelitten hatte. Sie wandte sich an Freud mit dem Ersuchen, ein psychiatrisches Gutachten über den Geisteszustand der Mutter zu erstellen, da diese sich 70jährig wieder zu verheiraten gedachte. Die Tochter wollte gerichtlich gegen sie vorgehen, da die Mutter ihre Kinder verstoßen und sich geweigert habe, ihnen in ihrer finanziellen Not beizustehen. Geld scheint in dieser Familie immer schon ein Problem gewesen zu sein.

Die jüngere Tochter hingegen war von allem Anfang an ein Sorgenkind, das sich sehr langsam entwickelte, zum Zeitpunkt der Freudschen Behandlung allerdings recht stabil wirkte. Fanny Moser verriet einmal in Hypnose, daß sie dieses Kind für den Tod des Gatten indirekt verantwortlich machte, da sie sich einredete, sie hätte, wäre sie nicht an das Wochenbett gefesselt gewesen, ihn retten können. Deswegen konnte sie es auch lange Zeit nicht so richtig lieben. Bezeichnend ist, daß dieses Mädchen später Kommunistin und Feministin wurde, ihre gespannte Haltung zur Mutter also in Rebellion abreagierte. Ähnlich wie Bertha Pappenheim investierte sie ihre ganze Energie und Liebesfähigkeit in die Sozialarbeit, mit dem einen Unterschied, daß sie auch heiratete und zwei Kinder bekam. Die Ehe wurde allerdings bald wieder geschieden. Beiden Töchtern gelang also die Sublimierung – der einen in der Wissenschaft, der anderen im sozialen Bereich, während die Mutter Zuflucht in der hysterischen Erkrankung suchte (Appignanesi/Forrester 1994, 145).

Statt Liebe zu ihren Töchtern entwickelte sie eine Überängstlichkeit, was eher auf schlechtes Gewissen schließen läßt. Modern ausgedrückt – es entstand eine klassische Double-bind-Situation, der zunächst alle drei Frauen zum Opfer fielen. Der Schlüssel zur Krankheit scheint auch hier in den Familienbeziehungen zu liegen.

Schon in Fanny Mosers Ursprungsfamilie spielten sich dramatische Szenen ab. Während wir von ihrem Vater so gut wie nichts erfahren, schilderte die Patientin ihre Mutter nicht nur als kranke, sondern auch als strenge Frau, die sie gezwungen hatte, erkaltetes fettes Fleisch wegzuessen, was auf einen Machtkampf schließen läßt, denn ökonomische Gründe können es bei dem Reichtum der Familie wohl nicht gewesen sein. Auch die Ehe mit einem um mehr als 40 Jahre älteren Mann dürfte von der Familie arrangiert worden sein, obwohl Fanny Moser Zuneigung zu diesem Mann, der vielleicht eine Art Vaterersatz war, empfand. Sein baldiger Tod bewirkte einen großen Schock und das erhebliche Vermögen, das sie erbte, erwies sich eher als eine Belastung, da sie nun einerseits dem Intrigenspiel der älteren Kinder ihres Mannes ausgesetzt war, andererseits glaubte, nicht mehr heiraten zu können, da sie nicht ihres Geldes wegen geliebt werden wollte und den Töchtern das Erbe zu erhalten trachtete. So stellte sie zumindest selbst ihre Situation Freud gegenüber dar, der Bericht ihrer Tochter spricht allerdings eine etwas andere Sprache.

Nach Aussage Freuds verzichtete sie auch zu Gunsten ihrer Töchter auf Sexualität, was nicht stimmt, denn sie hatte einige Liebhaber, zum Teil aus der Schar ihrer Privatärzte. Erhoffte sie sich auch eine sexuelle Beziehung zu Freud, oder reizte sie eher das Spiel von Unterwerfung und Macht? Einerseits diktierte sie das Geschehen durch ihre freien Assoziationen und ihre herrische Aufforderung, nicht von ihm durch eine Frage oder voreilige Deutung unterbrochen werden zu wollen, andererseits fügte sie sich meist seinen hypnotischen oder im Wachzustand gegebenen Befehlen. Er isolierte sie bei der ersten Behandlung von ihren Töchtern, versuchte ihre pathogenen Erinnerungen "wegzuwischen", "auszulöschen", zu "verbieten", belehrte und erschreckte sie, um ihr die Angst zu nehmen. Andere Ärzte stellte er gerne als Dummköpfe hin und machte sich über sie lustig (Appignanesi/Forrester 1994, 136).

Bei seinem Besuch auf ihrem Schloß in der Schweiz testete er noch einmal seine Macht über sie, indem er ihr die Suggestion eingab

"Sie werden mir heute Mittag wieder ein Glas Rotwein einschenken wie gestern. Sowie ich das Glas zum Mund führe, werden Sie sagen: Ach bitte, schenken Sie mir auch ein Glas voll, und wenn ich dann nach der Flasche greife, werden Sie rufen: Nein, ich danke, ich will doch lieber nicht. Darauf werden Sie in ihre Tasche greifen und den Zettel hervorziehen, auf dem dieselben Worte stehen" (Breuer/Freud 1895 d, 104).

Nachdem sie diesen hypnotischen Befehl ausgeführt hatte, schien Freud sehr zufrieden gewesen zu sein. Erst im Zusatz von 1924 gesteht er, "daß kein Analytiker heute diese Krankengeschichte ohne mitleidiges Lächeln lesen kann" und streicht die sexuelle Ätiologie ihrer Krankheit hervor, die er früher negiert hat (Breuer/Freud 1895 d, 124).

Zu diesem Zeitpunkt war ihm sicher schon die Bedeutung der Übertragungsliebe bewußt gewesen, die genauso ambivalent verlief wie die sonstigen Beziehungen von Fanny Moser, die auch das Spiel von Zuneigung und Macht auszeichneten. Freuds Name wurde ebenso wie der anderer, denen sie ihre Gunst entzogen hatte, aus dem Gästebuch gestrichen. Für Freud aber blieb sie

"ein Beispiel dafür, daß die Hysterie auch tadellose Charakterentwicklung und zielbewußte Lebensführung nicht ausschließt. Es war eine ausgezeichnete Frau, die wir kennengelernt hatten, deren sittlicher Ernst in der Auffassung ihrer Pflichten, deren geradezu männliche Intelligenz und Energie, deren hohe Bildung und Wahrheitsliebe uns beiden imponierte, während ihre gütige Fürsorge für alle ihr unterstehenden Personen, ihre innere Bescheidenheit und die Feinheit ihrer Umgangsformen sie auch als Dame achtenswert erscheinen ließ" (Breuer/Freud 1895 d, 122 f.).

Das sagt viel über Freud selbst aus. Bildung, Intelligenz und eine gewisse Tatkraft scheinen ihm genauso imponiert zu haben wie Fürsorge, Bescheidenheit und Feinheit. Anders ausgedrückt: die Kombination aus traditionell männlichen und weiblichen Eigenschaften wirkte anziehend auf ihn, vor allem in der Gestalt einer Kranken, die als solche sein männliches Überlegenheitsgefühl nicht bedrohte. Die Ambivalenz des Verhaltens und der Gefühle entsprachen wahrscheinlich seinen eigenen weiblichen und männlichen Anteilen und der Zerrissenheit seines damaligen Gefühlslebens. Als 32–37jähriger stand er zwei begabten, gebildeten reiferen Damen der besten Gesellschaft gegenüber, das hatte einen etwas anderen Reiz als die Beziehung zwischen Josef Breuer und Bertha Pappenheim. Er mußte hier keinen Vater ersetzen, sondern beflügelte die Phantasie dieser Kranken als jüngerer Liebhaber. Hier traf er vermutlich auf jene reifen sexuellen Sehnsüchte, die er später seinen jüngeren hysterischen Patientinnen unterstellte. Den Umgang aber mit Adoleszenten mußte er noch lernen, er stellte für Freud genauso ein Problem dar, wie seinerzeit für Breuer. Die nächsten Fallgeschichten der "Studien über Hysterie" berichten über jüngere Patientinnen.

Miss Lucy R., das ist der Name, den Freud ihr in den "Studien über Hysterie" gab, den echten kennen wir nicht, war 30 Jahre alt, als sie zu Freud in Behandlung kam. Ihr Fall unterscheidet sich von den vorhergegangenen dadurch, daß es der einer vorübergehenden Somatisierung eines Konfliktes war und es sich um keine anhaltende hysterische Störung handelte. Außerdem entstammte die Patientin einem anderen Milieu, sie arbeitete als Gouvernante bei einem verwitweten Fabriksdirektor[9]. Und schließlich dauerte die Behandlung wesentlich kürzer, nämlich neun Wochen, und dabei auch nur "von Zeit zu Zeit". Auch in ihrem Verhalten war sie anders, Freud schildert sie als eher wortkarg und trocken. Die Störung lag bei ihr vor allem im Geruchsbereich. Ursprünglich hatte sie wegen eines Dauerschnupfens die Geruchswahrnehmung eingebüßt und stand deswegen in Behandlung eines Hals-, Nasen- und Ohrenarztes. Anläßlich gewisser Ereignisse aber entwickelte sie eine lästige Geruchshalluzination, zuerst von verbrannter Mehlspeise, später von Zigarrenrauch. Freud deckte ohne Hypnose, da sie sich nicht hypnotisieren ließ, auf, daß die erste Geruchshalluzination im Zusammenhang mit einer Szene stand, in der sie mit den Kindern ihres Brotgebers gespielt und dabei auf die Mehlspeise im Herd vergessen hatte. Sie hing sehr an den Kindern und war damals traurig, weil sie diese verlassen mußte, da sie sich im Haus ihres Dienstherren nicht gut behandelt fühlte. Noch dazu hatte sie der verstorbenen Mutter versprochen, für ihre Kinder zu sorgen. Doch dieser Konflikt genügte Freud nicht als Ursache der Störung, er vermutete etwas Tieferliegendes. Laut Appignanesi/Forrester zeigte sich bereits hier ein Grundzug Freuds, "der auch bei Dora und anderen Frauen wieder auftauchen sollte: seine Überzeugung, daß ihrem Konflikt die heimliche Liebe zu einem Mann, zu einer Autoritätsperson zugrunde liegt" (Appignanesi/Forrester 1994, 160). Tatsächlich verschob sich die Halluzination auf den Geruch von Zigarren, die in der Behandlung eine andere Szene wieder erstehen ließ, in der der Dienstherr mit einem Buchhalter, einem Faktotum des Hauses, schimpfte, weil der die Kinder zum Abschied küssen wollte. Das rief wiederum eine ähnliche Situation in Erinnerung, in der die Patientin gescholten wurde, obwohl sie sich knapp vorher Hoffnung gemacht hatte, sowohl die Mutter- als auch die Gattinnenstelle einnehmen zu können. Als Lucy R. schließlich erkannte, daß der Direktor keinerlei besondere Gefühle für sie hegte, kehrte sie wieder auf den Boden der Realität zurück, das Symptom verschwand und sie wurde wieder heiter und ausgeglichen, wie sie sich Freud gegenüber ursprünglich geschildert hatte. Dieser war sehr zufrieden und stolz auf sich.

Übersah er aber dabei nicht, daß es sich um eine Übertragung von Gefühlen gehandelt hatte, zuerst von der Mutter auf die Kinder und von diesen erst auf den Vater der Kinder? Dessen zwangsneurotisches Verhalten (Verbot des Küssens der Kinder) löste in ihr eine hysterische Reaktion aus. Sabine Gürtler hält dies für ein typisches Spiel der Geschlechterdifferenz, verteilt auf die Pole männlich und weiblich. Sie meint auch, daß die Ambivalenz von Geruchsunempfindlichkeit und -überempfindlichkeit zusammenhängt mit der Rolle einer Gouvernante, die einerseits geachtete Erzieherin (= unantastbar), andererseits doch nur eine Bedienstete (– antastbar) ist, also männliche und weibliche Attribute in sich vereint (Gürtler 1995).

Die rasche Heilung kann auch damit erklärt werden, daß Miss Lucy R. ihr Versprechen gegenüber der toten Mutter und ihre Liebe zu den Kindern tatsächlich mehr bedeuteten als die nur kurze Attraktion durch den Vater, ja daß diese sogar nur ein Trick des Unbewußten war, um sie an ihr Versprechen zu erinnern. Aber vielleicht pochte Freud auf die Liebe zum Dienstgeber besonders deswegen, weil er so ganz auf die Übertragungsbeziehung in der Therapie nicht verzichten wollte.

Die nächste Patientin war noch jünger, die soziale Stellung noch etwas tiefer, die Therapie noch kürzer. Sie beschränkte sich auf ein Gespräch, das Freud nach eigenen Angaben eher zufällig führte. Er wurde während eines Ausflugs auf die Raxalpe von der Tochter der Verwalterin der Erzherzog-Otto-Schutzhütte angesprochen und als Arzt konsultiert. Sie hieß Aurelia Kronich, war 18 Jahre alt und litt an Atemnot, Schwindel, Druck auf den Augen, Todesangst und Halluzinationen. Freud nannte sie in den "Studien über Hysterie" Katharina. Ob er sie bei dem Gespräch, das sie natürlich ohne das übliche Ambiente führen mußten, wirklich das erstemal sah, ist nicht gewiß. Schließlich bestieg er in seinen Ferien meist dreimal die Woche die Raxalpe und es könnte leicht gewesen sein, daß er sie schon früher getroffen oder auch einiges über ihre Familienverhältnisse gehört hatte. Diese waren nämlich nicht gerade ideal. Die Mutter hatte sich knapp vorher von ihrem Mann getrennt, der ein Schürzenjäger war und mit ihrer Nichte zusammenlebte, die ein Kind von ihm erwartete. In dem Gespräch mit Freud wies Aurelia darauf hin, daß sie sich an der Trennung schuldig fühlte und das Auseinanderbrechen der Familie beklagte. Doch auch bei dieser Fallgeschichte schürfte Freud nach tieferen Ursachen, bis er schließlich durch gezielte Fragen herausbekam, daß Aurelia mit 16 Jahren den Beischlaf zwischen Vater und Cousine beobachtet und mit 14 Jahren Vaters Zudringlichkeiten am eigenen Leib erfahren hatte. Peter Swales wirft Freud vor, Suggestivfragen gestellt zu haben, um das zu hören, was er wollte, nämlich, daß eine Verführungsszene der Auslöser für die hysterischen Symptome war, was wiederum seine Verführungstheorie bestätigte, die er erst 1897 widerrief (Swales 1988). Nach dieser Theorie waren es vor allem enge Familienangehörige, wie Onkel, Väter und Brüder, die als Verführer auftraten und damit häufig hysterische Störungen auslösten. Ursprünglich sprach Freud in dieser Krankengeschichte von dem Onkel Katharinas, erst in seiner Anmerkung 1924 enthüllte er ihn als ihren Vater. Die Theorie der sexuellen Verführung löste die der erblichen Disposition ab. Später verlegte Freud den Konflikt in die Vorstellungswelt der Kranken. Dann wird es die 18jährige Dora sein, der Suggestivfragen gestellt und Kenntnisse über sexuelle Praktiken unterschoben werden, um die neue Theorie des Ödipuskomplexes zu untermauern. Ähnlich wie im Falle Katharina könnten aber auch hier die Virginitätsängste aus einer Mischung von real Erlebtem und Phantasiertem entstanden sein.

Eine besondere Übertragungsbeziehung stellte sich bei der Kürze der Therapie natürlich nicht ein. Aurelia konnte ihre Gefühle auch nicht wiederbeleben, es kam höchstens zu einem Bewußtmachen des

Verdrängten. Freud war seiner Katharina auf jeden Fall dankbar, "daß sie soviel leichter mit sich reden läßt als die prüden Damen in meiner Stadtpraxis, für die alle naturalia turpia sind" (Breuer/Freud 1895 d, 150). Vielleicht aber überfuhr er dieses junge Mädchen mit seinen sexuellen Deutungen ebenso wie später Dora.

Die letzte der fünf großen Krankengeschichten der "Studien über Hysterie" ist die der Elisabeth v. R., die in Wirklichkeit Ilona Weiss hieß, aus Ungarn stammte und 1892/1893 ungefähr ein Jahr bei Freud in Behandlung war. Auch diese junge Dame aus besten Kreisen wurde ihm vermutlich von Breuer vermittelt. Ihre Behandlung wird von Freud als erste vollständige Analyse einer Hysterie angesehen.

Die Vorgeschichte ist uns mittlerweile schon vertraut. Auch sie handelt von begabter Tochter – Krankheit und Pflege des Vaters – dessen Tod – Gehstörungen und Lähmung. Dazu kommen noch zwei Schwestern, die sich verheiraten, wovon die eine bei der Schwangerschaft mit dem zweiten Kind stirbt, und eine Mutter, die schwer erkrankt. Das dürfte eigentlich reichen, um bei einem Menschen eine Krise auszulösen, die schließlich zu einer beträchtlichen körperlichen Störung führt.

Ilona Weiss zählte 24 Jahre, als sie zu Freud in Behandlung kam, sie war die jüngste Tochter und ersetzte dem Vater den erhofften Sohn. Sie wurde "keck" und "rechthaberisch" und ihr Vater "warnte vor allzu großer Bestimmtheit in ihren Urteilen, vor ihrer Neigung, den Menschen schonungslos die Wahrheit zu sagen, und meinte oft, sie werde es schwer haben, einen Mann zu finden" (Breuer/Freud 1895 d, 158). Sie wollte studieren, aber das kam nicht in Frage. Auch hier dürfte der Vater den spezifischen Draht zur Außenwelt hergestellt und das soziale Ansehen der Familie repräsentiert haben. Nach seinem Tod und weiteren Schicksalsschlägen war Ilona der Boden unter den Füßen entzogen worden und sie wurde gehunfähig.

Auch in diesem Fall suchte Freud nach tieferen Konflikten, und sie erzählte von ihrer ersten Liebe, die wegen der Pflege des Vaters ein unglückliches Ende fand. Er aber drang weiter in sie bis zu jener Szene am Totenbett ihrer Schwester, wo sie seiner Meinung nach gehofft habe, daß ihr Schwager, dem sie schon vorher zugetan war, jetzt für sie frei wäre. Die Pietätlosigkeit jenes Wunsches habe sie aber in schwere Gewissenskonflikte gebracht, daher wehrte sie sich in der Analyse heftig gegen diese Interpretation, und Freud erkannte dadurch die tiefere Bedeutung des Widerstandes. In den "Studien über Hysterie" schildert uns Freud seine Entdeckung folgendermaßen:

"Dieses Mädchen hatte ihrem Schwager eine zärtliche Neigung geschenkt, gegen deren Aufnahme in ihr Bewußtsein sich ihr ganzes moralisches Wesen sträubte. Es war ihr gelungen, sich die schmerzliche Gewißheit, daß sie den Mann ihrer Schwester liebe, zu ersparen, indem sie sich dafür körperliche Schmerzen schuf, und in Momenten, wo sich ihr diese Gewißheit aufdrängen wollte (auf dem Spaziergang mit ihm, während jener Morgenträumerei im Bade, vor dem Bette der Schwester) waren durch gelungene Konversion ins Somatische jene Schmerzen entstanden … Sie schrie laut auf, als ich den Sachverhalt mit trockenen Worten zusammenfaßte: 'Sie waren also seit langer Zeit in Ihren Schwager verliebt.' Sie klagte über die gräßlichsten Schmerzen in diesem Augenblick, sie machte noch eine verzweifelte Anstrengung, die Aufklärung zurückzuweisen. Es sei nicht wahr, ich habe es ihr eingeredet, es könne nicht sein, einer solchen Schlechtigkeit sei sie nicht fähig. Das würde sie sich auch nie verzeihen" (Breuer/Freud 1895 d, 176 f.).

Um seine Annahme zu stützen, befragte er die Mutter nach der Beziehung zum Schwager, die diese weitgehend bestätigte. Die Patientin empfand dies allerdings als Vertrauensbruch. Wir erfahren von Freud, daß sie sich bald nach seiner "Aufdeckung" erholte und nach einiger Zeit heiratete – nicht den Schwager, sondern einen anderen Mann. Ihrer Tochter gegenüber soll sie sich wie folgt geäußert haben. Freud sei "ein junger bärtiger Nervenspezialist, zu dem sie mich schickten" gewesen, er habe versucht "mir einzureden, daß ich in meinen Schwager verliebt sei, aber das war nicht wirklich so" (zit. nach Appignanesi/Forrester 1994, 158).

War nun diese Aussage das Ergebnis hartnäckigen Widerstandes und moralisierenden Verdrängens auf Seiten der ehemaligen Patientin oder berechtigte Kritik an den überschießenden Deutungsphantasien des Therapeuten? Vorstellbar ist es schon, daß eine junge Frau in einem männerlosen Haushalt einen Verwandten begehrt, der noch dazu bei seinem ersten Besuch fälschlich sie für seine Braut gehalten hat. Auch die Tatsache, daß Ilona lustvoll aufschrie, als Freud sie am gelähmten Bein zwickte, weist auf einen engen Zusammenhang von Schmerz und Lust hin. Vielleicht war ihr Sehnen so diffus, daß es von einem Objekt zum anderen wanderte, um schließlich bei einem Ehemann zu landen. Freud fühlte auf jeden Fall seine Annahme bestätigt, daß die Ehe das beste Heilmittel bei Hysterie sei, als er Ilona in den Armen ihres Mannes tanzend durch den Ballsaal schweben sah. Sie scheint tatsächlich so weit wiederhergestellt worden zu sein, daß sie ein weitgehend normales Leben führen konnte.

Was sie von ihren Vorgängerinnen Anna von Lieben und Fanny Moser unterscheidet, ist wohl das Faktum, daß sie noch in jüngeren Jahren die Möglichkeit zur Aussprache hatte, während diese schon Jahrzehnte lang gelitten haben und damit unheilbar blieben. Außerdem entfernte sie sich durch ihre Heirat dem krankmachenden Milieu. Sie dürfte sich auch nicht wie Bertha Pappenheim unsterblich in ihren behandelnden Arzt verliebt haben, so daß sie die Übertragungsbeziehung rasch abbauen konnte. Und schließlich identifizierte sie sich eher mit männlichen Verhaltensweisen, die sie als "Sohn" ihres Vaters entwickelt hatte. Das ersparte ihr die exzessive Flucht ins "Privattheater" oder in die Poesie, sie mußte ihre Probleme also nicht durch eine schwere schöpferische Krise lösen. Ob dadurch für sie galt, daß sie "ihr hysterisches Elend in gemeines Unglück" verwandelt habe, wie es Freud am Ende der Studien formuliert, wissen wir nicht (Breuer/Freud 1895 d, 322).

In diese letzte Krankengeschichte integriert ist noch die einer gewissen Rosalia H., 23 Jahre und von Beruf Sängerin, deren Symptome – Würgen im Hals und Prickeln in den Fingerspitzen – genau die Organe betrafen, die für ihren Beruf wichtig waren (sie begleitete sich häufig am Klavier). Freud enthüllte auch hier, daß die Wurzeln in der Familie lagen, in einem mißhandelnden Vater (ursprünglich als Onkel bezeichnet, wie im Fall Katharina), einem verführenden Onkel und einer eifersüchtigen Tante.

Weiters erfahren wir die Geschichte der Mathilde H., die Lähmungen und eine Verstimmung gegenüber der Mutter zeigte, weil diese für sie eine Verlobung gelöst hatte, ein Schritt, zu dem sich die Patientin selbst nicht entschließen konnte. Freud hypnotisierte sie, aber außer Tränen konnte er ihr nichts Genaueres entlocken. Trotzdem veränderte sich ihr Zustand ca. ein Jahr nach dem Ende der Verlobung hin zum Positiven, woraus man schließen kann, daß ihr das einfache Abreagieren ohne tiefere Analyse auch ganz gut getan haben dürfte.

Breuer und Freud behandelten in dieser Zeit aber noch weitere Patientinnen, die nicht in den "Studien über Hysterie" Eingang fanden. Hirschmüller fand heraus, daß Breuer weiterhin hysterische Patientinnen zu heilen versuchte, wie z. B. Emma L., mit Opium, Morphium, "hygienischen" Maßnahmen und warmen Bädern, oder Clara B., die er beide schließlich nach Kreuzlingen überwies (Hirschmüller 1978 b, 383–386).

Nina R. behandelte er gemeinsam mit Freud, und der überwies sie ebenfalls nach Kreuzlingen in das Sanatorium Bellevue. Welche Odyssee diese Patientin durchmachen mußte, zeigt folgendes: 1888/1889 wurde im Sanatorium Mariagrün bei Graz Anorexie konstatiert. Die Therapie bestand in "ausgesuchten Speiseplänen, der Verabreichung von

Chinin, arsenhaltigen Mineralwässern, Malagawein und Bitterstoffen und bei schweren Fällen im Füttern mit Schlund- oder Nasensonde" (Hirschmüller 1978 a, 137 f.). Es gab aber auch hypnotische Suggestionstherapie.

Freud diagnostizierte 1891 Neurasthenie, die Symptome seien als Folge des Abbrechens der Masturbation aufgetreten. Er wandte Hydrotherapie, die Verabreichung arsenhaltiger Mineralwässer und Bromsalze und Suggestion an. Es schien ihr eine Zeitlang besser zu gehen, aber 1893 kam sie wieder. Es gibt keinerlei Hinweis dafür, daß Freud eine kathartische Behandlung versucht hätte, obwohl er diese zur selben Zeit bei den Kranken der "Studien über Hysterie" durchführte. Vielleicht war sie ihm nicht sympathisch genug, denn das spielt bei einer analytischen Therapie eine große Rolle, soll die Heilung sich doch durch Selbsterkenntnis über eine positive Übertragung ergeben.

Im selben Jahr wurde sie an Robert Binswanger in das Sanatorium Bellevue überwiesen, der eine Art Sozialtherapie durchführte. Kranke, Ärzte und Familienangehörige bilden eine Gemeinschaft, die gemeinsam viel unternehmen, wie Ausflüge, Vorlesungen, Konzert- und Theaterbesuche. Daneben gab es natürlich auch die herkömmlichen Therapieformen.

1894 begab sie sich schließlich wegen ihrer hysterischen Symptome unter das Messer eines Gynäkologen, der zwar keine große Operation, aber eine Auskratzung der Gebärmutter durchführte.

Wegen eines Hustens wurde sie von einem Internisten behandelt, der eine Lungentuberkulose feststellte, die alle anderen Symptome wegen ihrer Gefährlichkeit in den Schatten stellte. Die Spur ihrer medizinischen Reise verliert sich während eines Winteraufenthalts im Kurort Meran.

Diese Krankengeschichte zeigt, daß weder die Diagnose noch die Therapie damals einheitlich waren. Auch Freud konnte nicht immer klar zwischen Aktual- und Psychoneurosen unterscheiden, obwohl er zu dieser Zeit bereits unterschiedliche Ätiologien für beide annahm. Er spricht oft von Mischformen und richtet die Behandlung nach der vermutlichen Ursache der Symptome aus. Im Falle Nina R. erschien ihm eher eine Neurasthenie als eine Hysterie vorzuliegen, und bei dieser hielt er eine kathartische Behandlung für nicht angebracht. Im Theorieteil der "Studien über Hysterie" heben die Autoren hervor, daß nur Anna O. an einer reinen hysterischen Erkrankung gelitten habe, während alle anderen Fälle ebenfalls Mischformen darstellten, in denen aber die Hysterie überwog.

1893 kam es zur Veröffentlichung der vorläufigen Mitteilungen unter dem Titel "Über den psychischen Mechanismus hysterischer Phänomene", und 1895 erschienen schließlich die "Studien über Hysterie". Beide Autoren hatten sich zu diesem Zeitpunkt bereits auseinandergelebt. Die Ursachen waren wissenschaftlicher und privater Natur.

Der wissenschaftliche Grund war, daß Freud immer stärker von Breuers Konzept der Hypnoidhysterie abrückte und hysterische Reaktionen als Abwehrneurosen ansah. Außerdem hatten sie unterschiedliche Ansichten zur Bedeutung der Sexualität bei der Entstehung von Hysterie. Breuer schätzte die Rolle der Sexualität hoch ein, wenn er meint "Ich glaube nicht zu übertreiben, wenn ich behaupte, die große Mehrzahl der schweren Neurosen bei Frauen entstamme dem Ehebett" (Breuer/Freud 1895 d, 200), aber er lehnte die spezifisch sexuelle Ätiologie bei Psychoneurosen ab. Während die Aktualneurosen ihre Ursachen im unerfüllten Sexualleben des Erwachsenen haben, was Breuer durchaus auch so sah, wurzeln die Psychoneurosen in einem sexuellen Erlebnis in der Kindheit, das aber verdrängt worden ist. Bei Hysterie handelt es sich um ein Unlusterlebnis passiver Natur, daher tritt sie besonders häufig bei Frauen auf, deren reife Sexualität Freud als passiv angesehen hat. Zu diesem Unlusterlebnis kommt es durch eine Verführung in der Kindheit, meist durch nahe Familienangehörige oder Bedienstete; da wollte Breuer nicht mehr mitgehen.

Ein weiteres Moment des Zerwürfnisses, das Freud in seiner "Selbstdarstellung" hervorhebt, war, daß Breuer sich über die negativen Kritiken der Studien gekränkt habe. "Sein Selbstvertrauen und seine Widerstandsfähigkeit standen nicht auf der Höhe seiner sonstigen geistigen Organisation" (Freud 1925 d, 48). Das stimmt nicht ganz, denn Ellenberger konnte nachweisen, daß keinesfalls alle Kritiken vernichtend waren, aber Freud stilisierte sich damals zum einsamen Kämpfer hoch (Ellenberger 1973, 1028–1030). Außerdem verzieh er Breuer wahrscheinlich nie, daß er den "Schlüssel zu den Müttern" in den Händen gehabt hätte, das Schloß aber nicht zu öffnen wagte, d. h. er wollte das sexuelle Element in der Krankheit der Anna O. nicht wahrnehmen und ihre Übertragungsliebe nicht als notwendiges therapeutisches Moment anerkennen. Das habe die Entwicklung der Psychoanalyse um ein Jahrzehnt verzögert.

Die wissenschaftlichen Gründe, die zum Scheitern der Beziehung Breuer–Freud führten, hängen stark mit den persönlichen zusammen. Freud warf seinem älteren Kollegen Zögerlichkeit und Skepsis vor. Er dachte im Prinzip nach dem Motto: Wer nicht für mich ist, ist gegen mich. Aus diesem Grund sollten noch weitere Freundschaften und wissenschaftliche Partnerschaften in die Brüche gehen. 1894 konsultierte er Breuer wegen Herzbeschwerden. Dieser untersuchte ihn etliche Male, erstellte aber keine genaue Diagnose. Das verärgerte Freud sehr. Dem Briefwechsel mit Wilhelm Fließ können wir entnehmen, daß Freud damals eine schwere persönliche Krise durchmachte, die sowohl sein Privatleben als auch sein Forscherdasein betraf. Privat machte ihm die erzwungene Enthaltsamkeit in seiner Ehe zu schaffen. Er wurde 1895 zum sechsten Mal Vater und wollte aus finanziellen Gründen, aber auch wegen der Gesundheit seiner Frau, keinesfalls die Familie weiter vergrößern. Wegen seiner Herzbeschwerden versuchte er sich das Rauchen abzugewöhnen, allerdings ohne bleibenden Erfolg. Damals glaubte er, nicht mehr lange unter den Lebenden zu verweilen, auch seiner Frau ging es nicht besonders gut, so daß er an Fließ schrieb: "Wir sind eben im Begriff alt zu werden, etwas vorzeitig für die Kleinen" (Freud an Fließ vom 22. 6. 1894, zit. nach Masson 1986, 80).

Es war dies die Zeit, in der er nach einer Theorie der psychischen Erkrankungen rang, aus der schließlich die Psychoanalyse entstanden ist. Er machte also eine schöpferische Krise durch mit neurasthenisch-hypochondrischen Zügen, mit dem Verlust einer alten Liebe (Breuer) und dem Gewinn einer neuen (Fließ). Diese emotionale Konfusion gipfelte letztendlich im Traum von Irmas Injektion, in dem er mit Breuer abrechnete, aber auch die Eckstein-Affäre einfließen ließ. Breuer empfand Freuds Feindseligkeit ebenfalls, wenn er an Fließ schrieb: "Freud ist im vollsten Schwunge seines Intellekts, ich schaue ihm schon nach wie die Henne dem Falken" (zit. nach Hirschmüller 1978 b, 252). 1896 zerbrach die Freundschaft endgültig. Über die Dreiecksbeziehung Breuer – Freud – Fließ komme ich in einem späteren Kapitel noch zu sprechen.

Kehren wir aber nochmals zu dem Traum von Irmas Injektion zurück. Da die Traumsequenz eine Neuauflage der Ursprungsszene der Psychoanalyse darstellt, in der Breuer und Freud gemeinsam eine Patientin untersuchen, möchte ich ihn hier ausführlich zitieren:

"Eine große Halle – viele Gäste, die wir empfangen. Unter ihnen Irma, die ich sofort beiseite nehme, um gleichsam ihren Brief zu beantworten, ihr Vorwürfe zu machen, daß sie die 'Lösung' noch nicht akzeptiert. Ich sage ihr: 'Wenn du noch Schmerzen hast, so ist es wirklich nur deine Schuld.' – Sie antwortet: 'Wenn du wüßtest, was ich für Schmerzen jetzt habe im Hals, Magen und Leib, es schnürt mich zusammen.' – Ich erschrecke und sehe sie an. Sie sieht bleich und gedunsen aus; ich denke, am Ende übersehe ich da doch etwas Organisches. Ich nehme sie zum Fenster und schaue ihr in den Hals. Dabei zeigt sie etwas Sträuben wie die Frauen, die ein künstliches Gebiß tragen. Ich denke mir, sie hat es doch nicht nötig. – Der Mund geht dann auch gut auf, und ich finde rechts einen großen weißen Fleck, und anderwärts sehe ich an merkwürdigen krausen Gebilden, die offenbar den Nasenmuscheln nachgebildet sind, ausgedehnte weißgraue Schorfe. – Ich rufe schnell Dr. M. hinzu, der die Untersuchung wiederholt und bestätigt ... Dr. M. sieht ganz anders aus als sonst; er ist sehr bleich, hinkt, ist am Kinn bartlos ... Mein Freund Otto steht jetzt auch neben ihr, und Freund Leopold perkutiert sie über dem Leibchen und sagt: Sie hat eine Dämpfung links unten, weist auch auf eine infiltrierte Hautpartie an der linken Schulter hin (was ich trotz des Kleides wie er spüre) ... M. sagt: Kein Zweifel, es ist eine Infektion, aber es macht nichts; es wird noch Dysenterie hinzukommen und das Gift sich ausscheiden ... Wir wissen auch unmittelbar, woher die Infektion rührt. Freund Otto hat ihr unlängst, als sie sich unwohl fühlte, eine Injektion gegeben mit einem Propylpräparat, Propylen ... Propionsäure ... **Trimethylamin** (dessen Formel ich fettgedruckt vor mir sehe) ... Man macht solche Injektionen nicht so leichtfertig ... Wahrscheinlich war auch die Spritze nicht rein" (Freud 1900 a, 126 f.).

In diesem Traum lassen sich zwei Personengruppen unterscheiden, einerseits die Ärzte, die für Freud und seine Kollegen stehen, andererseits die Patientin, die für viele Frauen stehen könnte. Mit Dr. M. ist Josef Breuer gemeint, dessen Äußeres hier wenig anziehend geschildert wird (bleich, hinkend), er sieht "anders aus als sonst". Er wird, wie in der Realität, von Freud als Diagnostiker beigezogen und beruhigt ihn, indem er erklärt, es handle sich zwar um eine Infektion, aber das Gift werde ausgeschieden. Das ist ein Hinweis auf eine von beiden behandelte Patientin, die an einer Medikamentenvergiftung verstarb. Es sieht so aus, als ob Dr. M. hier den Träumer entlasten und die Schuld Freund Otto in die Schuhe schieben will, der die Injektion unsachgemäß durchgeführt habe. Otto steht für Oscar Rie, den Hausarzt der Familie Freud, zeigt aber auch Anteile von Freud selbst. Andererseits meint Freud in seiner Traumanalyse, daß er sich auch über Dr. M. lustig mache, da die Tröstung etwas Unsinniges an sich habe, denn Infektionen werden nicht einfach durch Dysenterie (Ruhr, Durchfall) ausgeschieden (Freud 1900 a, 133 f.). Breuers Doppelrolle im Traum entspricht also der in der Realität – er ist Mentor und Skeptiker. Auch die Freundschaft zu Fließ schlägt sich in diesem Traum nieder, die Formel, die Freud fettgedruckt erkennt, wurde ihm brieflich von Fließ mitgeteilt. Er spielt somit die Rolle eines Zukunftweisers, der zeigt, wo es entlang geht, weil er die Zauberformel kennt.

Viel wurde in die Hauptperson Irma hineingerätselt. Sie ist wahrscheinlich eine Verdichtung mehrerer Frauen um Freud. Didier Anzieu nimmt an, daß es sich um Anna Hammerschlag handelt, die Tochter eines ehemaligen Gymnasiallehrers Freuds (Anzieu 1990); Max Schur (1973) glaubt, daß hier die Eckstein-Affäre verarbeitet wurde, und Kurt Eissler (1987) tippt auf Martha Freud, die damals das sechste Mal schwanger war und sich als schlechte, weil sehr verhaltene Patientin entpuppte (Thomä 1987; Peters 1989). Der Traum fand wenige Tage vor dem 34. Geburtstag von Martha Freud statt und nimmt somit das Geburtstagsfest vorweg. Sie repräsentiert einen Gegentyp zu seinen hysterischen Patientinnen. In seiner Traumanalyse schildert Freud Irma als ungefügig, das war Martha auch. Sie war daher alles andere als eine ideale Patientin – weder gefügig noch hysterisch.

Zu der Geburtstagsfeier wurden wahrscheinlich auch Marthas Freundinnen Anna Hammerschlag-Lichtheim, Sophie Schwab-Paneth und Mathilde Breuer eingeladen. Die ersten beiden waren Witwen und somit die Objekte von Freuds heimlicher Begierde in einer Zeit, in der Martha erstens schwanger und zweitens ungefügig war. Er selbst schreibt 1908 in einem Antwortschreiben an Karl Abraham, der um Aufklärung bezüglich des Irma-Traums bat: "Sexueller Größenwahn steckt dahinter, die drei Frauen Mathilde, Sophie, Anna sind die drei Patinnen meiner Töchter, und ich habe sie alle! Für die Witwenschaft gäbe es natürlich eine einfache Therapie. Allerlei Intima natürlich" (zit. nach Appignanesi/Forrester 1994, 173).

Dieses Schreiben enthüllt, daß Freud seine Patientinnen (manchmal?) begehrte, denn Anna Hammerschlag war eine Hysterikerin, die er erfolglos behandelte; weiters, daß er, wie viele andere Ärzte seit Jahrtausenden, meinte, "eine wiederholte Dosis penis normalis" würde die Krankheit heilen (das Zitat stammt vom Gynäkologen Chrobak); und schließlich, daß er inzestuöse Wünsche gegenüber seinen eigenen Töchtern hegte. Dies glaubte er jedenfalls zu der Zeit, in der er die Verführungstheorie vertrat. "Mit nur wenigen Worten werden drei Hauptthemen des Traumes in einen Zusammenhang gebracht: das sexuelle, das familiäre und das medizinisch-therapeutische" (Appignanesi/Forrester 1994, 173).

Mit Irma kann aber auch eine andere Mathilde als Breuers Frau gemeint sein, nämlich Mathilde S., die Freud unter Beiziehung von Breuer wegen manisch-depressiver Gemütserkrankung und Hysterie mit stark erotischen Zügen behandelte. Sie erkrankte 1886 wegen eines gebrochenen Heiratsversprechens (nach Dr. Kaan war umgekehrt die Verstimmung Anlaß, die Verlobung zu lösen), wurde von Freud hypnotisch behandelt, 1889 aber in die Nervenklinik von Dr. Svetlin überwiesen. Sie betete Freud an, entwickelte einen Liebeswahn, den er damals noch nicht als Übertragungspsychose erkannte und den sie nach einigen Wochen in der Klinik auf ihren behandelnden Arzt Dr. Kaan übertrug. Therapiert wurde sie dort konventionell mit Morphin Chloral, Baldrian, Brompräparaten, Digitalis, Mutterkornalkaloiden, Opium, Canabis, Scopolamin, Lupulin und Sulfonal, um ihren Erregungszustand zu dämpfen. Nach dreimonatiger Behandlung zog man damals Meynert zur Begutachtung heran. Das war gerade zu dem Zeitpunkt, an dem es zwischen ihm und Freud zu heftigen Konflikten wegen der therapeutischen Anwendung der Hypnose kam. Meynert vertrat, wie wir schon gehört haben, einen strengen gehirnphysiologischen Standpunkt und kritisierte an der Hypnose in erster Linie, daß es zu einer Abhängigkeit des Patienten vom Arzt komme und daß sexuelle Empfindungen diesem gegenüber entfesselt werden. Bei Mathilde war es tatsächlich zu einem Umschlag einer Melancholie in eine Manie mit sexuellen Wahnvorstellungen gekommen. Sie fabulierte, sie sei schwanger, jeder Stuhlgang sei eine Entbindung, die Fäces ihr Kind. Sie legte das Benehmen einer Königin an den Tag, gab vor, sie könne leicht Millionärin werden und parodierte die Eigentümlichkeiten der Anstaltsärzte. Als sie merkte, daß sie in der Klinik bleiben müsse, wälzte sie sich masturbierend auf dem Boden, schrie, bekam Krämpfe, biß einen Zopf ab und schlug mit den Fäusten gegen den Kopf. In ihrem Krankenblatt steht, daß sie im Mai 1890 entlassen wurde und Freud wieder die Behandlung aufgenommen habe. Es stellten sich sehr bald wieder Verstimmungen, Schlaflosigkeit und Apathie ein, die mit Chloral und Sulfonal behandelt wurden. Anfang September, nach Freuds Sommerferien, kam es zu einer akuten Symptomatik mit Erbrechen, Harnverhalten und Bauchschmerzen. Es wurde ein Katheter eingeführt und eine Urinprobe genommen, aber am 24. September verschied die Patientin. Es kam heraus, daß sie an einer Sulfonalintoxikation verstorben war (Hirschmüller 1989).

Freud dürfte damals schwere Gewissensbisse gehabt haben, so daß es nicht verwunderlich ist, daß die Szene fünf Jahre später in einem Traum wieder auftauchte. Er erinnert sich auch eines Nebenumstandes:

"Die Kranke, welche der Intoxikation erlag, führte denselben Namen wie meine älteste Tochter. Ich hatte bis jetzt niemals daran gedacht; jetzt kommt es mir beinahe wie eine Schicksalsvergeltung vor. Als sollte sich die Ersetzung der Person in anderem Sinne fortsetzen; diese Mathilde für jene Mathilde, Aug' um Aug', Zahn um Zahn. Es ist, als ob ich alle Gelegenheiten hervorsuchte, aus denen ich mir den Vorwurf mangelnder ärztlicher Gewissenhaftigkeit machen kann" (Freud 1900a, 131).

Als Vergeltung des Schicksals an seiner Schuld sieht Freud die schwere Diphterieerkrankung seiner Tochter Mathilde an, der sie fast erlegen wäre; jenes Kindes also, für das er besonders zärtliche Gefühle entwickelte und als deren potentieller Verführer er sich eine Zeitlang ansah, zumindest solange er die Verführungstheorie vertrat.

Eine weitere Person, die in der Figur der Irma verarbeitet wurde, war Emma Eckstein, eine hysterische Patientin, die Anfang der 90er Jahre wegen Magen- und Menstruationsbeschwerden zu Freud in Behandlung kam. Sie wurde 1865 in Wien geboren und hatte fünf Schwestern und zwei Brüder. Ihre Eltern waren angesehene Wiener Bürger und zwei ihrer Geschwister wurden führende Mitglieder der Sozialistischen Partei, was sie mit Ida Bauer verbindet, die als Dora in die psychoanalytische Literatur eingegangen ist und deren Bruder Otto Bauer war. Emma blieb unverheiratet und lebte mit ihrer Mutter zusammen, ähnlich wie Bertha Pappenheim, mit der sie auch ihre literarische Tätigkeit gemeinsam hat. Etwas unterscheidet sie von allen anderen bisherigen Patientinnen – sie wurde selbst Analytikerin. Der Weg dazu führte über eine schwere Krankheit mit einer lebensbedrohenden Episode. 1895 wurde sie nämlich von Wilhelm Fließ an der Nase operiert. Fließ war damals Freuds bester Freund und Vertrauter, mit dem er regelmäßig korrespondierte und dem er seine privaten und wissenschaftlichen Probleme anvertraute. Fließ vertrat die Theorie, daß es einen Zusammenhang zwischen Nase und Genitalbereich gebe und daß man durch einen chirurgischen Eingriff an der Nase auch Menstruationsbeschwerden bessern könne. Der Patientin ging es nach der Operation gar nicht gut und ihr Operateur war bereits wieder in Berlin. Da es Freud mit der Angst zu tun bekam, zog er den Wiener Chirurgen Rosanes hinzu, der bei dem Versuch, den Blutfluß zu stoppen, einen Gazestreifen herauszog, den Fließ offensichtlich vergessen hatte. Dabei kam es bei Emma zu einem Blutsturz. Freud wurde beim Anblick der Szene schlecht und er mußte versorgt werden. Seine Patientin, die trotz Blutverlusts das Bewußtsein nicht verlor, bemerkte spöttisch "Das ist das starke Geschlecht!" (zit. nach Appignanesi/Forrester 1994, 166). Fließ machte er brieflich sehr verhalten Vorwürfe, die dieser aber beleidigt zurückwies. Freud schwankte zwischen ärztlicher Sorgepflicht und Loyalität gegenüber seinem Freund; letztere schien zu siegen.

Im Irma-Traum weist vor allem die Untersuchung des Halses (= Operation der Nase) auf Emma hin. Nach Appignanesi/Forrester kommt es zu einer Eliminierung des Weiblichen zugunsten von Freuds Beziehung zu seinem männlichen Kollegen (Appignanesi/Forrester 1994,

Sigmund Freud, 1891 (A.W. Freud et al.)   *Emma Eckstein, 1895* (A.W. Freud et al.)

167). Hat das etwas mit Kumpanei unter Berufsgenossen oder mit ho-
mophiler Neigung, die Freud selbst im Zusammenhang mit dem Ende
der Beziehung zu Fließ zugibt, zu tun?

Emma erholte sich schließlich und nahm die Analyse bei Freud wieder auf. Das beweist, daß sie ihm jedenfalls die Treue hielt. Sie brachte ihn auch theoretisch ein Stück weiter, durch sie erkannte er, daß das
neurotische Symptom, ähnlich wie der Traum, eine Wunscherfüllung
darstellt, bei der auch die Übertragung eine große Rolle spielt. Emmas
spätere Blutungen werden als Sehnsucht gedeutet.

"Sie war von jeher eine Bluterin, wenn sie sich schnitt u. dgl., litt als Kind an
heftigem Nasenbluten, bekam in den Jahren vor der Periode Kopfschmerzen,
die ihr als Simulation ausgelegt wurden, die in Wahrheit durch Suggestion entstanden waren, und begrüßte darum die heftigen Periodenblutungen mit Freude als Beweis für die Echtheit ihres Krankseins, der ihr auch geltengelassen
wurde. Sie hat eine Szene aus ihrem 15. Jahr, in der sie plötzlich Nasenbluten
bekommt mit dem Wunsch, von einem bestimmten dabei anwesenden jungen
Arzt (der auch im Traum vorkommt) behandelt zu werden. Als sie meine Er-
griffenheit bei der ersten Blutung unter Rosanes' Händen sah, fand sie einen

alten Wunsch nach Liebe in Kranksein verwirklicht, fühlte sich die nächsten Stunden trotz ihrer Gefahr so glücklich wie nie, bekam dann im Sanatorium nächtliche Unruhe aus der unbewußten Sehnsuchtabsicht, mich hinzulocken, und als ich nachts nicht kam, erneuerte sie die Blutung, als unfehlbares Mittel, meine Zärtlichkeit wieder zu wecken" (zit. nach Appignanesi/Forrester 1994, 189 f.).

Es ist schwer zu klären, ob diese Sätze der Übertragung der Patientin oder der Gegenübertragung des Arztes entspringen, der noch dazu einen Freund zu schützen hat.

Wenn es sich aber um Übertragungsliebe handelt, dann ist sie in dieselbe Kategorie einzureihen wie die Stigmatisierter und Heiliger, die aus liebender Identifikation mit Christus zu bluten beginnen. Blut ist hier nicht so sehr das Zeichen von Verletzung, sondern das der Lebenskraft der Frau im Regenerationsprozeß, worauf auch der spöttische Hinweis auf das angeblich starke Geschlecht verweist. Daß Emma ihre Regelblutung begrüßte, sollte ihr nicht als Schwäche oder Krankheit, sondern als Stärke ausgelegt werden und damit als eigentliche Wunscherfüllung. Dies allerdings scheint Freud verborgen geblieben zu sein. Er wühlte lieber, gemäß seiner damals vertretenen Verführungstheorie, in Emmas Kindheit und legte tatsächlich zwei Verführungsszenen frei. Einmal im Alter von ca. acht Jahren, in der sie von einem Geschäftsinhaber sexuell belästigt wurde, und einmal nach der Pubertät, als sie nicht fähig war, allein in ein Geschäft zu gehen. Beide Szenen passen zueinander und die Theorie war bestätigt.

Ob Emma Eckstein die Patientin war, die laut Freuds Mitteilung in der Abhandlung "Zur Psychotherapie der Hysterie", 1895 den Wunsch äußerte, ihm einen Kuß zu geben und sich dessen fürchterlich schämte, wissen wir nicht, aber sie scheint ihrem Analytiker schon sehr verbunden gewesen zu sein, sonst würde dieser nicht betonen, "daß in unserer Beziehung Liebe nicht zum Vorschein kam" (zit. nach Appignanesi/Forrester 1994, 193). Damit kann nur seine Liebe gemeint sein, denn Emmas Herz (bzw. ihre Nase) blutete. Sie war aber in der Lage, diese Liebes- und Leidensfähigkeit zu sublimieren, indem sie die Rollen vertauschte und anderen zur Selbsterkenntnis verhalf. Vollkommen ist ihr das allerdings nie gelungen, denn sie hatte, trotz späterer gynäkologischer Operation, zeit ihres Lebens Schmerzen im Unterleib, die sie schließlich an die Couch fesselten.

Wieder war es eine Patientin, die Freud in seiner Theorie weitergebracht hatte. Man könnte die Zeit von 1890 bis 1900 die des Übergangs von der kathartischen Methode zur Psychoanalyse bezeichnen, von der

Erkenntnis der Enthüllung des Verdrängten durch freie Assoziation und Abreagieren zur Entdeckung von Übertragung und Widerstand gegenüber dem Therapeuten und Wunscherfüllung im neurotischen Symptom. Begleitet wurde diese wissenschaftliche "Schwangerschaft" von einer schöpferischen Krise des Graviden, die sich in Selbst- und Traumanalyse niederschlägt. So wie sich in Träumen verschlüsselt Wünsche erfüllen, erfüllen sie sich auch im neurotischen Symptom. In diese Zeit fällt auch der Tod von Freuds Vater 1896. Knapp danach dürfte seine Krise den Höhepunkt erreicht haben. Das nimmt zumindest Marianne Krüll an, die meint, daß er den eigenen Vater als Verführer seiner Geschwister verurteilen hätte müssen (Krüll 1979). Das war ihm aber unmöglich, deswegen distanzierte er sich in einem Brief an Fließ von der Verführungstheorie (Freud an Fließ vom 21. 9. 1897, Masson 1986, 283–286), obwohl er sie noch 1896 in einem Vortrag vor Fachkollegen vertreten hatte. Masson nimmt hingegen an, daß er sie aus Feigheit vor sozialen Konsequenzen zurückgezogen habe (Masson 1984). In Wirklichkeit dürfte Freud noch längere Zeit, was die Ätiologie der Hysterie betrifft, schwankend gewesen sein, wie noch der Fall Dora zeigen wird. Jedenfalls brachte ihn die Beschäftigung mit seiner Vaterbeziehung zu einem Wiederaufrollen des eigenen Familiendramas und er stieß auf den Ödipuskomplex. In Zukunft suchte er die Ursache für psychische Erkrankungen nicht mehr in einem realen traumatischen Erleben, wie z. B. Verführung, sondern in der Phantasiewelt des Patienten, der, wenn er ein Mann ist, geprägt wurde durch die Liebe zur Mutter und die Rivalität zum Vater, wenn er aber eine Frau ist, durch die Liebe zum Vater und die Rivalität zur Mutter. Erst viel später anerkannte Freud auch bei der Frau die Mutter als die erste Liebesperson und gestand, daß für ihn das Rätsel der Weiblichkeit ungelöst bleibe. 1900 allerdings glaubte er, dem "Geheimnis der Mütter" auf der Spur zu sein durch die Entdeckung der Sexualität als Haupttriebkraft des Menschen. Diese sieht er aber als prinzipiell männlich an. Knaben und Mädchen verhalten sich zunächst gleich, bis sie die Geschlechterdifferenz in Form von Besitz oder Nichtbesitz des Penis entdecken. Von diesem Augenblick an entwickelt sich das Mädchen anders, es wird passiv, oft neidisch, manchmal hysterisch[10].

Vera King unterscheidet bei der Entwicklung der Psychoanalyse Ursprungsmythos, Ursprungstraum und Ursprungsanalyse. Der Ursprungsmythos behandelt die Beziehung Bertha Pappenheim – Josef Breuer, dem Freud die Entdeckung der kathartischen Methode zuschreibt. Der Ursprungstraum ist der Irma-Traum, der eben diese Beziehung in beliebigen Varianten wieder erstehen läßt, und die Ursprungsanalyse ist die von Dora, in der Freud erstmals ödipale Übertragungen studierte (King 1995).

Bevor wir uns dieser Fallgeschichte zuwenden, werfen wir einen kurzen Blick auf das soziale und kulturelle Umfeld von Wien um 1900. Diese Stadt war damals Anziehungspunkt für Menschen aus der gesamten österreich-ungarischen Monarchie. Um die Jahrhundertwende zählte die mächtig vergrößerte Stadt 1 891 090 Einwohner, 1916 waren es bereits 2 239 000 (Zöllner 1961, 442 f.). Etwa zwei Drittel aller Zuwanderer kamen aus dem tschechischen Raum. Besonders stark nahm die jüdische Bevölkerung zu. Sie betrug zu Beginn des Ersten Weltkriegs neun Prozent. Die Leute kamen außer aus Böhmen und Mähren auch aus Galizien und der Slowakei. Während die bereits ansässigen Juden weitgehend assimiliert waren und zum Teil an führender Stelle von Wirtschaft, Wissenschaft und Kultur wirkten, bildeten die Neuankommenden durch Aussehen und Lebensart einen Fremdkörper und verstärkten antisemitische Ängste und Haßgefühle, vor allem im Kleinbürgertum und Proletariat, für die sie auch eine Wirtschaftskonkurrenz darstellten. Diese Grundstimmung wußte besonders der damalige Bürgermeister von Wien, Karl Lueger, zu nutzen, dessen christlich-soziale Partei vor den Sozialdemokraten die stärkste Fraktion sowohl im Wiener Gemeinderat als auch im österreichischen Parlament bildete. Daneben gab es noch die Alldeutschen unter Georg Schönerer, einem rabiaten Antisemiten und geistigen Ziehvater Adolf Hitlers, der sich vor dem Ersten Weltkrieg ebenfalls in Wien aufhielt.

Aber Wien glänzte auch als Kultur und Geisteszentrum – nicht nur der Monarchie, sondern auch innerhalb Europas. Im wissenschaftlichen Bereich war vor allem die Medizin führend. Die zweite Wiener medizinische Schule brachte hervorragende Anatomen (Karl von Rokitansky, Joseph Hyrtl), Internisten (Joseph Skoda, Herman Nothnagel) und Physiologen (Ernst Brücke) hervor (Zöllner 1961, 460). Aber auch die Psychiater und Neurologen Krafft-Ebing und Wagner-Jauregg genossen internationale Anerkennung.

Die Naturwissenschaften wurden unter anderem durch den Physiker Ludwig Boltzmann, einen Anhänger der Wärmelehre und der damals heftig umstrittenen Atomtheorie, und den Chemiker Auer von Welsbach, den Erfinder des Gasglühlichts, vertreten.

Hier wirkten auch die Philosophen Franz Brentano und sein Schüler Edmund Husserl, der zum Begründer der Phänomenologie wurde.

Vor allem aber brachte Wien zu diesem Zeitpunkt weltbekannte Musiker hervor. Neben der Wiener Operette eines Strauß, Millöcker und Ziehrer gab es noch die Liedkomponisten Hugo Wolf und Gustav Mahler. Der letztere wirkte auch als Direktor der Hofoper, Leiter der Wiener Philharmoniker und schrieb bedeutende Symphonien. Auch Anton Bruckner, der Kirchenmusiker und Symphoniker aus Oberösterreich, verbrachte seine letzten Jahrzehnte in Wien und starb knapp vor der Jahrhundertwende. In diese Zeit aber fallen auch die frühen Werke von Arnold Schönberg, dem Begründer der Zwölftonmusik.

In der Literatur setzte man sich besonders mit der sozialen Frage auseinander, wie das Maria Ebner-Eschenbach in ihren Erzählungen und Ludwig Anzengruber in seinen Volksstücken taten, während Arthur Schnitzler der Porträtist des Bürgertums, seiner Lebenslüge und seines Lebensüberdrusses wurde. Ähnlich zeit- und gesellschaftskritisch äußerte sich Hermann Bahr, während Hugo von Hofmannsthal sich eher mit der untergehenden Welt des Adels beschäftigte.

In der bildenden Kunst und Architektur suchte man, ähnlich wie im übrigen Europa, nach neuen Formen des Ausdrucks. Es entstanden wichtige Werke des Jugendstils und des frühen Expressionismus.

Das Wien des Fin de siècle war also voller Widersprüche. Neben einer aufstrebenden Wirtschaft und dem beträchtlichen Reichtum einiger weniger gab es die Armut, Hoffnungslosigkeit und Entwurzelung der breiten Masse. Hier fanden nationalistische und antisemitische Heilslehren, die das Antlitz des 20. Jahrhunderts formen sollten, einen optimalen Nährboden. Hier entwickelte sich aber auch ein reiches Kulturleben, befruchtet durch die Vielfalt an Nationalitäten, Sprachen und Lebensformen. "Versuchsstation der Zukunft" nannte es Robert Musil, "Versuchsstation des Weltuntergangs" Karl Kraus.

Wien um 1900 war daher der ideale Standort für die Entstehung einer Trieb- und Konflikttheorie, wie die Psychoanalyse sie darstellt.

Freuds Familie gehörte ebenso wie die seiner Patientin Ida Bauer, der Dora in "Bruchstück einer Hysterieanalyse" aus dem Jahre 1905, zu jenen assimilierten jüdischen Zuwanderern aus Böhmen oder Mähren, die hier bereits zu Wohlstand oder Reichtum gekommen sind. Sie wurden zu einem Teil des Bürgertums, das damals bereits führend in allen wichtigen Bereichen war und den alten Adel weitgehend verdrängt hatte; eines Bürgertums, das aber auch einen eigenen Moralkodex und spezielle Umgangsformen entwickelt hatte. Besonders kraß zeigten sich diese im Umgang der Geschlechter.

"Die Männer trugen lange Bärte zur Schau oder zwirbelten zum mindesten einen mächtigen Schnurrbart als weithin erkennbares Attribut ihrer Männlichkeit empor, während bei der Frau das Korsett das wesentlich weibliche Geschlechtsmerkmal des Busens ostentativ sichtbar machte. Überbetont war das sogenannte starke Geschlecht gegenüber dem schwachen Geschlecht auch in der Haltung, die man von ihnen verlangte, der Mann forsch, ritterlich und aggressiv, die Frau scheu, schüchtern und defensiv, Jäger und Beute, statt gleich und gleich. Durch diese unnatürliche Auseinanderspannung im äußeren Habitus mußte auch die innere Spannung zwischen den Polen, die Erotik, sich verstärken, und so erreichte dank ihrer unpsychologischen Methode des Verhüllens und Verschweigens die Gesellschaft von damals genau das Gegenteil. Denn da sie in ihrer unablässigen Angst und Prüderie dem Unsittlichen in allen Formen des Lebens, Literatur, Kunst, Kleidung ständig nachspürte, um jede Anreizung zu verhüten, war sie eigentlich gezwungen, unablässig an das Unsittliche zu denken. Da sie ununterbrochen forschte, was unpassend sein könnte, befand sie sich in einem unablässigen Zustand des Aufpassens; immer schien der damaligen Welt der 'Anstand' in tödlicher Gefahr: bei jeder Geste, bei jedem Wort" (Zweig 1982, 93 f.).

In einer ebenso schwülen wie verklemmten Atmosphäre gediehen natürlich die Neurosen auf das prächtigste; Ida Bauer war nur eines der vielen Opfer.

Die Familie Bauer stammte aus einer mährischen Kleinstadt in der Nähe von Iglau, das als ein Zentrum der Textilindustrie galt und wo die Bauers eine Textilfabrik aufgebaut hatten. Idas Vater Philipp kam mit ca. zwei bis drei Jahren nach Wien, heiratete mit 28 die 18jährige Käthe Gerber und steckte sie mit Gonorrhöe an. Außerdem war er Syphilitiker. Laut Hannah Decker litten damals zehn bis zwanzig Prozent aller jungen Männer Wiens an dieser Geschlechtskrankheit, die erst durch die Entwicklung von Penicillin wirksam bekämpft werden konnte. Die Familie lebte zuerst in der Leopoldstadt, dem heutigen zweiten Wiener Gemeindebezirk – wegen seiner Nähe zum Nordbahnhof ein Auffangort für alle Immigranten aus Böhmen und Mähren – später zog man in den vornehmeren neunten Bezirk mit Namen Alsergrund. Denselben Weg kann man auch bei den Freuds beobachten.

Mit 35 mußte Philipp Bauer wegen seiner Tuberkulose den Standort wechseln, die Familie übersiedelte nach Meran. Ida war damals sechs Jahre alt. Sie ging in eine katholische Schule für höhere Töchter, ähnlich wie Bertha Pappenheim, wo sie sich als Jüdin möglicherweise als Fremdkörper fühlte.

Der Beginn ihrer Leidensgeschichte dürfte mit dieser Übersiedlung zusammenhängen, denn mit sechs Jahren setzte Bettnässen ein, das sie übrigens mit ihrem um zwei Jahre älteren Bruder Otto gemeinsam hatte.

Mit acht Jahren änderte sich ihr Charakter. Aus dem wilden, daumenlutschenden Kind wurde ein braves Mädchen, das ihren Vater pflegte. Das verbindet sie mit vielen anderen Hysterikerinnen, auffallend ist bei ihr nur das frühe Alter. Mit 12 bis 13 Jahren wurde sie die Vertraute ihres Vaters, mußte oder durfte seinen Körper berühren, erlebte ihn aber auch schwach und leidend. Zeigten sich bei der Achtjährigen zunächst Atembeschwerden, Husten und Kopfschmerzen, so begann der eigentliche Leidensweg mit dem Pubertätsalter, in dem sie, ähnlich wie ihre Mutter, diverse Kuren und Therapien durchmachte, die aber allesamt nicht halfen. Mit 16 entwickelte sie eine Petite hysterie mit Fieber, Stimmlosigkeit, Blinddarmreizung, Gehstörungen, Unfreundlichkeit, Abkapselung und Depression bis zur Suizidankündigung. Wegen ihrer Krankheit fiel sie in ihren Studien, die sie früher gemeinsam mit ihrem Bruder betrieben hatte, zurück. Trotzdem dürfte diese Verhaltensweise nicht so außergewöhnlich gewesen sein, denn schon Samuel Wilks berichtet 1878 folgendes:

"From twelve or fourteen to eighteen or twenty is that period of life to which the tide of natural affection runs the lowest (and) girls … are harder and more selfish till the master passion takes them … The whole nervous system, including the mental and moral nature, becomes so perverted that no circumstance of the most extraordinary kind may not then happen … The behaviour is like that of one possessed of a devil" (zit. nach Decker 1991, 7).

Als Ida 17 Jahre alt war, kehrte die Familie nach Wien zurück und wohnte in der Nähe der Familie Freud. Mit 18 wurde sie gegen ihren Willen von ihrem Vater zu Freud geschickt, um sie zur Räson zu bringen. Dieser behandelte sie von Oktober bis Ende Dezember 1900, also drei Monate, dann brach sie die Therapie ab. In dieser erzählte sie vor allem, was in den letzten vier Jahren geschehen war und sie besonders gekränkt und empört haben dürfte.

In Meran hatte sich die Familie Bauer mit der Familie K. angefreundet. Frau K. pflegte Idas Vater und wurde in der Folge seine Geliebte. Herrn K. dürfte das nicht verborgen geblieben sein und er warb seinerseits um Ida. Diese fühlte sich wahrscheinlich geschmeichelt, lehnte aber Zudringlichkeiten ab. Dafür genoß sie das Zusammensein und die Intimität der Gespräche mit Frau K. Idas Mutter tat so, als sähe sie gar nichts. Es herrschte also eine Atmosphäre der Heimlichkeit und Heimeligkeit, der Unehrlichkeit und Vertrautheit, bei der die Patientin sich immer mehr als Verschubmasse fühlte, denn der Vater billigte das Werben von Herrn K. als eine Art Kompensationsgeschäft für seinen Anspruch auf Frau K. Diese Spannung und auch die Demütigung dürften Ida letztendlich zu viel geworden sein, und aus den diversen psychosomatischen Beschwerden entstand eine hysterische Krise.

Auch hier dient uns die Krankengeschichte als Unterlage zur Untersuchung der Liebes- und Haßbeziehungen, deren Übertragung Freud erstmals gezielt in der Analyse beobachtete und die er wegen ihres abrupten Abbruchs "Bruchstück einer Hysterieanalyse" nannte.

Folgende Beziehungen scheinen für Ida wichtig gewesen zu sein:

a) zum Vater
b) zur Mutter
c) zum Bruder
d) zu Frau K.
e) zu Herrn K.
f) zu den Gouvernanten
g) zu Freud.

a) Freud beschreibt den Vater als dominierend

"sowohl durch seine Intelligenz und Charaktereigenschaften wie durch seine Lebensumstände ... Er war zur Zeit als ich das Mädchen in Behandlung nahm ein Mann in der zweiten Hälfte der Vierzigerjahre, von nicht ganz gewöhnlicher Rührigkeit und Begabung" (Freud 1905 e, 97).

So ähnlich dürfte auch Ida ihren Vater gesehen haben, den sie der Mutter eindeutig vorzog. Die Dominanz entsprang allerdings eher seiner Rolle in der patriarchalen Gesellschaft, denn vom Charakter her dürfte er eher sympathisch als verläßlich gewesen sein.

Als Ida 10 Jahre alt war, machte sich bei ihm eine Netzhautablösung bemerkbar, die eine bleibende Einschränkung des Sehvermögens zur Folge hatte. Zwei Jahre später folgten Verworrenheit, Lähmungserscheinungen und leichte psychische Störungen als Folge seiner Syphiliserkrankung, die er erfolgreich von Freud behandeln ließ. Durch dieses Leiden kam es zu einer verstärkten Identifizierung Idas mit dem Vater; ihren Ausfluß z. B. sah sie als Erbschaft der Syphilis an. Genauso wie sie früher Atemnot und Husten als Imitation der väterlichen Tuberkuloseerkrankung entwickelte, verlagerten sich im Pubertätsalter die Identitätssymptome in den Genitalbereich.

Seine Krankheit wurde von Ida als bedrohlich angesehen, und die Sorge um ihren Vater dürfte die Zuneigung noch gesteigert haben. Auch hier repräsentiert der Vater, obwohl er zeitweilig ans Bett gefesselt war, die Welt, die Weite, die Freiheit, während die Mutter für häusliche Enge und Kleinlichkeit steht.

Dazu aber kam etwas später eine weitere Bedrohung der Zweisamkeit in Gestalt der Frau K. Sie nahm ihr einerseits den Vater weg, andererseits wurde sie Idas Vertraute und sprach mit ihr über sexuelle Themen, so daß diese an der Intimbeziehung der beiden teilhatte und sich vielleicht in der Phantasie an die Stelle von Frau K. setzte; somit verkehrte sie im Geist sexuell mit ihrem Vater – die ödipale Situation scheint perfekt.

Hinweise auf die Bedeutung der väterlichen Beziehung liefern uns auch die beiden Träume, die Ida während der Analyse erzählte. Der erste erfolgte nach der Szene am See, wo Herr K. Ida seine Liebe gestand, und wiederholte sich ein paar Mal.

"In einem Haus brennt es ..., der Vater steht vor meinem Bett und weckt mich auf. Ich kleide mich schnell an. Die Mama will noch ihr Schmuckkästchen retten, der Papa sagt aber: Ich will nicht, daß ich und meine beiden Kinder wegen deines Schmuckkästchens verbrennen. Wir eilen herunter, und sowie ich draußen bin, wache ich auf" (Freud 1905 e, 136).

Rachel Blass versucht aufzuzeigen, daß die Deutungen dieses Traumes den Spuren von Freuds Theoriebildungen folgen. Zunächst meint er, daß sie die alte Liebe zum Papa wachruft, um sich vor der Liebe zu dem Verführer zu schützen (Verführungstheorie). Die eigentliche Ursache ihres Sträubens aber sieht er in der Kindheit, in der es zu einem vorzeitigen Sexualgenuß durch Masturbation und nach deren Aufgabe zu Bettnässen, Katarrh und Ekel gekommen sei. Die Fixierung erzeugt also perverse Wünsche, die verdrängt werden müssen (Theorie der kindlichen Libido). Zuletzt meint Freud, daß man die Abneigung gegen Herrn K. auch als Reaktionsverstärkung wegen der Zuneigung zum Vater ansehen kann, diese aber wiederum als Abwehr der eigenen homosexuellen Wünsche. Die ödipale Deutung war damals also noch nicht so ausgereift, sondern Freud befand sich in seiner Theoriebildung noch auf der Suche, die dann in der Annahme einer unbewußten Sexualität und deren Entwicklung von frühester Kindheit an gipfeln sollte. Hier aber wird die besonders zärtliche Beziehung zum Vater noch als etwas Krankhaftes dargestellt: "Im Verlauf seiner Falldarstellung ist die allmähliche Verschiebung von der Verführungstheorie zu einem Neurosenmodell, das auf rudimentären Begriffen des Ödipuskomplexes basiert, zu beobachten" (Blass 1994, 91).

Maria Ramas hingegen deutet diesen Traum dahingehend, daß Idas "Schmuckkästchen" in Gefahr sei, die Mutter will es retten, aber der Vater ist dagegen. Er opfert Ida seiner eigenen Beziehung zu Frau K. (Ramas 1990).

Man könnte aber das brennende Haus auch mit dem Gefühlschaos im Hause Bauer gleichsetzen, das durch die "Kälte" der Mutter gegenüber dem Vater entstanden ist. Er aber versucht, sich und seine Kinder vor dieser zu retten. Der Vater als Retter und Erlöser, aber auch als Objekt des töchterlichen Begehrens. Es ist meines Erachtens der typische Traum einer Heranreifenden mit diffusen Sehnsüchten.

Harry Stroeken wiederum hebt hervor, daß dieser Traum in der Analysezeit wieder auftaucht und daß Ida einen Tag nach der Erzählung des Traums ergänzend berichtete, daß sie damals und auch jetzt nach dem Aufwachen Feuer gerochen habe. Freud assoziierte dazu, daß sowohl der Vater als auch Herr K. als auch er selbst starke Raucher seien und er an Vaters Stelle getreten wäre. Diese Übertragung sah Freud damals noch als Erschwernis an und nicht als wichtige Manifestation des Unbewußten, trotzdem stellt sie einen der wenigen Momente einer positiven Übertragung in dieser Analyse dar (Stroeken 1992).

Der zweite Traum stellte sich wenige Wochen nach dem ersten ein.

"Ich gehe in einer Stadt, die ich nicht kenne, spazieren, sehe Straßen und Plätze, die mir fremd sind. Ich komme dann in ein Haus, wo ich wohne, gehe auf mein Zimmer und finde dort einen Brief der Mama liegen. Sie schreibt: Da ich ohne Wissen der Eltern vom Hause fort bin, wollte sie mir nicht schreiben, daß der Papa erkrankt ist. 'Jetzt ist er gestorben, und wenn du willst, kannst du kommen.' Ich gehe nun zum Bahnhof und frage etwa 100mal: 'Wo ist der Bahnhof?' Ich bekomme immer die Antwort: 'Fünf Minuten.' Ich sehe dann einen dichten Wald vor mir, in den ich hineingehe, und frage dort einen Mann, dem ich begegne. Er sagt mir: 'Noch 2 ½ Stunden.' Er bietet mir an, mich zu begleiten. Ich lehne ab und gehe allein. Ich sehe den Bahnhof vor mir und kann ihn nicht erreichen. Dabei ist das gewöhnliche Angstgefühl, wenn man im Traum nicht weiterkommt. Dann bin ich zu Hause, dazwischen muß ich gefahren sein, davon weiß ich aber nichts. – Trete in die Portierloge und frage ihn nach unserer Wohnung. Das Dienstmädchen öffnet mir und antwortet: Die Mama und die anderen sind schon auf dem Friedhof" (Freud 1905 e, 162).

Idas eigene Assoziationen gingen zu einem jungen Mann und zu einem Aufenthalt in Dresden, wo sie in einer Galerie ein Madonnenbild stundenlang betrachtete. Freud sieht als wichtigstes Motiv den Brief an, den er in Zusammenhang mit ihrem Abschiedsbrief bringt, in dem sie Selbstmordabsichten angekündigt hatte. Er meint, daß sie sich an den Eltern, speziell am Vater, rächen wollte, weil er sie im Stich gelassen habe. Wenn er tot sei, könne sie lesen, was sie wolle. In Wirklichkeit aber verbergen sich hinter diesen Phantasien Rachegedanken gegenüber Herrn K., wie Freud in einer Fußnote zur Fallgeschichte bemerkt (Freud 1905 e, 176).

Sie läßt sich nämlich nicht von dem Mann im Traum (Herrn K.) begleiten und erreicht auch nicht den Bahnhof, von wo aus die Züge verkehren (Affäre), sondern entwickelt ein Angstgefühl. Schließlich kommt sie doch nach Hause, aber es ist ihr fremd geworden. Sie ist allein, die anderen sind an einem Ort, an dem man üblicherweise Abschied nimmt. Man könnte das auch so deuten, daß Ida Abschied von der Kindheit nimmt. Ihre erste große Liebe hat man begraben, eine andere findet sich noch nicht. Das ängstigt, aber macht auch frei, frei für die große Auseinandersetzung mit allen Beteiligten.

Idas Rachegefühle übertragen sich von Herrn K. auf den Vater und schließlich auf Freud, dem sie bei der nächsten Sitzung kündigen wird.

b) Die Mutter kommt bei dieser Geschichte besonders schlecht weg. Nicht nur, daß keiner die Tragik ihres Lebens, nämlich in jungen Jahren mit einer Geschlechtskrankheit angesteckt zu werden und mit einem impotenten Syphilitiker zusammenleben zu müssen, begreift, sie wird auch noch von allen als putzwütiger Hausdrachen hingestellt, ohne nach den Hintergründen zu fragen. Freud, der Frau Bauer niemals kennengelernt hat, übernimmt ungeprüft diese Sicht und spricht von einer Hausfrauenpsychose. Der einzige, der etwas mehr Verständnis für die Mutter aufbrachte, war Otto, Idas Bruder, obwohl er von ihr indirekt eingesperrt wurde, da sein Zimmer an das Speisezimmer grenzte und dieses über Nacht abgesperrt war. Dieser Usus verursachte auch einen Streit zwischen den Eltern, in dem der Vater auf die Gefahren bei einem etwaigen Brand hingewiesen und der kurz vor dem Traum vom Feuer stattgefunden hatte.

Otto saß auch ohne zu murren mit Hut und Mantel in seinem Zimmer, wenn wiederum das Haus durchgelüftet werden mußte, während seine Schwester sich empörte. Der Salon war ebenfalls nicht immer zugänglich.

Die in Gesellschaft und Ehe ohnmächtige Frau spielte ihre Macht in dem einzigen Bereich aus, den sie hatte, im Haushalt. Dazwischen scheint sie sich bei diversen Kuren wegen ihres Ausflusses und ihrer permanenten Verstopfung erholt zu haben.

Es ist verständlich, daß Ida sich von dieser Frau abgrenzen mußte, aber unbewußt zeigte sie mit ihr durchaus Ähnlichkeiten, z. B. die Ausflußerkrankung und später eine Verstopfung. Wie Bertha Pappenheim glich sie ihrer Mutter im späteren Leben immer mehr. Das kann eine Folge früher Prägungen sein, aber auch eine ähnlicher Familienverhältnisse in der Ehe. Wir werden sehen, daß die Rebellin Ida sich sehr bald in ihre konventionelle Rolle als Hausfrau und Mutter gefügt hat.

Um 1900 sollten die Frauen nett, gehorsam, naiv, pflichtbewußt, gefällig und beherrscht sein. Da sie schwach sind, dürfen sie sich eine Krankheit erlauben und damit Familie und Arzt tyrannisieren. Oder anders ausgedrückt: "Hysteria is the thorn in the rosy picture of soft feminity that was idealized by our Victorian forefathers" (zit. nach Decker 1991, 207). Der Protest, der in dieser Haltung steckt, wurde meist nicht erkannt. Um ihre Ohnmacht zu verschleiern, machte man ihnen teure Geschenke. Auch Idas Mutter scheint es so ergangen zu sein, wobei sie nicht immer das bekam, was sie wollte; z. B. wünschte sie sich einmal Perlohrgehänge und erhielt statt dessen ein Armband. Die Symbolik dieser Schmuckstücke sagt viel über die damalige Stellung der Frau aus – statt phallischer Freiheit erhielt sie sklavische Gebundenheit.

Ida dürfte sich während ihrer Krise selbst als reichlich geschmücktes Opfer, das auf dem Altar der väterlichen Lust dargebracht werden sollte, erkannt und seither auf Schmuck verzichtet haben; das berichtete sie zumindest in der Analyse. Es fehlte ihr die Wärme der Mutter, dafür bekam sie die Aufmerksamkeit des Vaters, solange sie keine eigenen Wünsche zeigte.

Da Freud zu diesem Zeitpunkt präödipale Beziehungen noch nicht bewußt waren, erkannte er nicht, daß Idas Hinwendung zu Frau K. in einer frühen Liebe zu ihrer Mutter wurzeln könnte, deren Verdrängung aber so stark war, daß sie ins Gegenteil umschlug.

c) Bevor wir uns dieser homoerotischen Beziehung zuwenden, betrachten wir noch Idas Beziehung zu ihrem Bruder. Aus den Aufzeichnungen Freuds erfahren wir wenig, außer daß er ihn für einen hypochondrischen Junggesellen hielt und dessen Bindung zur Mutter hervorhob. Aber da Otto Bauer später ein bedeutender Politiker wurde – er war in der Ersten Republik Führer der Sozialdemokraten im Parlament und Cheftheoretiker des Austromarxismus   wissen wir über sein Leben recht gut Bescheid. Wie Ida scheint er zunächst an den familiären Verhältnissen gelitten zu haben, denn auch er war Bettnässer. Später aber konnte er sich durch seine Studien eher dieser Atmosphare, geprägt von einem narzißtischen Vater und einer zwangsneurotischen Mutter, entziehen. Ihm gelang die Sublimierung im Sozialismus, Ida wurde hysterisch, obwohl sie ihm an Intelligenz nicht nachstand. Beide dürften schon in jungen Jahren zu rauchen begonnen haben, was in Idas Fall schon eine Ausnahme war, beide litten lebenslang an dieser Sucht, die auf ein Defizit sehr früher oraler Bedürfnisse schließen läßt. Ida bezeichnete sich Freud gegenüber als Daumenlutscherin und erzählte, daß ihr diese Unart der Papa abgewöhnt habe. Später übertrug sie ihr orales Bedürfnis auf das Ziehen an der Zigarette.

Die Beziehung zwischen den beiden Geschwistern blieb gut, obwohl Otto eine von Ida nicht gebilligte zweite Lebensgemeinschaft einging. Er kümmerte sich auch in späteren Jahren um seine kranke Schwester, verstarb aber vor ihr 1938 in der französischen Emigration.

d) Frau K. übernahm zunächst dieselbe Funktion wie Ida sie auch inne hatte, nämlich die der Krankenpflege beim Vater. Doch bald wurde sie für beide mehr, für Herrn Bauer die verständnisvolle Geliebte, die ihn trotz Impotenz lieben wollte und konnte, für dessen Tochter die Vertraute, mit der sie auch über intime Fragen reden durfte. Die Vertrautheit war sicher für das Mädchen im Pubertätsalter wichtig, zumal sich die Mutter diesen Themen und wohl jedem offenen Gespräch entzog. Ida idealisierte Frau K., obwohl sie sicher auch eifersüchtig auf sie war, stellte sie doch eine Rivalin um die Liebe des Vaters dar. Aber die mütterlichen Übertragungen dürften hier stärker gewesen sein. Es kommt bei Mädchen dieses Alters nicht selten vor, daß sie eine erwachsene Frau anschwärmen, um über die Liebe zu ihr eine eigene Identität aufzurichten. Jeder Mensch, auch der junge Mann, macht eine homoerotische Phase durch, um zu sich selbst zu kommen. Bei der Hysterikerin spielt sie aber eine besondere Rolle, da es bei dieser um die Ganzheit des Sehnens und weniger um genitale Begierde geht. Regula Schindler bringt ein Beispiel für diese Differenz, indem sie den Film "Le mépris" von Godard heranzieht.

"Die Frau fragt: 'Liebst Du mein Haar? Liebst Du meine Schultern?' und so weiter, sie zählt alle Körperteile auf, die Kamera zeigt sie alle, und der Mann antwortet jedesmal: 'ja, ich liebe ...' Schließlich folgert sie: 'Dann liebst Du mich also ganz', und hier zeigt sich das Mißverständnis, das nun nur noch seinen Lauf zu nehmen hat; zwischen 'alle Teile lieben' und 'mich ganz lieben' klafft ein winziger, aber unlötbarer Riß; der zwischen dem sexuellen Begehren, das auf Teilobjekte zielt, und dem Liebesanspruch, der aufs 'Ganze' zielt, auf ein 'alles', das gleichzeitig nichts ist, nicht ist; 'ich selbst'" (Schindler 1994, 61).

Laut Lacan[11] handelt es sich um ein Wissen über die Liebe, die ganz anders ist (Schindler 1994, 56). Auch präödipale Sehnsüchte nach polymorpher Sexualität mit der Mutter als erstem Liebesobjekt sind bei dieser Übertragung entscheidend.

Aber war Ida deswegen homosexuell? Freud nimmt das bei der Niederschrift des Falles an und bedauert, daß er die homosexuelle Übertragung nicht rechtzeitig erkannt hat. Mir erscheint es aber, daß sie zu diesem Zeitpunkt der Identitätssuche für alle sexuellen Optionen offen war und von allen damit zusammenhängenden Personen bitter enttäuscht wurde. Wahrscheinlich erlebte sie deswegen die Sexualität, auf die sie sich schließlich aus konventionellen Gründen im Rahmen der Ehe einließ, in Zukunft als etwas prinzipiell Unlustvolles. Daß ihre Ehe dann nicht sehr erfreulich verlief, darf einen nicht verwundern. Es ist bezeichnend, daß nur die "unsexuelle" Beziehung zu Bruder und Sohn, solange dieser nicht flügge wurde, sie einigermaßen glücklich gemacht haben dürfte.

e) Freuds Hauptaugenmerk ruht auf Idas Verhältnis zu Herrn K. Aus seinen Aufzeichnungen erfahren wir, daß dieser schon, als Ida 14 war, (laut Hannah Decker war sie erst 13) versucht hatte sie zu küssen. Unter dem Vorwand, einen Umzug besser beobachten zu können, lockte er sie damals ins Geschäft und bedrängte sie. Freud meint, daß ihre Stimmbeschwerden auf diese Szene zurückgingen, denn sie hätte beim Kuß und der Umarmung den Penis von Herrn K. gespürt und den Druck in den Hals verlegt. Ihre Reaktion war Ekel, was Freud als krankhaft interpretierte. Ein gesundes Mädchen müsse auch bei einem geraubten Kuß Erregung verspüren. Herr K. warb auf jeden Fall weiter um sie. Er schickte Blumen und zu besonderen Anlässen teure Geschenke, die von Ida angenommen wurden. Man kann davon ausgehen, daß sie sich geschmeichelt fühlte, von diesem gutaussehenden Mann in den besten Jahren verehrt und umworben zu werden. Und auch die Eltern spielten mit, denn diese reichen Gaben mußten ihnen aufgefallen sein. Es war damals keineswegs üblich, daß ein junges Mädchen solche von einem verheirateten Mann erhielt und zusätzlich stundenlange Spaziergänge mit ihm alleine machte. Im Rahmen eines solchen kam es zwei Jahre später zur Szene am See, in der Herr K. Ida gestand, daß er "nichts an seiner Frau habe" (Freud 1905e, 172) und ihr eine Affäre anbot. Diese war so entsetzt, daß sie ihm ins Gesicht schlug und davonlief. War sie entsetzt wegen des unmoralischen Angebots oder wegen der Herabsetzung von Frau K., mit der sie sich identifizierte? Wahrscheinlich spielten beide Motive eine Rolle. Freud allerdings meint, daß sie nach wie vor in Herrn K. verliebt sei und daß dessen unfreundliche Behandlung eine Abwehrreaktion gegenüber ihren eigenen Gefühlen wäre. Er hätte die Geschichte am liebsten zu einem Happy-End geführt gesehen, in der Überzeugung, daß damit die Ursache der Krankheit beseitigt worden wäre. Ida aber berichtete den Vorfall den Eltern, der Vater konfrontierte Herrn K. damit und dieser leugnete alles. Darüber hinaus erzählte Frau K. von den intimen Gesprächen mit Ida und alle kamen zu der Überzeugung, daß diese überhitzte erotische Phantasien habe und ihre Erzählung nicht der Realität entspräche. Für Ida aber brach eine Welt zusammen. Alle, die sie liebte, stellten sich gegen sie und sie stand nun als Lügnerin da. Darauf folgte der seelische Zusammenbruch mit einem Ohnmachtsanfall und einer tiefen Depression mit Suizidphantasien, die wohl auch der Rache und der Abreaktion dienten.

f) Besonders geärgert dürfte es Ida haben, daß Herr K. sie am See genauso wie eine Gouvernante in seinem Haus, die kurz vorher auch von ihm umworben wurde, behandelt hatte. Sie gab der Werbung nach, wurde von ihm fallengelassen und ging schließlich fort. Somit teilte sie das Schicksal vieler Dienstboten in reichen Häusern, deren man sich bei sexuellen Engpässen kurz bediente, um sich ihrer nach dem Genuß bald zu entledigen, ohne Rücksicht auf Gefühle und eventuelle Folgen. Es ist verständlich, daß Ida fürchtete, von Herrn K. genauso behandelt zu werden. Außerdem war sie vermutlich beleidigt, daß sie mit einer Bediensteten auf dieselbe Stufe gestellt wurde. Sie hatte schon einmal schlechte Erfahrung mit einer Gouvernante im eigenen Hause gemacht, die ihr Vertrauen erschlich, nur um an Idas Vater heranzukommen.

Trotz ihrer Abneigung gegen Dienstmädchen verband Ida und alle bürgerlichen Frauen etwas mit ihnen: sie mußten auch einem Manne zu Diensten sein und sich seiner Führung in sexuellen Dingen anvertrauen.

"Es wurde also in der vorfreudianischen Zeit die Vereinbarung als Axiom durchgesetzt, daß ein weibliches Wesen keinerlei körperliches Verlangen habe, solange es nicht vom Manne geweckt werde, was aber selbstverständlich offiziell nur in der Ehe erlaubt war … Ein junges Mädchen aus guter Familie durfte keinerlei Vorstellungen haben, wie der männliche Körper geformt sei, nicht wissen, wie Kinder auf die Welt kommen, denn der Engel sollte ja nicht nur körperlich unberührt, sondern auch seelisch völlig 'rein' in die Ehe treten. 'Gut erzogen' galt damals bei einem jungen Mädchen für vollkommen identisch mit lebensfremd; und diese Lebensfremdheit ist den Frauen jener Zeit manchmal für ihr ganzes Leben geblieben" (Zweig 1982, 97 f.).

Bei diesen Erwartungen darf man sich nicht wundern, daß bei vielen Damen der Gesellschaft auch in der Ehe sich die Lust nicht einstellen wollte. Dafür verehrte man sie als "Heilige" und ging als Ausgleich zu den "Huren", die meist aus der Unterschicht stammten und ihren Körper nicht selten aus Not verkaufen mußten. Die christliche Aufspaltung des Frauenbildes war niemals so perfekt wie gegen Ende des 19. Jahrhunderts im sogenannten Viktorianischen Zeitalter.

Vielleicht gingen Ida so ähnliche Gedanken durch den Kopf, als sie lange Zeit ein Bild der Madonna mit dem Kind in der Galerie in Dresden betrachtete. Sah sie in ihr die eigene Mutter und sich als Kind – eine Ahnung aus schöneren Tagen, in denen noch Harmonie und Glück zwischen Mutter und Tochter herrschten – oder identifizierte sie sich selbst mit der Madonna, der jungfräulichen Mutter? Dachte sie dabei an die Kinder der Familie K., die sie sehr gerne hatte und mit denen sie viel Zeit verbrachte, oder war ihr Blick auf die Zukunft gerichtet? Wollte sie zwar Mutter sein, nicht aber Geliebte, und was wußte sie damals wirklich über Sexualität? Es scheint mir eher so zu sein, daß sie da und dort einiges aufgeschnappt hatte, daß ihr Wissen aber fragmentarisch war und sie keineswegs so viel wußte, wie Freud das annahm. Aber eines dürfte sie gespürt haben – Liebesbeziehungen sind zerbrechlich, und Wahrheit ist oft unerwünscht.

g) Damit sind wir bei der für eine gelungene Analyse wichtigsten Beziehung gelandet, bei der zwischen Patienten und Therapeuten. Daß Ida nicht freiwillig zu Freud kam, sondern von ihrem Vater dazu gezwungen wurde, war kein guter Anfang. Man empfahl ihr schon zwei Jahre zuvor Freud aufzusuchen, aber sie lehnte es damals ab. Für Ärzte hatte sie nur Spott und Hohn übrig, da weder bei ihr noch bei ihrer Mutter erkennbare Erfolge, trotz vieler Behandlungen, erzielt worden sind. Aber immerhin war Freud der erste Erwachsene, der sie ernst nahm und ihr nicht erotische Phantasie oder gar Lüge unterstellte. Im Gegenteil, er dürfte ihr Wissen um sexuelle Vorgänge überschätzt haben. Wie könnte sie ihn erlebt haben?

Er war ein Mann im Alter ihres Vaters, dominierend wie er, verführerisch wie Herr K., intim mit ihr wie Frau K. und von ihrem Vater bezahlt wie ein Bediensteter. Eigentlich stecken in dieser Beziehung alle möglichen Übertragungen drinnen, trotzdem führten sie zu einem vorzeitigen Abbruch der Analyse. Was lief schief bzw. lief wirklich alles schief? Hannah Decker ist der Meinung, daß es Ida nach der Behandlung eine Zeitlang besser ging. Immerhin hatte sie

*Hochzeitsnacht im Hause der Familie unter den wachsamen Augen
einer äußerst respektablen Mutter* (J. L. Charmet)

genug Kraft, um ihre Familie und die Familie K. mit der Realität zu
konfrontieren und sie zur Wahrheit zu zwingen (Decker 1991). Ob
auch die drei Jahre später folgende Heirat ein Zeichen des Erfolgs
war, wage ich zu bezweifeln, es könnte ebenso das der Flucht oder
Resignation gewesen sein, obwohl sie von Freud sicher positiv bewer-
tet wurde.

Ein gewisser Erfolg liegt möglicherweise auch darin, daß sie sich stellvertretend an Freud für all die Enttäuschungen rächen konnte, indem sie ihn verließ und kündigte, wie man einem Dienstboten kündigt. Sie kam damit wahrscheinlich nicht zu tieferen Einsichten, aber konnte ihren Zorn wenigstens ausagieren; etwas, das bei Adoleszenten sehr wichtig ist, bevor sie sich mit ihrem Innenleben zu beschäftigen anfangen (Erikson 1990).

Letztendlich aber wissen wir nicht, wie Ida Bauer die Analyse erlebt hat, denn die aufgeschriebene Geschichte stammt aus Freuds Feder, und daher können wir eher seine Beziehung zur Patientin als ihre zum Analytiker herauslesen. "Dora's story is largely Freud's story" (Gearhart 1990, 187).

Er spricht von einem "blühenden Mädchen von intelligenten und gefälligen Gesichtszügen" (Freud 1905 e, 101). Nehmen wir an, daß er zunächst väterlich wohlwollende Gefühle für sie hegte. War sie nicht bei der Szene mit dem geraubten Kuß so alt wie seine älteste Tochter Mathilde zur Zeit der Analyse? War das der Grund, warum er Ida etwas älter machte? Fließ gegenüber berichtete Freud, daß er bei der Menarche seiner ältesten Tochter Migräne bekam, das heißt ihr Erwachsenwerden bereitete ihm Kopfweh (oder Kopfzerbrechen?) (Freud an Fließ vom 27. 6. 1899; Masson 1986). Auch war er für ihre sprießenden weiblichen Reize nicht unempfindlich, was sich auch in seinen Träumen ausdrückte. Allmählich dürfte er sich Ida gegenüber von einem väterlichen Freund zu einem Verführer und Liebhaber entwickelt und sich immer stärker mit Herrn K. identifiziert haben; wohlgemerkt nur in der Übertragungsrolle, nicht in Realität. Verführer war er insofern, als er mit ihr "trocken" über Sex sprach und ihr unterstellte, daß sie auch über perverse Wünsche Bescheid wüßte. Eigene orale Sehnsüchte wurden oral (durch das Sprechen darüber) befriedigt; natürlich unter dem Deckmantel der Wissenschaftlichkeit, aber unter Zuhilfenahme der französischen Sprache ("J'appelle un chat un chat" Freud 1905 e, 123). Idas Symptome Husten, Stimmlosigkeit und Heiserkeit wurden mit oralen Phantasien in Zusammenhang gebracht, die sie bezüglich des Zusammenseins ihres Vaters mit Frau K. entwickelt haben sollte. "Die Psychoneurosen sind sozusagen das Negativ der Perversionen" (Freud 1905 e, 125).

Laut Wellendorf war Freud ein leidenschaftlich Liebender in dieser Beziehung, das führte zu seinem Furor interpretandi. Für ihn ist der Fall Dora ein Spiel von Verführung und Aggression, Kontaktaufnahme und -verweigerung, eine Liaison oder Mesalliance, die über die verbotene Sprache läuft. Als Freud nicht mehr reden konnte, schrieb er die

101

Geschichte als eine Abreaktion nieder. 1906 bezeichnete er schließlich in einem Brief an Jung (Freud an Jung vom 6.12.1906) die Psychoanalyse als Heilung durch Liebe (Wellendorf 1987).

Andere wiederum kritisieren diesen Furor interpretandi. Hannah Decker spricht in diesem Zusammenhang von einer Defloration durch das Gespräch. Sein Unbewußtes benützte Metaphern von Penetration und Gewalt, wenn er z. B. tief in Idas Kindheit vordrang und ihren Ausfluß als eine Folge früher Masturbationstätigkeit enthüllte, unter anderem dadurch, daß sie während der Analyse mit einer Börse an ihrem Gürtel spielte. Damit wollte er auch seine Macht demonstrieren: er weiß alles, ihm könne man nichts verheimlichen, ähnlich wie dem lieben Gott in den Kindergeschichten, der auch alles sieht (Decker 1991).

Vielleicht interessierten ihn sexuelle Themen auch deswegen so sehr, weil seine eigene Ehe in dieser Zeit keine besonderen Anreize mehr bot. Seine jüngste Tochter war fünf Jahre alt und weitere Kinder konnte und wollte er nicht mehr riskieren. Es wird vermutet, daß Freud damals eine Beziehung zu seiner Schwägerin Minna hatte, aber auch diese war, wenn überhaupt, von kurzer Dauer. Er konnte sich daher punkto Amortisierung der Ehe sehr gut sowohl mit Herrn Bauer als auch mit Herrn K. identifizieren. Vielleicht bestand er deswegen so vehement darauf, daß Ida in Herrn K. verliebt sei und sie diese Liebe doch erkennen und ihr nachgeben möge.

Andererseits war er auch zornig gegen sie, denn sie hatte ihn um die Genugtuung einer vollständigen Analyse gebracht und somit um die endgültige Bestätigung seiner neuen Theorie (Libidoentwicklung) und die Erprobung der neuen Technik (Traumanalyse). Möglicherweise hegte er Eifersucht gegen sie, weil sie reich und jung war und er sich alt fühlte und auf Patienten angewiesen war.

Sie behandelte ihn wie einen Dienstboten, indem sie ihm kündigte, deswegen gab Freud ihr in seiner Fallgeschichte den Namen Dora, nach dem Dienstmädchen seiner Schwester Rosa, das eigentlich auch Rosa hieß, sich aber, um Verwechslungen zu vermeiden, Dora rufen lassen mußte. Dadurch erniedrigte er sie, so wie sie ihn vorher erniedrigt hatte.

Jules Glenn meint, daß Freuds Schwierigkeiten mit Ida auf das Wiederaufleben frühkindlicher Beziehungen zu seiner Kinderfrau zurückzuführen seien. Diese hatte ihn einerseits durch Zärtlichkeiten "verführt", andererseits verließ sie ihn abrupt, weil sie wegen eines Diebstahls eingesperrt wurde (Glenn 1989). Vielleicht beruhen auch auf dieser Erfahrung Freuds abschätzige Äußerungen gegenüber Frauen aus der Unterschicht, die er als Personen mit oft niedriger Moral bezeichnet.

1902 weigerte er sich, Ida Bauer wieder zu behandeln, als sie ihn wegen einer Gesichtsneuralgie aufsuchte. Das Symptom interpretierte er als Schuldgefühl wegen der Ohrfeige, die sie Herrn K. versetzt hatte (und symbolisch auch ihm), aber sonst wußte er nicht, was er für sie tun könne. Der Narziß Freud wollte von der Echo Dora nichts mehr wissen. Hysterikerinnen scheitern häufig an Narzißten, wenn sie sich ihnen nicht völlig unterwerfen. Die Konstatierung der Homosexualität sollte vor allem das Mißlingen der eigenen erotischen Übertragung verschleiern. Der Fall Dora stellt die letzte große weibliche Krankengeschichte und auch den letzten Fall von Hysterie aus der Feder Freuds dar, obwohl er auch später noch hysterische Patientinnen behandelte. In Zukunft wandte er sich lieber männlichen Studienobjekten und anderen psychischen Störungen zu. Die Lehrmeisterinnen haben ausgedient.

Der weitere Lebensweg Ida Bauers erscheint mir nicht gerade erstrebenswert. Nach ihrer Heirat 1903 mit einem Ingenieur und erfolglosen Musiker, dem ihr Vater finanziell unter die Arme greifen mußte, gebar sie einen Sohn, dessentwegen sie und ihr Gatte zum Protestantismus konvertierten. Die antisemitische Hetze war damals offensichtlich schon so groß, daß sie das Los des Ausgegrenztseins ihrem Kinde ersparen wollte. Hannah Decker kritisiert, daß Freud das Motiv des Antisemitismus in Zusammenhang mit ihrer Krankheit außer acht gelassen habe (Decker 1991). Unbekannt war ihm aber das Phänomen nicht, denn er äußerte auch dazu seine Bedenken.

1922 konsultierte sie Felix Deutsch, einen Internisten und Psychoanalytiker, weil sie an Schwindel und Geräuschen im rechten Ohr litt. Sie erzählte von ihrer unglücklichen Ehe, ihrem Wunsch, sich scheiden zu lassen, weil sie glaube, daß ihr Mann sie betrüge, und ihrem Sohn, der flügge werde und oft erst spät nachts nach Hause komme. Das angestrengte Lauschen nach seinen Schritten dürfte auch das Geräuschsymptom ausgelöst haben. Sie machte auch keinen Hehl aus ihrer negativen Einstellung gegenüber Männern. Schließlich gab sie sich stolz als die Dora Freuds zu erkennen. Ein Informant von Felix Deutsch bezeichnete sie als "eine der widerlichsten Hysterikerinnen, die er je traf" (Deutsch 1990, 43).

Schließlich starb ihr Mann an Herzversagen, seit dieser Zeit litt auch sie an Herzbeschwerden. Von Zeit zu Zeit arbeitete sie als Bridge-Lehrerin bei Damenrunden in reichen Häusern. Ihre Familie hatte zwar einen Teil ihres Vermögens im Ersten Weltkrieg verloren, diese Tätigkeit dürfte sie aber eher zur Zerstreuung, denn als Verdienstquelle angenommen haben.

Während der Nazizeit gelang zuerst ihrem Sohn die Flucht in die USA, sie selbst ging nach Frankreich, mußte sich dort verstecken, verhielt sich aber erstaunlich tapfer und alles andere als "hysterisch" in dieser schweren Zeit. Schließlich konnte sie doch in die USA emigrieren, wo sie 1945 an Dickdarmkrebs starb (Decker 1991).

Noch ihr Tod wird von Analytikern interpretiert. Ähnlich wie ihre Mutter fanatisch auf Sauberkeit nach außen bedacht war, legte sie Wert auf Sauberkeit im Inneren. Deswegen ließ sie sich durch etliche gynäkologische Operationen "ausräumen", im Darmbereich reagierte sie allerdings mit einer Umkehrung. Sie litt wie ihre Mutter an chronischer Verstopfung, was schließlich bei beiden zum Krebsleiden führte (Deutsch 1990). Ob die Schrecken der Nazizeit auch zu dieser Krankheit beigetragen haben, wird nicht hinterfragt.

Ihr Sohn wurde übrigens ein bekannter und angesehener Musiker; vielleicht hat sich damit wenigstens ein Wunsch erfüllt, nämlich Mutter eines außergewöhnlichen Knaben zu werden, wie sie es möglicherweise vor dem Bild der Madonna in der Galerie in Dresden erträumt hatte. Sonst war sie vor allem als Fall Dora erfolgreich.

Ihre Geschichte stieß in den letzten Jahrzehnten auf großes Interesse, so daß wir von einer Dora-Renaissance sprechen können. Prinzipiell gibt es nach Lakoff und Coyne drei Sichtweisen des Falles:

1) Doras Problem ist rein intrapsychisch – die Sichtweise der orthodoxen Psychoanalyse.
2) Doras Problem ist rein gesellschaftlich interpretierbar – vorwiegende Betrachtung marxistisch und feministisch orientierter Forscher.
3) Beide Perspektiven werden gesehen (Lakoff/Coyne 1993).

Innerhalb der ersten Gruppe wird sie als psychoanalytischer Idealfall betrachtet, denn sie entstammte der bürgerlichen Oberschicht, war gebildet und entwickelte eine Petite hysterie, wie sie dem beginnenden 20. Jahrhundert eher entsprach als die dramatischen Hysterieformen des 19. Jahrhunderts. Untersucht wird die Fallgeschichte auf technische Probleme hin, die Freud hatte, vor allem das der Gegenübertragung, des mangelnden Verständnisses der homosexuellen Vorgänge und der besonderen Bedürfnisse von Adoleszenten.

Aber bereits die Neopsychoanalytikerin Karen Horney weist auf die Kulturabhängigkeit des psychischen Geschehens hin. Die feministischen Kritikerinnen untersuchen vor allem die patriarchale Grundlage, von der aus Freud Dora analysiert hat, und meinen, daß es sich eigentlich um eine Analyse Freuds und nicht Doras handle (Moi 1990; Ramas 1990).

Hannah Decker hingegen ordnet man eher einer marxistisch orientierten Betrachtungsweise zu, weil sie das gesellschaftliche Umfeld untersucht, ohne besonders kritisch auf Freuds Weiblichkeitstheorie einzugehen. In der Therapie entspräche das einem systemisch-familientherapeutischen Ansatz.

Lakoff und Coyne fügen dem eine weitere Sichtweise hinzu, nämlich die unter dem Blickwinkel der Linguistik. Sie untersuchen vor allem das Sprachverhalten Freuds und weisen ihm eine gestörte Kommunikation nach. Deswegen empfehlen sie dem heutigen Analytiker, Kommunikationstheorie zu studieren (Lakoff/Coyne 1993).

Jerry Jennings führt an, daß allein im Zeitraum von 1957 bis 1984 33 Veröffentlichungen zum Fall Dora erschienen sind (Jennings 1990).

Ich glaube, daß dieser Fall nach wie vor deswegen fasziniert, weil Leben und Krankheit dieser Frau letztendlich unspektakulär verliefen und sich daher viele Frauen mit ihr identifizieren und viele Männer stellvertretend über sie mit Frauen abrechnen, kommunizieren oder sogar in das Rätsel der Weiblichkeit eindringen können. Dora ist auch heute präsent. Ihr Leiden würde wahrscheinlich als hysterische Persönlichkeitsstörung diagnostiziert, der man schon vorher chirurgisch oder medikamentös beizukommen versuchte, ohne daß sich ein anhaltender Erfolg einstellte.

Daß hysterische Erkrankungen nicht nur ein Privileg der reichen großstädtischen Oberschicht, deren Frauen sich diesen Luxus leisten konnten, waren, sondern ein weit verbreitetes Frauenleiden auch in der Provinz, in der Kleinstadt, im ländlichen Raum bei Handwerksgattinnen und unverheirateten Mägden, Köchinnen, Stubenmädchen[12], das beweisen die Krankengeschichten, die ich im Archiv des "Zentrums für seelische Gesundheit" des Landeskrankenhauses in Klagenfurt gefunden und ausgewertet habe.

Es handelt sich um Krankheitsfälle, die alle mit der Diagnose Hysterie versehen sind, oft allerdings in Zusammenhang mit Erweiterungen wie: religiöse Verrücktheit, erotische Verrücktheit, hysterische Amentia, hysterische Psychose, hysterische Geistesstörung, hysterisches Irresein, hystero-epileptisch, hystero-melancholisch, hystero-manisch, hysterisch-zwanghaft, hysterisch-hypochondrisch.

Ab den späten 80er Jahren des vorigen Jahrhunderts nimmt die Diagnose Melancholie stark zu, obwohl die Krankheitsbilder ähnlich bleiben, ab 1910 die Diagnose Dementia praecox. Oft erstellen verschiedene Anstalten unterschiedliche Diagnosen. Die meisten Überweisungen kommen aus der Psychiatrie Graz, gefolgt von Wien; Überweisungen aus der Schweiz und Deutschland sind selten. Es dürfte das Prinzip geherrscht haben, daß die Leute dort behandelt werden sollten, wo ihre Heimatgemeinde gelegen ist.

Die Fälle gehen bis auf das Jahr 1873 zurück, das Gründungsjahr der Landesirrenanstalt Klagenfurt, und meine Untersuchung reicht bis zum Jahr 1919. Zum Vergleich habe ich einige Fälle mit ähnlicher Diagnose aus den letzten 30 Jahren herangezogen.

Die nachfolgende Statistik zeigt, daß zunächst der Anteil der weiblichen Fälle um die 30 Prozent liegt, dann auf über 70 Prozent ansteigt und in dem letzten Jahrzehnt, wahrscheinlich kriegsbedingt, wieder zurückgeht. Die häufigste Diagnose aller weiblichen psychiatrischen Fälle lautet auf Demenz, gefolgt von der Melancholie. Der Anteil der Hysterie ist am stärksten in den 70er und frühen 80er Jahren und sinkt dann auf etwas mehr als zwei Prozent.

	Fälle	Frauen	Hysterie	% Frauen	% Hysterie
1873 – 1880	300	94	10	31,3	10,6
1880 – 1890	900	275	12	30,5	4,4
1890 – 1900	800	604	14	75,5	2,3
1900 – 1910	1200	852	20	71,0	2,3
1910 – 1919	1300	561	12	43,1	2,1

Das entspricht aber auch der Krankheitshäufigkeit in anderen Städten, wo die hysterischen Erkrankungen ebenfalls um die Jahrhundertwende etwas zurückgegangen sind und vor allem der große Anfall der Petite hysterie weichen mußte. Wenn man diese Krankengeschichten mit jenen an der Meynertschen Klinik in Wien aus den Jahren 1882 bis 1884, bei denen die Diagnose Hysterie faktisch nicht vorgekommen ist, vergleicht, dann kann man schließen, daß die Ärzte hier vielleicht weniger gehirnanatomisch-konventionell dachten, aber genauso therapierten, denn von einer Psychotherapie wird auch nach 1900 überhaupt nichts berichtet. Nach einer gründlichen Anamnese mit Fragen zur Familiengeschichte und zum Krankheitsverlauf und einer umfassenden körperlichen Untersuchung beschränkte sich die Therapie in der Verabreichung von Medikamenten, vor allem Beruhigungsmitteln, Verordnung von Bettruhe und bestenfalls Ergreifen gewisser pädagogischer Maßnahmen wie Masturbationsverbot oder Isolation oder Beschäftigung mit Handarbeiten. Die "braven" Kranken durften den Wärterinnen helfen und erhielten, wenn sie wollten, Papier und Bleistift zum Schreiben.

Zur sozialen Struktur wäre zu sagen, daß es sich vorwiegend um Frauen aus der ländlichen Unterschicht handelt, die sich das Brot als Mägde, Dienstmädchen, Köchinnen und Näherinnen verdienen mußten. Von den 68 untersuchten Fällen waren sechs verheiratet, zwei verwitwet und eine geschieden, der Rest blieb ledig. Das Durchschnittsalter beträgt 31 ½ Jahre, die Aufenthaltsdauer variiert von ein paar Wochen bis zu mehreren Jahren. Einige Patientinnen waren mehrmals in Behandlung. Die meisten wurden wieder in häusliche Obhut entlassen, nur ein geringer Teil starb im Krankenhaus, oft an einer Infektionskrankheit, nachdem der Körper durch Essensverweigerung oder Erschöpfung geschwächt war.

Die häufigste Ätiologie ist die der Erblichkeit, es werden aber auch trunksüchtige Väter als Krankheitsursache erwähnt. An Symptomen finden wir faktisch alle klassischen Formen, auffallend oft Wahnideen in Verbindung von Religion und Erotik. Das dürfte damit zusammenhängen, daß einerseits der Religion im ländlichen Raum eine weit größere Bedeutung zukam als in der Großstadt, andererseits aber Bedienstete meist auf Familie verzichten mußten und damit auf die legitimierte Form von Sexualität und Mutterschaft. Wenn die Frauen dann doch einen "Fehltritt" begingen, verfolgte sie ihr schlechtes Gewissen oft in Form von Gesichts- und Gehörshalluzinationen wie Teufelsfratzen und Getuschel. Die Erotik drückte sich in manchen Fällen in einem koketten Blick oder einem scheuen Lächeln hinter vorgehaltener Schürze aus, aber auch in obszönen Reden, öffentlicher Masturbation und Koitusbewegungen. Die begehrte Person war meistens der behandelnde Arzt, dahinter aber verbarg sich oft das Bild des Vaters, manchmal auch das der Mutter.

Einen Hinweis darauf, daß die Hysterie die Krankheit der bis ins Groteske gesteigerten Imitation von aktuellen Ereignissen ist, liefern uns die Krankengeschichten aus der Zeit des Ersten Weltkrieges, als die Patientinnen ihre Liebessehnsüchte in Zusammenhang mit den Soldaten am Schlachtfeld brachten und damit ein irrwitziges Zerrbild ihrer Zeit schufen.

Ich möchte einige Krankengeschichten vor allem unter dem Aspekt der möglichen Liebesübertragungen untersuchen und sie mit bereits bekannten vergleichen.

Ida M., eine 26jährige ledige Köchin, widmete die "Briefe an die goldene Sonne", das sind 18 eng mit Gedichten beschriebene Blätter eines Heftchens, ihrem Vater, der wie sie in einer Irrenanstalt sein Leben beendet hatte. Sie kam 1900 das erste Mal in Klagenfurt in psychiatrische Behandlung, wurde als geheilt entlassen, mußte aber 1902 abermals ins Krankenhaus, in dem sie 1918 verstarb. Neben den Gedichten an den Vater verfaßte sie auch solche mit dem Titel "Gedichte an die Lehrerin Julie Krestl", "Mein Geburtsort Lölling", "Der Speckschelm beim Huber", "Wein", "Mein Mutterl", "Der Römerofen". Schon die Titel weisen auf eine enge emotionale Bindung an ihren Heimatort und die dort lebenden Personen hin.

Das Motto ihrer Briefe an die goldene Sonne ist ein religiöses und lautet folgendermaßen:

"Mit dem Herrn fang alles an/Kindheit mußt du ihm vertrauen/ darfst auf eigne Kraft nicht bauen/Demut schützt vor eitlem Wahn. – Mit dem Herrn fang alles an/Die sich ihn zum Führer wählen/Können nie das Ziel verfehlen/Sie nur gehn auf sicher Bahn. – Mut wird dir dein Helfer senden/froh wirst du dein Werk vollenden/denn es ist in Gott getan."

Doch die zentrale Figur, die sich hinter dem Herrn verbirgt, ist die des geliebten Vaters, der manchmal mit dem himmlischen Vater, manchmal aber auch mit dem leidenden Heiland gleichgesetzt wird. Mit letzterem kann auch sie sich identifizieren:

"Ob mich mein Vater liebet/So innig wie ich ihn/Ich denke sein mit Inbrunst/und kindlich treuem Sinn. – Und denk vergebens nach/mit was er hat verschuldet/all das Ungemach. – Was wird zuteil den Menschen/für ehrlich Ringen, Streben?/Nur Trost, daß mancher Weinstock/muß tragen schwarze Reben. – Er ist des Weinstocks Hüter/und Pfleger zu jeder Zeit./Kann zu der goldnen Sonne, ist auch der Steg gar weit. – Und frag dich nach dem Vater,/der so viel Sorgen lieh, dafür man seinem Sohne/sogar ins Antlitz spie. – Passiert es mir nun gleichfalls/Er bleibt mein Heiland doch/und mancher mancher Frevler/demütig zum Kreuze kroch." (Sonntag Vormittag in einsamer Zelle).

Welch ein Mensch steht hinter diesen berührenden Zeilen? Die Krankengeschichte berichtet, daß sie schon mit 17 Jahren den ersten Anfall mit Bewußtlosigkeit und Verdrehen der Augen hatte. Damals wurde sie in Graz behandelt. Dort erschienen ihr überirdische Gestalten, die ihr Vorwürfe machten. Die Anfälle traten meist zur Zeit der Menses auf. Sie empfand dann Angst, hatte Kopfschmerzen und war sehr matt; die Stimmung war gedrückt, weinerlich und es kamen ihr Selbstmordgedanken. Sie unternahm auch einen Selbstmordversuch. Ihr Verhalten in Klagenfurt wird hingegen als heiter, witzelnd und "ungemein erotisch" beschrieben. Frauen begegnete sie aggressiv und mußte deswegen oft in einer Zelle isoliert werden. Gegenüber Ärzten aber benahm sie sich kokett, lud zum Koitus ein und sagte "Gehen wir einen Buben machen und uns halten", aber auch "Sie Gauner", "Sie graußlicher Lotter Sie." Es ist schwer verständlich, daß das dieselbe Person sein soll, die folgendes zarte und schwermütige Liebesgedicht verfaßte:

"Wenn es dir übel geht, nimm es/für gut nur immer./Wenn du es übel siehst/ geht es dir nur noch schlimmer. – Und wenn einer irrend dich kränkt /verzeih ihm und gesteh,/es ist ihm selbst nicht wohl,/sonst tät er dir nicht weh. – Und kränkt dein Lieber dich/sei dies zur Lieb ein Sporn,/daß du die Rose hast,/das merkst du erst am Dorn. – Was hab ich wohl den Menschen/mit meiner Lieb getan?/Daß alle dürfen schänden/denjenigen, der mich nahm."

Könnte hinter dieser Leidensgeschichte eine unglückliche Liebesaffäre stecken, eine "Rose mit Dornen", die Ida von ihrer Umgebung, von ihren Eltern zum Vorwurf gemacht wurde und deren Stimmen sie lange Zeit verfolgten? Oder war es das schlechte Gewissen, daß sie den Weg des Herrn verlassen habe und auf die schiefe Bahn gekommen sei? Oder handelte es sich um eine väterliche Verführung, die die Ambivalenz ihres Verhaltens erklären könnte? Oder spielte sich das alles nur in ihrer Phantasie ab? Die goldene Sonne ist das Symbol der Sehnsucht nach dem Vater, dem Herrn, dem Heiland, dem Geliebten, der Ordnung, Geborgenheit, Trost und Zuversicht verleiht. Idas Schicksal aber ist das des Weinstocks, der schwarze Reben tragen muß. Ihr ward die Liebe nicht, wie es auch Bertha Pappenheim in einem Gedicht ausdrückt. Deswegen mußte sie unfruchtbar bleiben, der Weinstock trug keine genießbaren Früchte mehr. Das kann bedeuten, daß sie keine Gegenliebe fand, aber auch, daß sie gezwungen war, die Frucht der Verbindung verdorren zu lassen.

Zuletzt wurde sie immer zurückgezogener, dämmerte tagelang nach einem Anfall dahin, verlor zunehmend das Gedächtnis und die Denkfähigkeit und verstarb schließlich an einer Darminfektion.

Häufig sind es tatsächliche oder eingebildete Verführungen, die eine Verwirrung auslösen. Maria F. z. B. kam als Stubenmädchen in eine bigotte gräfliche Familie, behauptete, der Sohn des Hauses habe ihr hinterlistig die Jungfernschaft geraubt und bei der Beichte habe sie keine Absolution bekommen. Deswegen trat sie in einen geistlichen Orden ein, den sie aber wegen ihrer Extravaganzen – sie kaufte sich einen Sarg und bahrte sich selbst auf – verlassen mußte. Bei ihr dürfte die Mutter die entscheidende Person gewesen sein, die ihr auch in Visionen erschienen ist. Ihre Gebete galten deswegen vor allem der Mutter Gottes.

Maria K. (36 Jahre, ledig, Magd) wiederum sah und hörte in ihren Halluzinationen Geistliche, Bischöfe, Militärs und ihren Vater, der mit ihr schimpfte. Bei dieser Armada an verfolgenden Über-Ich-Figuren kann bald jemand verrückt werden. Manchmal aber führte gerade der Kampf zwischen den moralisch-religiösen Ansprüchen und den Triebkräften zur Erkrankung. Theresia G. betete und las in heiligen Büchern und masturbierte öffentlich.

Auch Fälle von Kindesmißbrauch dürften sich in Krankheiten niedergeschlagen haben. Barbara Z., eine 20jährige Gärtnerstochter, erzählte, daß sie mit sieben Jahren geschlechtlichen Umgang mit Knaben hatte, mit 13 den ersten Koitus, mit 15 die Menarche. Deswegen hörte sie, wie sie als venerische Pfaffenhure (war der Verführer ein Priester?) oder als Hure, "der das schon bei den Augen rausschaut" beschimpft wurde. Viele bearbeiteten ihren Unterleib mit Fäusten und glaubten, der Teufel habe Macht über sie. Hundert bis zweihundert Jahre früher wären solche Frauen wahrscheinlich der Hexerei und Teufelsbuhlschaft bezichtigt worden.

Bei anderen äußerte sich der Konflikt besonders im Kopf. Maria D., eine 42jährige Private, hörte ein beständiges "Knistern und Knastern". Sie entwickelte nach einem sexuellen Fehltritt einen Verdammungs- und Versündigungswahn und bildete sich eine Schwangerschaft ein. Diese Einbildung kann sowohl die Angst vor einer ungewollten Schwangerschaft als auch den Wunsch danach als Ursache haben. Wieder entstand das Symptom aus dem Konflikt zwischen Konvention und Bedürfnis.

Bei Anna J., einer 42jährigen Magd, die mit einem trunk- und spielsüchtigen Bahnwärter, der sie häufig mißhandelte, im Konkubinat lebte, die etliche Fehl- und Frühgeburten und in den letzten drei Jahren drei Kinder verloren hatte, äußerte sich der Konflikt zwischen Moral und Verzweiflung dermaßen: "Betete sie das Vater-unser, so möchte sie lieber Gott beschimpfen, desgleichen beim Ave Maria die Muttergottes." Bei so viel menschlichem Leid und Unglück ist eine solche Reaktion nicht verwunderlich. Der Priester, dem sie das alles beichtete, bezeichnete ihre Auflehnung allerdings als Krankheit, weswegen sie schließlich ins Krankenhaus gebracht wurde. Als normal sah man es damals offensichtlich an, daß eine Frau ihr Schicksal demütig, ohne zu murren, und gottergeben ertragen sollte und nicht ihren Haß auf den Mann, und vielleicht noch andere, auf Gott und die Heiligen übertragen durfte.

Die 42jährige Kammerjungfer Johanna M. scheint in ihrem vergeblichen Liebessehnen sogar im eigentlichen Sinn des Wortes "auf den Hund gekommen" zu sein, denn in ihren Träumen und Bemerkungen taucht immer wieder ein solcher auf, von dem sie auch wünschte, daß er bei ihr schlafen sollte. Als Strafe dafür fürchtete sie gegeißelt und mit Dornen gekrönt zu werden.

Viele Patientinnen litten an unregelmäßigen und schmerzhaften Menstruationen, oft blieben sie längere Zeit ganz aus. Dieses Symptom, das auch bei Anorexie auftritt und häufig mit Essensverweigerung gekoppelt ist, weist auf eine Verleugnung der weiblichen Geschlechtsfunktionen und Körperlichkeit hin und steht somit im krassen Gegensatz zum koketten Verhalten, das sonst Hysterikerinnen nachgesagt wird. Wie ein roter Faden ziehen sich auch Suizidversuche und zeitweise Lebensüberdrüssigkeit durch die Krankengeschichten, es fällt aber auf, daß sie meist mißlingen. Wahrscheinlich wollten die Frauen auf ihr Schicksal hinweisen, Aufmerksamkeit erzielen, aber nicht wirklich mit dem Leben abschließen.

Einige Patientinnen kamen mit dem Gesetz in Konflikt und wurden aus dem Arrest ins Krankenhaus überstellt. Die häufigsten Delikte waren Betrug, Diebstahl und Prostitution. Bei Ottilie K., einer Magd, die im gesamten österreichischen Raum herumgekommen war, konstatierte der Arzt, der vom Landesgericht Klagenfurt hinzugezogen wurde, pathologische Lügensucht und meint:

"Somatische Merkmale der zweifellos bestehenden Hysterie sind nur wenig ausgeprägt. Dagegen entspricht ihr ganzer Charakter diesem Leiden und trägt den Mangel psychischer Depravation deutlich zur Schau. Auf dem Boden dieser krankhaften Veranlagung und Hysterie entwickelten sich bei Ottilie K. alle die bedenklichen Charaktereigenschaften, die sie zur Gewohnheitsdiebin, Prostituierten, Betrügerin und Gewohnheitslügnerin machten."

Daraus schließt der Arzt, daß "eine dauernde Unterbringung in einer geschlossenen Irrenanstalt unbedingt notwendig ist". Das geschah auch, sie verbrachte sechs Jahre in der psychiatrischen Anstalt und verstarb hier im Jahre 1915. Hysterie scheint zur Allerweltsdiagnose für liederliche und schwierige Frauenzimmer verkommen zu sein, was ein bißchen an Felix Deutschs Aussage (nicht unbedingt seine eigene Einschätzung) über Ida Bauer erinnert. Die kindliche Abhängigkeit mancher Patientinnen gegenüber ihrem Arzt hingegen ähnelt ein wenig der Beziehung Bertha Pappenheim – Josef Breuer oder Anna von Vest – Sigmund Freud oder Sabina Spielrein – C. G. Jung; auf die beiden letzteren Paare werden wir noch später zu sprechen kommen.

Die 18jährige Margarete M. bezeichnete ihren behandelnden Arzt als lieben oder liebsten Herrn Doktor, sie schickte "Grüße und Handkuß von ihrer schlimmen Patientin" und empfahl ihn "dem Schutz Gottes und der schmerzhaften Mutter Gottes Maria". Ihr Zusammenbruch erfolgte, als sie erfuhr, daß ihre verstorbene Mutter eigentlich ihre Ziehmutter und sie das Kind eines bei ihrer Geburt 13 ½jährigen Mädchens gewesen sei. Seither entwickelte sie große Sehnsucht nach der echten Mutter.

Ab 1914 beeinflußte der Weltkrieg das Krankheitsbild. Ludmilla T., ein 21jähriges Dienstmädchen, erklärte alle verfügbaren Männer zu Bräutigamen und sprach andauernd von Hochzeit. Sie redete auf der Straße Soldaten an und behauptete, sie habe vom Kaiser einen Bräutigam bekommen, der mit "Herz und Hand für das Vaterland gekämpft habe".

Krieg und Tod des Vaters haben die Familie der 26jährigen Ernestine R. durcheinander gebracht. Da die Private und ihre beiden jüngeren Schwestern – alle drei hatten versucht sich das Leben zu nehmen – offensichtlich auch ihr Vermögen verloren hatten, verdienten sie sich Geld durch Stricken. Dabei verwandelten sich die strickenden Finger der Patientin in Totenköpfe. (Auch Bertha Pappenheim sah solche bei der Nachtwache am Krankenbett des Vaters.) Sie erzählte, daß sie in Graz hätte heiraten sollen, aber die Mutter habe es verhindert. Nun im Krieg würden alle heiratsfähigen Männer erschossen werden. Es spiegelt sich in den Symptomen also die reale Angst, in Kriegszeiten zu keinem Mann zu kommen, wider; und das war für ein Mädchen zur damaligen Zeit schlimm. Als alte Jungfrau wurde sie zum Sozialfall und war auf die Großzügigkeit naher Verwandter angewiesen.

Daß Wahnvorstellungen einen Menschen auch ins Gefängnis bringen können, beweist der Fall der Stefanie M. Dieses 17jährige Mädchen wurde der Majestätsbeleidigung und Spionage bezichtigt, weil sie in einer "Bluse, die den Waffenrock eines Oberleutnants kindisch nachahmt" herumlief und sich abwechselnd als König von Italien, Kommandant und Spion ausgab. Auffallend ist, daß sie sich zwar eigensinnig, widerspenstig und beleidigend gegenüber dem Personal verhielt, aber nett und freundlich zu den Mitkranken war. Man hielt sie im Krankenhaus für eine Simulantin und schickte sie deswegen wieder in den Arrest zurück. Verwahrt mußte in einer verrückten Zeit auf jeden Fall werden, denn diese Travestie war dem Normalbürger nicht zumutbar, er hätte möglicherweise von unten auf oben schließen können.

Ein besonders trauriger Fall ist der einer 20jährigen Kindesmörderin. Emma F. wurde von einem Soldaten schwanger, wollte zunächst abtreiben, wurde aber angezeigt und verheimlichte die Geburt schließlich vor den Eltern. Sie gab das Kind in Pflege und arbeitete selbst als Amme. Später fand sie keinen Kostplatz mehr. Die Gräfin La Tour wäre zwar bereit gewesen, das Kind in ihrem Heim aufzunehmen, aber es hätte den evangelischen Glauben annehmen müssen. Zuletzt wußte sie nicht mehr aus noch ein und warf das Kind in den Ossiacher See. Während der Tat dürften ihr aber Zweifel gekommen sein, sie sprang ihm nach, aber es starb in ihren Händen. Danach benahm sie sich so auffällig, daß sie entdeckt werden mußte. Sie wurde zuerst zum Tode verurteilt, danach zu zwölfjähriger Kerkerstrafe begnadigt und schließlich 1918 wegen geistiger Unzurechnungsfähigkeit freigesprochen. Weil sie versuchte, sich durch Erhängen und Erdrosseln umzubringen, wurde sie ins Krankenhaus eingeliefert. Die Diagnose Hysterie beruht wahrscheinlich darauf, daß sie manchmal boshaft und aggressiv war, sich versteckte und die Nahrung verweigerte. Außerdem las und dichtete sie. Aber auch hier bekommt man den Eindruck, daß die Diagnose etwas mit Renitenz und Unangepaßtheit zu tun hat, nicht aber mit den üblichen somatischen Symptomen dieser Krankheit. Sicher kann man Kindsmord als eine Überreaktion in einer verzweifelten Lage ansehen, aber in einer Zeit, in der so viele sterben, dürfte ihr das Gefühl für das Unrecht ihrer Handlung abhandengekommen sein, zumindest begründete sie selbst das so.

Bei den modernen Krankengeschichten (1949–1995) finden wir die Krankheit Hysterie als eigenständige Erstdiagnose nicht mehr. Sie tritt uns als Zweitdiagnose unter den Bezeichnungen hysteriforme(s, -r) Zustandsbild, Reaktion, Verstimmung, Psychopathie, Dämmer- oder Erregungszustand, oft im Zusammenhang mit Gravidität, Klimakterium, Alkoholismus und Debilität entgegen. Ab etwa 1980 taucht der Begriff hysterische Persönlichkeitsstörung auf, mit dem häufigen Zusatz Anpassungs- oder Reifestörung, oder die Bezeichnung histrionische Persönlichkeit nach DSM III (internationale Klassifizierung von Krankheiten), worunter man eine Person versteht, bei der Geltungsbedürfnis, Egozentrismus und Bedürfnis nach Anerkennung im Vordergrund stehen.

Die Schicksale und Lebensgeschichten aber haben sich gegenüber früher gar nicht so stark geändert. Heute sind es oft Scheidungen, die Frauen aus der Bahn werfen, wie z. B. bei Monika G., die von ihrem

Mann erzählte, daß ihm die Liebe fehle, genauso übrigens wie ihrer Mutter, die aber schon verstorben sei. Liebevoll hingegen erlebte sie ihren ebenfalls verstorbenen Vater und ihren Sohn, der aber als Soldat bei der UNO diene und den sie deswegen schon monatelang nicht mehr gesehen habe.

Silvia P. wiederum erlebte von ihrem Vater, einem Trinker, viel Brutalität, weswegen sie Mädchen den Burschen vorzog. Trotzdem verehrte sie ihren Vater heimlich, versuchte an ihn heranzukommen, aber er wehrte ab. Den Alkoholmißbrauch, den die 19jährige entwickelte, kann man als unbewußte Nachahmung des väterlichen Verhaltens ansehen.

Auch der Tod eines Lebensgefährten kann zur schweren Krise führen. Aloisia G. fälschte danach sogar ein Testament, um nicht aus der Keusche ihres früheren Lebensgefährten ausziehen zu müssen. Sie war ein lediges Kind und hatte auch wieder eines. Nach mehrmaligen Aufenthalten starb sie schließlich im Krankenhaus an körperlichem Verfall.

Erschwerend kommt oft bei Scheidungen die Tatsache hinzu, daß die Frau keinen Beruf erlernt hat und dann mit mehreren Kindern alleine dasteht; das Abgleiten in die Kriminalität ist in einer solchen Situation nicht selten. Philomena B. erlebte aber auch das Fehlen eines Mannes als schmerzlich. Wenn sie Männer sah, spürte sie von den Zehen aufwärts einen Druck im Körper, der aufhörte, wenn sie weg waren. Von den Nachbarn fühlte sie sich belästigt, weil diese "Liebe machen" und sie das durch die Wände durchzuhören glaubte. Sie zeigte klassische Symptome wie krampfartiges Zusammenziehen der Beine und kokett mädchenhaftes Verhalten.

Diese wenigen Vergleiche lassen aber schon den Schluß zu, daß die medizinische Bezeichnung nicht entscheidend ist, sondern die sozialen Umstände. Und diese zwingen Frauen auch heute noch, in Krisensituationen durch somatische und psychische Symptome auf sich aufmerksam zu machen, wenn sie keinen anderen Ausweg mehr sehen. Der ist ihnen aber meistens durch mangelnde Bildung, Ausbildung und beschränkte finanzielle Mittel versperrt.

Anders als zur Jahrhundertwende, als Frauen aus allen Schichten bei Problemen zu hysterischen Reaktionen neigten, trifft das heute eher bei Frauen in schwieriger sozialer und pekuniärer Lage zu. Diesen fällt es leider auch in unserer Zeit schwer zu sublimieren und reale Liebes- und Geborgenheitssehnsüchte durch abstrakte Interessen oder altruistische Tätigkeiten zu ersetzen.

Krankengeschichten (1873–1919)

	Name	Alter	Beruf
1– 150	Anna. K.	30	Magd
	Josefa O.	50	Brotträgerin
	Elisabeth R.	29	Lehrerin
151– 300	Maria F.	24	Näherin
	Maria L.	44	Bindersgattin
	Maria K.	36	Magd
	Maria P.	39	Siechenhauspfründnerin
	Anna M.	18	Tischlerstochter
	Katharina M.	31	Magd
	Theresia G.	47	Näherin
301– 450	Maria T.	34	Magd
	Anna P.	45	Inwohnerin
	Barbara Z.	22	Gärtnerstochter
	Anna R.	43	Witwe
	Anna D.	46	–
	Bertha G.	21	Kleidermacherin
451– 600	Caroline P.	23	Magd
601– 750	Maria D.	42	Private
	Anna J.	42	Magd
	Maria W.	21	Landwirtschaftstochter
751– 900	Elisabeth J.	39	Inwohnerin
901–1050	Helene U.	23	Keuschlertochter
1351–1500	Anna W.	50	Kleidermachersgattin
1501–1650	Johanna M.	42	Kammerjungfer
1651–1800	Apollonia S.	27	Köchin
	Cäcilia O.	37	Vagantin
1801–2000	Marianne P.	32	Private
2201–2400	Antonia J.	19	Private
	Marianne Sch.	28	Gasdirektorstochter
	Elisabeth A.	35	Privathebamme
2401–2600	Maria K.	29	Private
	Johanna L.	19	Dienstmagd
2601–2800	Theresia L.	33	Dienstmagd
	Anna D.	25	Probepflegerin
	Rosa W.	55	Bahninspektorsgattin
2801–3000	Margarete R.	57	Wirtschafterin
3001–3200	Ida M.	26	Köchin
	Gisela G.	16	Dienstmädchen
	Franziska L.	18	Magd
	Maria R.	19	Kellnerin
	Theresia R.	22	Magd
	Erna R.	26	Bergdirektorstochter
3201–3400	Gabriele M.	36	Näherin
	Maria F.	23	Magd
	Franziska K.	44	Fleischhauerstochter
	Therese B.	30	Kaufmannsgattin
3401–3500	Luzia B.	41	Taglöhnerin
3501–3600	Juliane P.	23	Stubenmädchen
	Maria D.	25	Köchin
3601–3800	Barbara K.	33	Köchin
3801–4000	Anna B.	34	Köchin
4001–4200	Amalia T.	42	Näherin
	Ursula Z.	51	Köchin
	Ottilie K.	–	Magd
	Margarete M.	18	Dienstmagd
	Maria Z.	19	Wirtstochter
4401–4500	Pauline Sch.	36	Taglöhnersgattin
4501–4600	Elisabeth M.	23	Magd
4601–4700	Luzia R.	27	Köchin
4801–4900	Ludmilla T.	21	Dienstmädchen
4901–5000	Maria B.	51	Witwe
	Ernestine R.	26	Private
	Stefanie M.	17	Arrestantin
5101–5200	Emma F.	20	Sträfling
5201–5250	Johanna Sch.	24	Bergmannsgattin
5351–5400	Anna R.	23	Häftling
	Anna T.	48	Kaufmannsgattin
5451– 5500	Maria V.	24	Inwohnerin

Krankengeschichten (1949–1995) exemplarisch:

	Name	Alter	Beruf
589	Monika G.	43	Künstlerin
6134	Silvia P.	19	–
27065	Aloisia G.	69	Keuschlerin
2866	Philomena B.	65	Pensionistin

Sigmund Freud, etwa 1906   Anna von Vest
(Österr. Nationalbibliothek, Wien)   (Familienarchiv Plöckinger, Wien)

Kehren wir wieder zurück in die Zeit um 1900 und zu einer anderen Klagenfurter Patientin, die an klassischen hysterischen Symptomen litt, aber auf Grund des Reichtums ihrer Familie nicht im Landeskrankenhaus behandelt wurde, sondern sich teure Kuren in diversen Sanatorien leisten konnte. Es handelt sich dabei um Anna von Vest (1861 – 1935), deren Großvater Leibarzt der Erzherzogin Marianne und deren Vater Notar in Klagenfurt war. Sie hatte vier Schwestern und einen Bruder. Die Ehe ihrer Eltern soll nicht sehr glücklich gewesen sein. Mutter Natalia, eine geborene Werzer, war musisch hochbegabt und religiös, ihr Vater hingegen realistisch und ökonomisch eingestellt. Anna besuchte die Klosterschule und war eine hervorragende Schülerin. Sie spielte ausgezeichnet Klavier, erhielt bei ihrem Aufenthalt in Wien Schauspielunterricht und betätigte sich in ihrem späteren Leben auch schriftstellerisch.

In ihrer Adoleszenz rebellierte sie gegen Familie und Konvention und entwickelte eine starke Rivalität gegenüber ihrer zwei Jahre jüngeren Schwester Cornelia, die zeitlebens andauern sollte.

116

Mit 20 Jahren hatte sie einige traumatische Erlebnisse – sie brach beim Eislaufen ein und erlebte eine unglückliche Liebe – daraufhin entwickelte sie Schmerzen im Unterbauch, weswegen ihr in Graz die Ovarien entfernt wurden. Diese Operationen waren schon damals nicht unumstritten (Breuers Brief vom 23. 3. 1894 an Binswanger, in Hirschmüller 1978 a, 165 f.), bei ihr kam zur Folge der Unfruchtbarkeit noch ein Bartwuchs hinzu, der zwar durch einen kosmetischen Eingriff korrigiert wurde, aber eine Narbe am Kinn hinterließ.

All diese Erlebnisse führten zur hysterischen Symptombildung in Form von Gehstörungen und schließlich einer vollständigen Lähmung der Beine. Die Familienüberlieferung bringt es auf den Punkt "Nach einem unglücklichen Liebesereignis legte sie sich ins Bett und war gelähmt" (Goldmann 1985, 299). Seither war sie, wie viele andere ihrer Zeitgenossinnen, Reisende in Sachen Hysterie. Während eines dieser Kuraufenthalte verstarb ihr Vater.

Die Behandlung bei Freud dürfte im Mai 1903 begonnen und im Juli 1904 geendet haben. Anna von Vest ist nicht Protagonistin einer ausführlichen Krankengeschichte, sondern wir erfahren über ihr Schicksal durch ihren Briefwechsel mit Freud, von dem allerdings nur seine Briefe erhalten sind. Die Behandlung griff zunächst so gut, daß die an den Rollstuhl Gefesselte ihren Arzt bereits nach einer Woche zu Fuß aufsuchen konnte. Die Symptombefreiung stellte sich deswegen so schnell ein, weil Freud damals noch häufig die Aussagen seiner Patienten voreilig interpretierte und sie dadurch suggestiv beeinflußte. Dafür kam dann Mitte Juli der Rückschlag, da Freud die Analyse für drei Monate unterbrach und die Patientin nach Klagenfurt heimkehrte. In dieser Zeit begann die Korrespondenz, aus der wir erfahren, daß Anna von Vest an einer akuten Übertragungsneurose gelitten haben dürfte und ihren Analytiker unbedingt sehen wollte. Erschwerend kam noch hinzu, daß sie sowohl ihr Elternhaus als auch die Provinzstadt Klagenfurt gegenüber Wien, wo sie Theater und Gesellschaften besucht hatte, als langweilig erlebte. Doch Freud sah ihr Leiden als heilsam an und vertröstete sie auf den Herbst. Sie jedoch entwickelte eine starke Eifersucht gegen eine andere Patientin, die Freud als "Handgepäck" in die Ferien mitgenommen hatte. Außerdem gestand sie ihrem Arzt, daß sie ein Gespräch mit dem Schwager verschwiegen habe; welche Rolle dieser in ihrer Lebensgeschichte spielte, erfahren wir leider nicht. Sowohl Liebe als auch Eifersucht dürften ihr aus den Kindertagen vertraut gewesen sein, und Freud übernahm offensichtlich die Rolle des vor fünf Jahren verstorbenen Vaters, um dessen Zuneigung sie mit ihren

Schwestern, vor allem mit ihrer Schwester Cornelia, gebuhlt hatte. (Die Familienkonstellation erinnert stark an die von Illona Weiss, Freuds Elisabeth von R.) Ihr Analytiker aber blieb hart und meinte, sie sollte ihre Gefühle nicht ausagieren, sondern analysieren.

Im nächsten Sommer wiederholte sich die Szene. Da Freud vorhatte, vor der Sommerpause die Analyse zu beenden, produzierte die Patientin einen neuen Krankheitsschub, vor allem eine Halsentzündung, die Freud in anderen Fällen als eine Verschiebung der Symptome von unten nach oben im Dienste einer Sexualverdrängung gedeutet hatte (vgl. den Fall Dora). Die Übertragungsliebe, die während der Behandlung für das Schwinden der Symptome verantwortlich war, entpuppte sich jetzt als Widerstand. "Freud erkannte erst später das Janusköpfige der Übertragungsliebe, die nicht nur als Katalysator, sondern auch als Widerstand zu begreifen ist" (Goldmann 1985, 318).

Freuds Briefe der Jahre 1904 bis 1908 zeigen den Versuch, die Übertragungsbeziehung zu lösen und sie durch eine freundschaftliche zu ersetzen. Daß es ihm manchmal nicht leicht fiel, höflich zu bleiben, beweist folgender Satz "Ich glaube, wenn ich jetzt grob würde und einfach schriebe: Lassen Sie mich in Ruhe, beschleunige ich den Ablauf Ihres Sehnsuchtszustandes mehr" (Freud an Anna von Vest vom 17. 8. 1904, zit. nach Goldmann 1985, 282). Schließlich bricht die Korrespondenz ab, beginnt erst wieder 1918 und endet endgültig 1926.

Der Ton ist nun tatsächlich ein freundschaftlicher, nur in einem Brief aus dem Jahr 1925 geht es um Analysestunden, um die die 64jährige Anna von Vest den 69jährigen Freud gebeten hatte, weil immer wieder unanalysierte Reste ihrer Krankheit sich bemerkbar machten. Trotzdem kann man die Analyse als gelungen ansehen, denn Anna von Vest leitete später einen kleinen Betrieb in der Nähe von Klagenfurt, wo sie mit Mutter und Schwester Cornelia als angesehene Bürgerin lebte.

Laut Appignanesi/Forrester endete ihr Leben keinesfalls so glücklich. Sie soll es gewesen sein, von der Freud in seiner "Endlichen und Unendlichen Analyse" folgendes berichtet:

"Ein älteres Mädchen ist seit ihrer Pubertät durch Gehunfähigkeit infolge heftiger Beinschmerzen aus dem Leben ausgeschaltet worden ...; eine analytische Kur von dreiviertel Jahren beseitigt ihn und gibt einer tüchtigen und wertvollen Person ihre Rechte auf einen Anteil am Leben wieder. Die Jahre nach der Genesung bringen nichts Gutes: Katastrophen in der Familie, Vermögensverlust, mit dem Altern das Schwinden jeder Aussicht auf Liebesglück und Ehe. Aber die ehemals Kranke hält allem wacker stand und wirkt in schweren Zeiten als eine Stütze für die Ihrigen. Ich weiß nicht mehr, ob es 12 oder 14 Jahre nach der Beendigung der Kur war, daß profuse Blutungen eine gynäkologische Untersuchung notwendig machten. Es fand sich ein Myom, das die Totalexstirpation des Uterus berechtigte. Von dieser Operation an war das Mädchen wieder krank. Sie verliebte sich in den Operateur, schwelgte in masochistischen Phantasien von den schrecklichen Veränderungen in ihrem Inneren, mit denen sie ihren Liebesroman verhüllte, erwies sich als unzugänglich für einen neuerlichen analytischen Versuch und wurde auch bis zu ihrem Lebensende nicht mehr normal" (zit. nach Appignanesi/Forrester 1994, 240 f.).

Was Freud von ihr hielt, drückt er in seinem Beileidschreiben anläßlich des Ablebens ihrer Mutter aus.

"Gönnen wir der alten Dame die wohlverdiente Ruhe nach langem, hartem Leben, aber Ihre Liebe hat wieder einmal gesiegt, spät die Mutter erobert, aber doch. Wir schicken Ihnen alle unser ernsthaftes Beileid, aber wir bewundern Sie auch und Sie verdienen es" (Freud an Anna von Vest vom 14. 2. 1922, zit. nach Goldmann 1985, 290).

Viel Geduld und Zeit von Seiten des behandelnden Arztes holten also aus der Patientin das Wertvollste hervor, was sie zu geben imstande war. Welch ein brachliegendes Potential mag wohl in den anderen Klagenfurter Kranken geschlummert haben und wie wäre ihr Schicksal verlaufen, wenn einer es erkannt und zutage gefördert hätte? Sicher wären nach den von Freud aufgestellten Kriterien nicht alle für eine Analyse geeignet gewesen, ein Teil aber schon, denn in vielen Krankengeschichten erfahren wir von guten Schülerinnen, die aber ihre Begabung nicht weiter ausnützen konnten. Als Freiwild in Herrschaftshäusern und an Bauernhöfen wurde nahezu eine jede Beziehung zu einer unglücklichen, und der weitere Weg war vorgezeichnet. Vieles bleibt außerdem im Dunkeln – von ungewollten Schwangerschaften und deren (oft auch ungewollten) Abbrüchen, von Kindesmißbrauch, von Mißhandlungen durch Eltern oder Partner erfahren wir meist nur, wenn wir auch zwischen den Zeilen lesen können. Anna von Vest hatte es besser; ihr Elternhaus war zwar streng, aber nicht unmenschlich, sie war reich, verfügte über Zeit und fand einen einfühlsamen Arzt. Trotzdem scheint am Ende ihres Lebens die Krankheit sie wieder eingeholt zu haben, aber 20 Jahre davon verdankt sie der Psychoanalyse und ihrem Arzt Sigmund Freud.

Dieser hatte sich gerade zu etablieren begonnen. Von 1900 bis 1905 erschienen Freuds wichtigste Schriften: "Traumdeutung" (1900), "Zur Psychopathologie des Alltagslebens" (1904), "Drei Abhandlungen zur Sexualtheorie" (1905) und "Der Witz und seine Beziehung zum Unbewußten" (1905). In diesen Werken versuchte er die Erkenntnisse, die er bei Kranken gewonnen hatte, auch auf das Seelenleben von Gesunden zu übertragen; nämlich, daß unsere psychische Eigenart vom Unbewußten geformt ist und daß dabei libidinöse und aggressive Wünsche im Kindesalter eine entscheidende Rolle spielen.

1902 wurde er mit Hilfe der Baronin Marie Ferstel, der Patientin, die Freud zum Leidwesen von Anna von Vest 1903 als Analysandin in den Urlaub mitgenommen hatte, zum außerordentlichen Professor ernannt, was in dem titelgläubigen Wien von großer Bedeutung war und ihm wieder mehr Patienten bescherte. Ins selbe Jahr fiel der Bruch mit Wilhelm Fließ und, als eine Art Kompensation, die Gründung der Mittwoch-Gesellschaft, wo er nun Alfred Adler, Wilhelm Stekel, Otto Rank, Hanns Sachs, Theodor Reik, Isidor Sadger und andere um sich scharte (Mühlleitner 1992; Reichmayr 1994).

1906 begann die Korrespondenz zwischen Freud und Jung, und 1907 begegneten sie einander das erstemal. Im Oktober 1906 berichtete Jung von einer 20jährigen russischen Patientin, die an Hysterie litt.

"1. Trauma: 3.–4. Lebensjahr. Sieht, wie der Vater ihren älteren Bruder auf den nackten Hintern schlägt. Starker Eindruck. Muß nachher denken, sie hätte den Vater auf die Hand defäkiert. Vom 4.–7. Jahr angestrengte Versuche, sich auf die eigenen Füße zu defäkieren, folgendermaßen: Sie setzte sich mit einem untergeschlagenen Fuß auf den Boden, preßt die Ferse gegen den Anus und versucht, zu defäkieren und zugleich die Defäkation zu hindern. Hält so mehrfach den Stuhl bis zwei Wochen lang zurück! Weiß nicht, wieso sie zu dieser sonderbaren Geschichte gekommen ist; es sei völlig triebartig gewesen, dabei ein wonniges Schauergefühl. Später wurde dieses Phänomen durch heftige Onanie abgelöst" (Jung an Freud vom 23. 10. 1906, zit. nach Carotenuto 1986, 229).

Diese russische Studentin war Sabina Spielrein, an deren Schicksal Freud zwar nicht als Analytiker Anteil hatte, aber als Mentor Jungs und Ratgeber Spielreins kam ihm eine Art Schiedsrichterrolle zu. Sie wurde 1885 in Rostow am Don als Tochter einer reichen jüdischen Familie geboren. Ihr Vater war Kaufmann, ihre Mutter Zahnärztin, die aber ihren Beruf nicht ausübte. Großvater und Urgroßvater waren Rabbiner, die großes Ansehen genossen. Sie hatte vier jüngere Geschwister, drei Brüder, eine Schwester, letztere starb im Kindesalter. Die meisten Familienmitglieder waren psychisch auffällig. Der Vater wird als ein nervöser und jähzorniger Mensch beschrieben, der seine Kinder mehrfach geschlagen und sich seiner Tochter gegenüber in "unanständiger", die "Schamhaftigkeit verletzender Weise" geäußert hat. Er drohte mehrere Male mit dem Selbstmord und tyrannisierte damit die Familie. Sabinas Verhältnis zu ihm war ambivalent, einerseits liebte sie ihren Vater mit "Schmerzen", andererseits konnte sie ihn nicht küssen und gute Nacht sagen.

Die Mutter wird als hysterisch, verschwenderisch und ebenfalls zuschlagend geschildert. Die Ehe war vermutlich nicht sehr glücklich (Minder 1994, 61 f.).

Mit fünf Jahren trat Sabina in die Fröbelsche Kinderschule in Warschau ein und lernte dort Deutsch und Französisch. Im Gymnasium in Rostow interessierte sie sich vor allem für naturwissenschaftliche Fächer und maturierte mit Auszeichnung. Sie wurde von ihrer Mutter religiös erzogen und war als Kind sehr fromm, so daß sie sogar mit Gott und den Engeln Zwiesprache hielt.

Von ihren Symptomen haben wir schon aus dem Brief erfahren. Ab dem siebenten Lebensjahr trat starke sexuelle Erregung beim Anblick der väterlichen Hände auf. Mit 18 konnte sie niemanden mehr anschauen, und es wechselten sich depressive Krisen mit Wein-, Lach- und Schreianfällen ab.

1904 brachten ihre Eltern sie nach Zürich, da sie dort ein Medizinstudium beginnen wollte. Vorher aber verbrachte sie neuneinhalb Monate als Patientin in der Psychiatrischen Klinik Burghölzli. Dort war ihr behandelnder Arzt C. G. Jung. Dieser stellte verschiedene Tic-Störungen wie Beinzuckungen, Herausstrecken der Zunge, ruckweises Rotieren des Kopfes, Grimassen und Abwehrbewegungen fest. Außerdem machte er bei ihr masochistische Züge aus, wenn sie z. B. verlangte, man möge ihr Schmerzen zufügen, sie schlecht behandeln, ihr nur befehlen. Es bereitete ihr Wollust sich vorzustellen, coram publico auf den entblößten Hintern geschlagen zu werden. Sonst aber war ihr Verhalten launisch, schikanös und widerborstig. Die Diagnose lautete: psychotische Hysterie (Minder 1994, 66).

Jung konstatierte eine infantile Fixierung der Libido auf den Vater und analen Autoerotismus und probierte an ihr erstmals die Psychoanalyse aus; sie wurde sein Schulfall, alle seine vorherigen Fälle erhielten bestenfalls eine Hypnosebehandlung. Es fällt auf, daß Jung sich keine Frage nach einem möglichen Mißbrauch[13] stellte und nicht herausbekam, daß Sabina noch nicht über den Zeugungsakt aufgeklärt war. Bald genoß sie in der Behandlung einen Sonderstatus und durch ihre Beschäftigung in der Klinik, z. B. als Hilfe bei Tests mit Patienten, besserte sich ihr Zustand rasch, so daß sie 1905 mit ihrem Medizinstudium beginnen konnte.

Von 1905 bis 1909 war sie in ambulanter psychoanalytischer Behandlung bei Jung. In diese Zeit fiel auch beider Liebesbeziehung. Er trug ihren Fall in einem Vortrag auf dem Internationalen Kongreß für Psychiatrie und Neurologie in Amsterdam im Jahre 1907 als Beispiel für Sexualverdrängung bei Hysterie im Sinne der Freudschen Libidotheorie vor.

"Freuds jetzige Hysterieauffassung läßt sich etwa folgendermaßen formulieren: 1. Auf konstitutionellem Boden erwachsen gewisse vorzeitige Sexualbetätigungen von mehr oder weniger perverser Natur. 2. Die Betätigungen führen vorerst nicht zu eigentlichen hysterischen Symptomen. 3. Zur Pubertätszeit (die psychologisch früher als die körperliche Reifung datiert ist) erhält die Phantasie eine durch die infantile Sexualbetätigung konstellierte Richtung. 4. Die aus konstitutionellen (affektiven) Gründen gesteigerte Phantasie führt zur Bildung von Vorstellungskomplexen, die mit dem übrigen Bewußtseinsinhalt unvereinbar sind und darum der Verdrängung, namentlich durch Scham und Ekel, unterliegen. 5. In diese Verdrängung wird die Übertragung der Libido auf eine geliebte Person mit hineingezogen, woraus der große Gefühlskonflikt entsteht, der dann die Veranlassung gibt zum Ausbruch der eigentlichen Krankheit. 6. Die Symptome der Krankheit verdanken ihre Entstehung somit dem Kampfe der Libido gegen die Verdrängung; sie stellen daher nichts als eine abnorme Sexualbetätigung dar" (zit. nach Carotenuto 1986, 253 f.).

Sabina Spielrein fand es sehr unerfreulich, daß sie zu einer Krankengeschichte degradiert wurde, denn sie wollte etwas Besonderes sein, auserwählt für ein besonderes Schicksal mit besonderen Opfern. Diesen Wunsch scheint ihr Jung erfüllt zu haben. Ihre Beziehung dürfte krisenreich verlaufen sein, denn Jung konnte oder wollte sich nicht zwischen ihr und seiner Frau Emma, mit der er bereits zwei Kinder hatte, entscheiden. Wohl klagte er über die Monotonie der Ehe, aber ebenso verlangte er, "nach Sicherheit und Bequemlichkeit wie ein Spießbürger (Philister) und zugleich nach Anbetung und Anhänglichkeit seitens der selbstlosen jüngeren Geliebten" (Höfer 1993, 177). Deswegen schlug er seiner Frau ein Verhältnis zu dritt vor, was diese aber entrüstet zurückwies. Ein paar Jahre später wird sie sich mit Jungs Geliebter Toni Wolff auf Jahrzehnte arrangieren. Sabina Spielrein kommentierte Jungs Interesse mit den Worten "er predigte Polygamie" (zit. nach Höfer 1993, 177). Wieder einmal hat ein Narzißt mit möglicherweise sadistischen Zügen seine passenden Opfer gefunden.

In ihrer Not wandte sich Emma Jung anonym an Sabinas Mutter und warnte sie vor der Beziehung ihrer Tochter. Daraufhin erkundigte sich Frau Spielrein bei C. G. Jung, und dieser schrieb ihr zurück:

"Ich bin ihr also vom Arzte zum Freunde geworden, indem ich aufhörte mein eigenes Gefühl in den Hintergrund zu drängen. Meine Rolle als Arzt konnte ich umso leichter aufgeben, da ich mich ärztlich nicht verpflichtet fühlte, denn ich habe nie ein Honorar verlangt. Dieses letztere ist es, welches die Grenzen, die dem Arzte gezogen sind, deutlich markiert. Sie werden nun verstehen, dass ein Mann und ein Mädchen unmöglich auf die Dauer unbegrenzt freundschaftlich verkehren können, ohne daß möglicherweise auch einmal weitere Consequenzen dazutreten. Denn was könnte schließlich die beiden abhalten, die Consequenzen ihrer Liebe zu ziehen? Ein Arzt und seine Patientinn dagegen können unbeschränkt lange von jeglicher Intimität sprechen, die Pat kann und darf alle Liebe und Sorgfalt vom Arzte erwarten, deren sie bedarf. Der Arzt aber kennt seine Grenzen und wird sie nie ueberschreiten, denn er ist für seine Mühe bezahlt. Das legt ihm die nötige Beschränkung auf. Ich schlage ihnen darum vor, um meine Stellung als Arzt, von der Sie wünschen daß ich sie beibehalten möge, zu umgrenzen, mir ein Honorar auszusetzen als angemessene Entschädigung für meine Bemühung. Damit sind Sie absolut sicher, daß ich meine Pflicht als Arzt unter allen Umständen respektieren werde" (Spielrein an Freud vom 10. 6. 1909, zit. nach Carotenuto 1986, 92).

Es folgten noch zwei weitere Briefe in demselben Tonfall. Über all dies erfahren wir aus der Korrespondenz zwischen Freud und Jung bzw. zwischen Freud und Sabina Spielrein, an den letztere in ihrer Verzweiflung herangetreten ist. Die Affäre hatte also Kreise gezogen, und es wurde für Jung höchste Zeit, sie zu beenden.

Ihre Begegnungen verlagerten sich nun vom Persönlichen auf das Wissenschaftliche, obwohl das beiden offensichtlich schwer fiel. Sabina vertraute ihre Gedanken, Sehnsüchte und Wünsche einem Tagebuch an, Jung nahm sich seine Patientin Toni Wolff zur Geliebten. 1911 schließlich promovierte sie mit einer Dissertation "Über den psychologischen Inhalt eines Falles von Schizophrenie", die später auch im Jahrbuch der Psychoanalyse erschienen ist. Danach ging sie nach München, wo sie kunstgeschichtliche Vorlesungen besuchte und ihr wissenschaftliches Hauptwerk "Die Destruktion als Ursache des Werdens" fertigstellte. In diesem Werk spaltet sie die Libido in eine lustvolle und in eine leidvolle Komponente auf und kommt somit zu dem Schluß, daß die Destruktion ein notwendiger Bestandteil der Liebe ist. Ähnliche Überlegungen stellt später Freud in "Jenseits des Lustprinzips" an, wo er die Libido in Eros und Thanatos aufgliedert. Dieses Werk Spielreins erschien ebenfalls im Jahrbuch der Psychoanalyse.

In Wien lernte sie erstmals Freud persönlich kennen, nahm an der Mittwoch-Gesellschaft teil und wurde Mitglied der Wiener Psychoanalytischen Vereinigung, die 1908 gegründet worden war. 1912 heiratete sie den russisch-jüdischen Arzt Pawel Scheftel in Zürich, 1913 wurde ihre Tochter Renata geboren. Bis zu ihrer Rückkehr in die Sowjetuni-on hielt sie sich in Berlin, München, Lausanne, Château d'Oex und Genf auf und studierte unter anderem Komposition. Ihr Briefwechsel mit Jung reicht bis in das Jahr 1919, der mit Freud bis ins Jahr 1923. In Moskau wurde sie Mitglied der dortigen Psychoanalytischen Vereini-gung und bemühte sich um den Ausbau der Psychoanalyse in der So-wjetunion, bis sie 1936 von Stalin verboten wurde. 1925 wurde ihre Toch-ter Eva geboren, 1926 kehrte sie in ihren Heimatort Rostow zurück. Ihre Brüder fielen 1937 den Säuberungen des Stalinismus zum Opfer, sie selbst und ihre Töchter wurden 1941 von den Nazis ermordet (Ca-rotenuto 1986, 343–345).

Soviel zu ihrer Lebens- und Leidensgeschichte; doch uns interessieren in erster Linie ihre Beziehungen, die diese Geschichte erst geschaffen haben. Wenn wir nach Freudscher Theorie davon ausgehen, daß die elterlichen Begegnungen prägend sind, dann kann man Sabina Spiel-reins Beziehung zu C. G. Jung nur in Relation zu ihrer Beziehung zum Vater verstehen. Sie lernte Zuwendung offensichtlich zunächst nur in Form von Züchtigung kennen. Ob auch ein Mißbrauch stattgefunden hat, können wir heute nicht mehr feststellen, und Jung berichtet uns in ihrer Krankengeschichte nichts davon. Es erging aber nicht nur ihr so, sondern auch ihren Brüdern, "der eine litt an hysterischen Wein-krämpfen, ein weiterer war sehr jähzornig und Tiqueur, der dritte leid-selig, schwer hysterisch" (zit. nach Minder 1994, 62). Sie und zwei ih-rer Brüder scheinen durch diese Behandlung wie die Mutter die Flucht in die Hysterie angetreten, ein Bruder sich eher den Vater zum Vorbild genommen zu haben, der uns als jähzornig geschildert wird.

Ausführlich berichtet Sabina Spielrein in ihrem Tagebuch über ihre Beziehung zur Mutter. Sie war die Tochter eines wohltätigen jüdischen Geistlichen, dem vor lauter Menschenliebe das Geld für die Mitgift der Tochter ausgegangen war. Trotzdem sprach sein Schwiegersohn mit großer Hochachtung von ihm und bewunderte seine Intelligenz und große Liebe. Daß er seine Tochter, die sein ganzer Stolz war, studieren ließ, stellte für die damalige Zeit und seine Stellung nicht nur die große Ausnahme dar, sondern war schon so etwas wie ein Tabubruch. Sie wur-de zuerst die Braut eines Arztes, doch dessen Verwandte intrigierten gegen sie, so daß sie das Verlöbnis löste. Dann verliebte sich ein Christ in sie, den Sabinas Mutter wiederum nicht erhören konnte, da sie das ihren Eltern nicht antun wollte – er erschoß sich. Und schließlich warb Sabinas Vater um sie. Dreimal wurde er abgewiesen, das vierte Mal sag-te sie ja. Die Ehe war, wie die der Großeltern, nicht glücklich. Doch auch als verheiratete Frau scheint sie begehrenswert gewesen zu sein, denn es verliebten sich in sie ein Lehrer und ein Onkel Sabinas, für die auch Sabina schwärmerische Gefühle hegte. Aus ihrem Tagebuch erfahren wir, daß sie diesen Lehrer zuerst wegen seiner Grimassen ausgelacht, später aber, seiner hohen Intelligenz wegen, verehrt hatte, sich für ihn opfern und leiden wollte, ihn wie eine Gottheit anbetete und sich schließlich von ihm abwandte, weil er ihr zu wenig aggressiv war. Hier klingen schon Motive an, die sich in der Beziehung zu Jung voll entfalten werden (Tagebuch in Carotenuto 1986, 61 – 66). All das spielte sich auf einer erotischen, aber vermutlich nicht sexuellen Ebene ab, denn Sabinas Mutter dürfte die Sexualität so sehr verabscheut haben, daß sie sogar an Sabinas Schule intervenierte, um im Naturkundeunterricht die Aufklärung über den Zeugungsakt zu verhindern. Ihre Tochter wiederum rächte sich nach einer mütterlichen Züchtigung, indem sie sich im Winter mit eiskaltem Wasser begoß und in den Keller ging, um sich tödlich zu erkälten, oder sie verweigerte die Nahrung (Minder 1994, 64). Liebe, Gewalt und Sexualität scheinen in dieser Familie eigenartig miteinander verquickt gewesen zu sein.

Allmählich reichte die bloße Vorstellung von Gewalt oder der Anblick der väterlichen Hände, um eine sexuelle Erregung bei Sabina Spielrein auszulösen. Assoziiert wurden diese Vorstellungen mit der des Defäkierens und mit Masturbationshandlungen. Es entstand also die Assoziationskette Vater – Gewalt – Kot – Lust. Dieses Grunderlebnis sollte ihr zum Verhängnis werden, denn trotz Heilung von den schweren Symptomen ihrer Krankheit konnte sie die Liebe zu einem Mann nur noch nach diesem Schema erleben. Und Jung war nicht irgendein Mann, sondern ein gutaussehender Typ um die 30, Schwarm vieler Frauen, genialer Denker, Arzt und vor allem ihr Analytiker. Es schmeichelte schon bald ihrer Eitelkeit, daß er sie in der Klinik als Hilfe zu wissenschaftlichen Experimenten heranzog und ihr das Studium der Medizin, insbesondere der Psychiatrie, empfahl. Sie genoß diesen Sonderstatus und genas im Vergleich zur Schwere ihres Leidens relativ rasch.

Der eigentliche Liebesrausch begann erst danach. Ob ihre Beziehung zu Jung nur sehr intim war oder auch den Koitus einschloß, erfahren wir aus den Briefen nicht. In diesen nennt sie ihre Liebesbeziehung "Poesie", und John Kerr kommt zu dem Schluß:

"Mit 'Poesie' bezeichnete Sabina, was geschieht, wenn zwei in mystisches Denken verliebte Menschen mystische Gedanken sexuell in die Tat umsetzen – und das Geschehen mit psychoanalytischen Blicken betrachten. Analyse und Phantasie, Inzest und Mythos vermischen sich" (Kerr 1994, 273).

Renate Höfer hingegen spekuliert, daß das gemeinsame Phantasiekind "Siegfried" ein real von Jung gezeugtes gewesen sei, das sie aber auf dessen Druck abtreiben lassen mußte (möglicherweise nahm Jung die Abtreibung selbst vor), weil ein uneheliches Kind mit einer Analysandin nicht nur seinem bürgerlichen Ruf, sondern auch dem als Arzt und Analytiker geschadet hätte. Dem Ganzen sei wahrscheinlich eine "Szene" vorangegangen, die Sabina Spielrein Jung in ihrer Wohnung gemacht und bei der sie ihn mit einem Messer verletzt hatte. 1909 berichtete sie davon Freud.

Ein weiteres Indiz für den Schwangerschaftsabbruch sieht Höfer in einem Gedicht, das Sabina in Zusammenhang mit der Siegfried-Erörterung in einem Brief aus dem Jahre 1918 an Jung schickte. Es lautet folgendermaßen:

"Pfarrer, laß das Glockenläuten, Gib dem Dörflein seine Ruh, Lös mir eine bange Frage – mein Kind, es lebte, sag mir – wozu? Ob es lebte, um zu sterben? Und brach mit ihm das Mutterherz – was kann das Leben gutes erben, an diesem großen Weltenschmerz? Doch die Glocken läuten weiter und das Geheimnis, es besteht. Kannst du mir sagen, (ein Wort fehlt, R. H.) grauer Weise, ob man entsteht, damit man geht?" (Spielrein an Jung, zit. nach Höfer 1993, 232).

Johannes Cremerius hingegen meint, daß diese Frage ganz unwesentlich und nur eine Folge "jener uralten paternistischen Überbewertung des Hymens" sei (zit. nach Carotenuto 1986, 21). Wichtiger sei vielmehr der unverantwortliche und egoistische Umgang Jungs mit seiner Patientin in der analytischen und postanalytischen Situation.

Siegfried von Burghölzli, das war der Spitzname, den Wiener Analytiker, die Jung nicht leiden konnten, ihm gaben (Höfer 1993, 215). Siegfried war aber auch das Bindeglied zwischen Sabina Spielrein und Jung, zunächst als Wunsch nach einem gemeinsamen Kind, später als beider geistiges Produkt, letztendlich Fleisch geworden in Spielreins Arbeit "Die Destruktion als Ursache des Werdens". In der Ambivalenz der Liebe drückt sie aus, wie sie selbst diese erlebt hat, wahrscheinlich nur so erleben konnte. Demütigung, Verzicht und Dramatik gehören zu diesem Repertoire. Sie scheinen aber der Erlebnisschatz vieler Frauen zu sein, ob sie nun hysterisch werden oder depressiv oder nur psychosomatisch gestört. Die Ursache ihres mehr oder minder pathologischen Verhaltens liegt darin, daß sie über Jahrtausende Verfügungsmasse im Spiel der Männer nach Macht und Ansehen waren. Auch Sabina Spielrein durfte Jungs Zuneigung nur so lange genießen, so lange sie seiner Karriere nicht im Wege stand.

Den realen Siegfried, der allerdings den Namen Franz erhielt, gebar dann Emma Jung, just zu dem Zeitpunkt, an dem Jung seine Affäre mit Sabina Spielrein beendete. Noch 1918, fünf Jahre nach der Geburt ihrer Tochter Renata, die sie während der Schwangerschaft durch die intensiven Gedanken an "Siegfried" fast verloren hätte und deswegen die Wiedergeborene nannte, stellte sie resignierend fest: "Den Knaben hat nun eine andere gekriegt, ich habe das Mädchen" (Spielrein an Jung vom 6. 1. 1918, zit. nach Carotenuto 1986, 168).

Sie war mit Jung noch lange nicht fertig, das beweisen Briefe und Tagebuchaufzeichnungen, in denen sie zwischen Aussagen wie "Siegfried falle" (Spielrein an Jung vom 10. 6. 1909, zit. nach Carotenuto 1986, 91) und "Siegfried lebt, lebt, lebt" (Tagebuch vom 19. 10. 1910, 71) schwankt. Resignation und Hoffnung wechseln einander lange Zeit ständig ab. Schließlich zog sie am Ende ihres Schriftverkehrs mit Jung folgendes Resümee ihrer Beziehung: Siegfried als leibliches Kind sei ihr nicht vergönnt gewesen, und sublimiert in ein wissenschaftliches Werk oder ein Kunstwerk habe er es verworfen (Höfer 1993, 221). Ihr blieb daher von ihrer Liebe zu Jung nichts als die Erinnerung und ihre vermutlich lebenslange Abhängigkeit von ihm. Sie schenkte dem Vater (= Jung) ein Kind (= Kot = Siegfried), erlebte von diesem durch seine Lieblosigkeit und seinen Zynismus Gewalt, die ihr aber langfristig scheinbar doch Lust bereitete. Die masochistischen Liebeserfahrungen ihrer Kindheit prägten ihr ganzes Leben. Anderen gegenüber mag sie vielleicht launisch und kapriziös gewesen sein, in Jung hatte sie "ihren Meister" gefunden, dem sie sich, trotz einiger Auflehnungsversuche, unterwarf. Entziehen konnte sie sich ihm erst durch die "Flucht" in die Sowjetunion.

Wie erlebte dieser "Meister" seine Patientin und Schülerin? Zuerst dürfte er von ihrer Intelligenz und Bildung fasziniert gewesen sein. Äußerlich glich sie zwar, nach eigenen Angaben, damals eher einer Bäuerin, da sie sich weigerte, sich besonders herzurichten, aber sie war jung und meinte über sich selbst:

"bis zur Taille geniere ich mich nicht, ich freute mich, dass ich die Formen einer erwachsenen Frau habe, ich freute mich, dass meine Haut zart, die Formen schön und kräftig ausgebildet sind. Habe ich auch ein ganz gewöhnliches Gesicht, so kann ich doch gefallen" (Tagebuch vom 27. 8. 1909, zit. nach Carotenuto 1986, 40).

Andererseits lösten ihre Defäkationsvisionen in ihm vermutlich Angst aus, da auch er solche gehabt hatte. In seiner Kindheit sah er vor seinem geistigen Auge, wie das Basler Münster von einem ungeheuren Exkrement zerschmettert wurde, das vom göttlichen Thron gefallen war. Beide verbanden also zunächst anal-erotische Vorstellungen, weiters aber auch die Teilnahme an Assoziationsexperimenten, die Ludwig Binswanger, damals Assistenzarzt am Burghölzli, durchgeführt hatte. Sie beruhten darauf, daß zu verschiedenen Reizworten frei assoziiert werden sollte. Wenn bei bestimmten Worten Verzögerungen oder scheinbar unpassende Antworten erfolgten, dann konnte man bei Häufungen auf einen Komplex schließen. Binswanger entdeckte bei Jung einen Sohn-Komplex (bisher war er Vater von zwei Töchtern) und einen Reue-Komplex, der nach Sabina Spielreins Aussage etwas mit ihr zu tun hatte. Diese beiden paßten gut zu deren Siegfried-Komplex. Jung wünschte sich offenbar einen Sohn, Sabina wollte dessen Mutter werden. Auch später beklagte er sich in einem Brief an Freud, daß sie ihm einen wüsten Skandal ausschließlich deshalb machte, weil er "auf das Vergnügen verzichtete, ihr ein Kind zu zeugen" (Brief an Freud vom 7. 3. 1909, zit. nach Carotenuto 1986, 232).

In die Zeit von Sabinas Analyse fällt auch Freuds Brief an Jung, in der er die Psychoanalyse als "Heilung durch Liebe" bezeichnete.

"Ihnen wird nicht entgangen sein, daß unsere Heilungen durch die Fixierung einer im Unbewußten regierenden Libido zustandekommen (Übertragung), die einem nun bei der Hysterie am sichersten entgegenkommt. Diese gibt die Triebkraft zur Auffassung und Übersetzung des Unbewußten her; wo diese sich weigert, nimmt sich der Patient nicht diese Mühe oder hört nicht zu, wenn wir ihm die von uns gefundene Übersetzung vorlegen. Es ist eigentlich eine Heilung durch Liebe. In der Übertragung liegt dann auch der stärkste, der einzig unangreifbare Beweis für die Abhängigkeit der Neurosen vom Liebesleben" (Freud an Jung vom 8. 12. 1907, zit. nach Kerr 1994, 153).

1908 dürfte Jung diese Heilung durch Liebe etwas zu beschwerlich geworden sein, denn er beendete die Analyse mit Sabina Spielrein. Nun wollte er durch ihre Liebe geheilt werden, unabhängig von sozialen Vor- und Nachteilen und selbstlos. Er flehte daher seine ehemalige Patientin an "Geben Sie mir in diesem Augenblick etwas zurück von der Liebe und Geduld und Uneigennützigkeit, die ich Ihnen zur Zeit Ihrer Krankheit geben konnte. Jetzt bin ich krank" (Jung an Spielrein vom 4. 12. 1908, zit. nach Carotenuto 1986, 196). Und Sabina scheint sein Flehen erhört zu haben. Sie war sicher nicht die ideale Geliebte wie später Toni Wolff, die sich total seinen Wünschen und Bedürfnissen untergeordnet hatte, aber sie war jung, intelligent, gebildet, unerfahren, phantasiebegabt, hingebungsvoll, und vielleicht reizte Jung gerade dieses gewisse Etwas an Widerstand und Eigenständigkeit. Sie wurde zu seiner negativen "Anima", zur Frau, die man zwar begehrt, aber auch fürchtet. Somit hat sie ihm zu guter Letzt doch noch ein Kind geschenkt in Form einer Idee, die sich entscheidend in seinem Gesamtsystem niederschlagen sollte.

Im letzten Abschnitt der Affäre wurde auch Freud involviert. Zuerst tröstete er Jung, der sich als Opfer einer Intrige und als mustergültigen Ehemann hinstellte, mit den Worten "Verleumdet und von der Liebe, mit der wir operieren, versengt zu werden, das sind unsere Berufserfahrungen, deretwegen wir den Beruf wirklich nicht aufgeben werden" (Freud an Jung vom 9. 3. 1909, zit. nach Carotenuto 1986, 233 f.).

Daraufhin enttarnte Jung die Dame, die ihn verleumdet hatte, als seinen Schulfall Spielrein und zieh sie der planmäßigen Verführung. Freud zeigte wiederum volles Verständnis für Jungs Gegenübertragung und gestand, daß er manchmal auch nahe daran gewesen war, sich verführen zu lassen. Er warnte vor dem "großartigen Naturschauspiel", das diese Frauen bieten, indem sie "alle erdenklichen psychischen Vollkommenheiten als Reize aufbringen, bis sie ihre Zwecke erreicht haben" (Freud an Jung vom 7. 6. 1909, zit. nach Carotenuto 1986, 238).

Erst nach Sabina Spielreins zweitem Brief an Freud, in dem sie ihm ausführlich über Jungs Vorgehen gegenüber ihrer Mutter und ihre eigene Beziehung zu diesem berichtete, begann Freud an Jungs Version vorsichtig zu zweifeln, bat ihn aber gleichzeitig, nicht zu stark in die Zerknirschung und Reaktion zu gehen, denn "Mit einem leisen Stirnrunzeln über den Widerstand der Materie setzt der Forscher seine Arbeit fort" (Freud an Jung vom 18. 6. 1909, zit. nach Carotenuto 239).

Erst Jungs Brief an Freud vom 21. 7. 1909 rückte die Ereignisse einigermaßen wieder ins rechte Licht. Da dieser viel über Jungs Charakter und seine Beziehung zu Sabina Spielrein aussagt, möchte ich ihn ausführlich zitieren.

"Ich habe Ihnen in meiner Spielrein-Affäre Gutes zu melden. Ich habe viel zu schwarz gesehen. Ich erwartete nach der von mir herbeigeführten Trennung sozusagen mit Sicherheit eine Rache und war nun tief enttäuscht über die Banalität der Form. Vorgestern hat sich nun Frl. Spielrein bei mir eingefunden und hat in anständigster Weise mit mir gesprochen, wobei es sich auch herausgestellt, daß ein über mich herumschwirrendes Gerücht gar nicht von ihr stammt. Ich habe aus erklärlichem Beziehungswahn das Gerücht ihr zugeschoben, was ich also hiemit zurückziehen möchte. Ferner hat sich Frl. Spielrein in bester und schönster Weise von der Übertragung freigemacht und kei-

129

nerlei Rückfall erlitten (außer eines Weinkrampfs unmittelbar nach der Trennung). Die Absicht zu Ihnen zu kommen zielte nicht etwa auf Intrige, sondern darauf, den Weg zu mir zu einer Unterredung zu bahnen. Nun hat sich Frl. Spielrein aber nach ihrem zweiten Brief direkt an mich gewendet. Ohne in eine hilflose Reue zu verfallen, beklage ich doch die Sünden, die ich begangen, denn ich bin in weitem Maße an den hochgehenden Hoffnungen meiner ehemaligen Patientin schuldig. So diskutierte ich ernstlich (nach meinem ursprünglichen Prinzip, alle Menschen bis zur Grenze des Möglichen ernst zu nehmen) mit ihr das Problem des Kindes, wobei ich mir einbildete, ich rede theoretisch, natürlich stark Eros dahinter. So schob ich auch alle anderen Wünsche und Hoffnungen ganz auf Seite meiner Patientin, ohne das gleiche an mir zu sehen. Als sich auf diese Weise die Situation so zugespitzt hatte, daß bei weiterem Perseverieren der Beziehung nur noch sexuelle Akte das Bild richtig abschließen konnten, da wehrte ich mich in einer Weise, die sich moralisch nicht verteidigen läßt. In meinem Wahne befangen, ich sei quasi das Opfer der sexuellen Nachstellungen meiner Patientin, schrieb ich an deren Mutter, daß ich nicht der Befriediger der Sexualität ihrer Tochter, sondern bloß der Arzt sei, weshalb sie mich von der Tochter befreien solle. In Anbetracht des Umstandes, daß die Patientin noch kurz vorher meine Freundin war, die mein weitgehendes Vertrauen hatte, war meine Handlungsweise eine durch die Angst eingegebene Schufterei, die ich Ihnen als meinen Vater sehr ungern gestehe" (Jung an Freud vom 21. 6. 1909, zit. nach Carotenuto 1986, 240 f.).

Erst also, nachdem er sicher sein konnte, daß weder Sabina noch ihre Mutter irgendetwas unternehmen wollten, was ihm und seiner Karriere schaden hätte können, begann er Farbe zu bekennen, und bezeichnete seine Handlung als Schufterei. Freud seinerseits entschuldigte sich bei Sabina Spielrein mit "ein paar liebenswürdigen, Genugtuung bietenden Zeilen" (Freud an Jung vom 30. 6. 1909, zit. nach Carotenuto 1986, 242). Später unterhielten sich die beiden Herren über sie in etwas herablassendem Tonfall und nannten sie die "Kleine", wenn sie von ihrer Arbeit "Die Destruktion als Ursache des Werdens" sprachen. Diese fand übrigens bei beiden nicht die richtige Würdigung, Freud war sie zu biologisch, Jung erinnerte sie wahrscheinlich zu stark an beider Affäre mit ihrem papiergewordenen "Siegfried".

Johannes Cremerius bezeichnet in seinem Vorwort zu Carotenutos Buch das Ganze als furchtbare Geschichte, in der eine Frau das Opfer zweier Männer wurde. Sie erzählt von der "Komplizenschaft zweier Ärzte, von denen einer (Jung) einen schweren Kunstfehler begangen hat, und der andere (Freud), sein Lehrer, den Schüler gegen die Geschädigte deckt" (zit. nach Carotenuto 1986, 9). Der eine denkt an seinen Ruf, der andere an den Ruf der Psychoanalyse. Daß das Opfer eine schwere psychische Krankheit überwunden hat und möglicherweise einen Rückfall bekommen könnte, bedenkt keiner. Tatsächlich spielte Sabina

Spielrein mit Selbstmordgedanken, und ihre Tagebucheintragungen weisen auf einen chaotischen Gedankengang und eine ebensolche Gefühlslage hin. Es verwundert einen, wenn ihr Vater, als er von der Affäre erfuhr, meinte, sie werde sich schon selbst helfen. Ihre Mutter stand ihr in schwerster Zeit zur Seite, aber letztendlich war es Sabina Spielreins eigene Leistung, sich von Jung in Liebe zu trennen, obwohl sie dazu viele Jahre gebraucht hat und wahrscheinlich zu diesem Zweck in eine Ehe geflüchtet ist, die vermutlich nicht sehr glücklich war. Somit führte sie die Familientradition weiter und machte ähnliche Erfahrungen wie die Mutter. Wieviel Liebe sie selbst an ihre Töchter weitergeben konnte, ist fraglich, wenn man bedenkt, daß sie fünf Jahre nach der Geburt der ersten Tochter bedauerte, keinen "Siegfried" geboren zu haben.

Ihre bedeutende Leistung für die Wissenschaft liegt darin, daß sie Freud verhalf, die Bedeutung der Gegenübertragung zu verstehen und die Ambivalenz der Libido zu erkennen. Bei ihm weist wenigstens eine Fußnote in seinem Werk "Jenseits des Lustprinzips" auf ihre geistige Urheberschaft hin. Jung hingegen erwähnt Sabina Spielrein in seinen Büchern mit keinem Wort, obwohl sie ihn zum Animabegriff inspiriert hat. Nur in einem Interview aus dem Jahre 1959 erzählte Jung von einer Frau, die ähnlich der "Königin von Saba", eine "geheimnisvoll Liebende" und eine "große Zauberin" gewesen sei. Sie habe für ihn die "mystische Blume der Seele" verkörpert (zit. nach Höfer 1993, 253).

4. Liebe und Religion:
Übertragungsliebe bei Mystikerinnen und Heiligen

Wie wir schon hörten, hängen Religion und Erotik im Krankheitsbild der Hysterie eng miteinander zusammen. Das hat ursprünglich damit zu tun, daß Religion, vor allem im orientalischen Raum, mit Sexualität gekoppelt war, und erst deren Entkoppelung durch das christliche Keuschheitsideal führte zur hysterischen Ersatzhandlung. Die heilige Hochzeit zwischen Priesterin, als Repräsentantin der Göttin, und einem Jügling, später dem König, diente der Beschwörung der Fruchtbarkeit und Erneuerung der Natur. Als nomadisierende Hirtenvölker die Ackerbauern eroberten, ersetzte ein oberster Gott die Göttin und die poetische Beschreibung des Liebesaktes dessen Realisierung im kultischen Bereich. Im Judentum offenbart sich Gott seinem Volke als Bräutigam, der folgenden Dialog mit seiner Braut führt:

"Wende dich, wende dich, Schulammit!/Wende dich, wende dich,/damit wir dich betrachten./Was wollt ihr an Schulammit sehen?/Den Lager-Tanz./Wie schön sind deine Schritte in den Sandalen,/du Edelgeborene./Deiner Hüften Rund ist wie Geschmeide,/gefertigt von Künstlerhand./Dein Schoß ist ein rundes Becken,/Würzwein mangle ihm nicht./Dein Leib ist ein Weizenhügel,/mit Lilien umstellt./Deine Brüste sind wie zwei Kitzlein,/wie die Zwillinge einer Gazelle./Dein Hals ist ein Turm aus Elfenbein./Deine Augen sind wie die Teiche zu Heschbon/beim Tor von Bat-Rabbim./Deine Nase ist wie der Libanonturm,/der gegen Damaskus schaut./Dein Haupt gleicht oben dem Kamel;/wie Purpur sind deine Haare;/ein König liegt in den Ringeln gefangen./Wie schön bist du und wie reizend,/du Liebe voller Wonnen!/Wie eine Palme ist dein Wuchs;/deine Brüste sind wie Trauben./Ich sage: Ersteigen will ich die Palme;/ich greife nach den Rispen./Trauben am Weinstock seien mir deine Brüste,/Apfelduft sei der Duft deines Atems,/dein Mund köstlicher Wein,/der glatt in mich eingeht,/der Lippen und Zähne mir netzt./– Ich gehöre meinem Geliebten,/und ihn verlangt nach mir./Komm, mein Geliebter, wandern wir auf das Land,/schlafen wir in den Dörfern./Früh wollen wir dann zu den Weinbergen gehen/und sehen, ob der Weinstock schon treibt,/ob die Rebenblüte sich öffnet,/ob die Granatbäume blühen./Dort schenke ich dir meine Liebe./Die Liebesäpfel duften;/an unsrer Tür warten alle köstlichen Früchte,/frische und solche vom Vorjahr;/für dich hab' ich sie aufgehoben, Geliebter" (Die Bibel, Hohelied 7, 1980, 733 f.).

Im Christentum wird dieser Text als Verbindung Christi mit der Kirche oder als mystische Einheit der Seele mit Gott gedeutet. Daraus entwickelte sich im 12./13. Jahrhundert die christliche Mystik, deren Ziel die Unio mystica ist, die laut Bernhard von Claireaux ihren ekstatischen Höhepunkt in der Kontemplation erfährt. Prinzipiell konnten sowohl Männer als auch Frauen zu dieser Gottesschau gelangen, aber für Frauen war sie der einzige Weg zur Spiritualität, da ihnen das Studium an den Universitäten und somit eine rationale Auseinandersetzung mit der Gottesfrage verwehrt war.

Die Frauenmystik entfaltete sich in den Nonnenklöstern und in den Beginenhäusern. Ins Kloster traten meist Adelstöchter, oft noch im Kindesalter, ein und legten dort die Gelübde Armut, Keuschheit und Gehorsam ab. Ihr Entschluß war bindend und sie führten ein abgeschiedenes Leben. Die Beginen hingegen waren Frauen aus allen Schichten, die in den Städten zusammenwohnten und gemeinsam wirtschafteten, sich der Armen- und Krankenpflege widmeten, aber keine Gelübde ablegten und somit auch jederzeit die Gemeinschaft verlassen konnten. Oft schlossen sich dieser in Europa einmaligen sozialen und religiösen Frauenbewegung verheiratete Frauen, die sich von ihren Männern getrennt hatten, und Witwen an. Ihre freie Lebensart stach nicht nur den Zünften, die wirtschaftliche Konkurrenz fürchteten, sondern auch vielen Geistlichen ins Auge, da die Frau sich einem Mann, sei es der Vater, der Gatte oder ein Priester, unterzuordnen hatte. Beginen wurden daher häufiger als Nonnen der Häresie angeklagt und verfolgt.

Unter dem Einfluß des Neuplatonismus entwickelte sich die Lehre, daß Geschlechtlichkeit eine Angleichung der gefallenen menschlichen an die tierische Natur ist und somit die letzte Stufe der Divisio naturae darstellt, aber am Ende der Geschichte bzw. nach dem individuellen Tod wird die Trennung überwunden, die Kreatur kehrt wieder in die Gottheit zurück. Keusche Menschen können diese Stufe ansatzweise schon zu Lebzeiten erreichen. Daher sind Jungfrauen und Witwen den verheirateten Frauen überlegen. Die Frau als Mutter[14] war weniger angesehen, obwohl in dieser Zeit auch der Marienkult entstanden ist. Die Liebe zwischen Mann und Frau trug somit immer den Makel der Geschlechtlichkeit, und deswegen galt die entmaterialisierte Liebe zu Gott als die höchste Form des Liebens.

Um diese Liebe bemühten sich Mystiker und Mystikerinnen besonders. Bei letzteren nahm sie aber insofern stärker erotische Züge an, da sie als Frauen einem männlichen Gottessohn als Bräute Christi gegenübertraten. Die Versenkung in sein Lieben und Leiden mußte zwangsweise ihre sexuellen Phantasien beflügeln, bei manchen führte die Diskrepanz zwischen sehnsüchtiger Leidenschaft und Keuschheitsgelübde zu hysterischen Symptomen.

Als größte Mystikerin gilt Hildegard von Bingen (1098–1179). Sie wurde als zehntes Kind einer Familie des niederen Adels in Bemersheim in der Pfalz geboren, kam mit acht Jahren zu ihrer Tante in die Frauenklause des Benediktinerklosters Disibodenberg und nahm mit 14 Jahren den Schleier. 1136 wählten die Nonnen sie zur Meisterin, mit 43 Jahren erhielt sie den göttlichen Auftrag, den Inhalt ihrer übernatürlichen Visionen, die ihr seit ihrem fünften Lebensjahr erschienen sind, mitzuteilen. Sie verkehrte persönlich und brieflich mit den bedeutendsten Personen ihrer Zeit (Kaiser, Könige, Päpste), neben mystischen Schriften verfaßte sie welche zu den Themen Medizin, Naturwissenschaften, Philosophie und Musik. Ihre Zeitgenossen waren der Philosoph Abaelard und der Mystiker Bernhard von Clairveaux, der folgende Worte an sie richtete:

"Wir preisen die göttliche Gnade, die in dir wohnt ... Wie kann ich dich zu lehren oder zu beraten wagen, die du verborgenen Wissens teilhaftig geworden bist, und der Einfluß von Christi Salbung in dir weiterlebt. Du bedarfst keiner Unterweisung mehr, denn von dir sagt man, daß du fähig seist, die himmli-

Hildegard von Bingen
(Archiv für Kunst und
Geschichte, Berlin)

schen Geheimnisse zu prüfen und im Lichte des Heiligen Geistes zu erkennen, was jenseits menschlicher Erfahrung ruht. An mir ist es, dich zu bitten, mich und diejenigen, die mir in geistiger Brüderlichkeit verbunden sind, vor Gott nicht zu vergessen" (zit. nach Shahar 1981, 65).

Sie selbst hielt sich allerdings für eine melancholische Frau, welche sie in ihrer Typenlehre, in Anlehnung an Hippokrates, als eine beschreibt, die sich aus den Männern nichts macht. "Doch manchmal überkommt sie die Liebesfreude, wenn auch nur für kurze Zeit ... Wenn die Wechseljahre zu früh einsetzen, leiden sie oft an geschwollenen Beinen und werden nervös und ein wenig verrückt" (zit. nach Brocchieri 1991, 192). Aus ihrer "Vita" erfahren wir, daß sie als junges Mädchen viel geweint und sich vor den Menschen gefürchtet habe, später litt sie von Zeit zu Zeit an Sehstörungen und heftigen Schmerzen. Wenn sie aber etwas durchsetzen wollte, legte sie sich ins Bett und klagte über Lähmungen oder bekam die passende Vision. (In einer solchen bezeichnete sie z. B. Kaiser Friedrich Barbarossa als Dummkopf.) Meist war sie dabei erfolgreich.

Das zentrale Thema ihrer Visionen ist das "lebendige Licht"[15], das ihr alle Angst und Traurigkeit nimmt. Ein weiteres ist das des Windes, der als eine Metapher der Lust angesehen werden kann. Vor allem in ihren medizinischen Schriften beschäftigt sie sich mit den verschiedenen Lusterlebnissen unterschiedlicher Temperamente bei Männern und Frauen.

"Die Lust der Frau ist wie das Licht der Sonne, das sich sanft, gleichmäßig und lieblich über die Erde verbreitet, sie erwärmt und fruchtbar macht; würde es stärker brennen, müßte es mit seiner gleichbleibenden Glut die Früchte zerstören, anstatt sie reifen zu lassen" (205).

Brocchieri kommentiert das mit den Worten: "Für die betagte Jungfrau behielt der Liebesakt die alte sinnliche Schönheit, wie sie schon die heidnischen Dichter und das Hohelied ... besungen hatten" (205). Das ist in der Tat erstaunlich und für die mittelalterliche Mystik einmalig. Diese positive Sicht des Liebesaktes tritt uns höchstens noch in der Gestalt der Heloise entgegen, der Geliebten und Ehefrau Abaelards, die er aber nach seiner Entmannung ins Kloster steckte, damit sie Nonne werde. Obwohl sie seinen Befehlen gehorchte, sagte sie sich niemals von ihrer Liebe los, selbst unter der Androhung der ewigen Verdammnis. Aber sie war keine Mystikerin und Jungfrau, sondern eine Gelehrte und Liebende.

Hildegard kann auch nicht als der Prototyp der Hysterikerin angesehen werden, obwohl sie manchmal mit Angst und Konversion reagierte. Ihr scheint doch weitgehend die Sublimierung gelungen zu sein. Andere Nonnenviten belehren uns hingegen, daß nicht alle Frauen mit ihrer Keuschheit, Abgeschiedenheit und Untätigkeit so gut fertig geworden sind. Ihnen erschien in ihren Visionen nicht ein abstraktes Licht, sondern Christus in all seiner Körperlichkeit, und er zeichnete seine Bräute auch aus durch körperlich sichtbare Veränderungen wie Blutungen, Wunden, Schmerzen, Lähmungen, Erstarrungen, Zuckungen und Krämpfe. Als Richtschnur kann gelten: je schwerer das Leiden, desto vollkommener die Liebe Gottes. Zu diesem Zweck übte frau sich nicht nur in Askese im sexuellen Bereich, sondern auch in Fasten, Wachen und Selbstgeißelung. Es gab Gürtel, deren Dornen ins Fleisch stachen und somit einen Dauerschmerz mit Dauerblutungen verursachten.

Im Gegensatz zu ihrem asketischen Leben waren die Phantasien vieler Mystikerinnen blühend und üppig. Gertrude die Große (1256–1302) wähnte sich gemeinsam mit Gott, der sie in den Armen hielt und ihr erklärte "Badende Mädchen werden von helfenden Händen trockengerieben" (zit. nach Chassé 1993, 60), im Bade. Drücken sich so latente Masturbationsphantasien aus? In ihrem Alltagsleben verging allerdings fast kein Tag ohne irgendeine Krankheit oder körperliche Schwäche.

Agnes Blannbekin (13. Jahrhundert), eine österreichische Nonne, steigerte sich in ihr Mitleid mit dem Jesuskind sogar so weit hinein, daß sie die abgeschnittene Vorhaut auf ihrer Zunge spürte und sie an die 100mal verschluckte.

"So groß aber war die Süßigkeit beim Genießen des Häutchens, daß ich eine süße Umwandlung in allen Gliedern und Gelenken spürte. Bei dieser Offenbarung war ich selbst innerlich ganz von Licht durchfloßen, so daß ich mich selbst durch und durch betrachten konnte" (zit. nach von Braun 1985, 196).

Könnte in dieser Vision eine Kastrationsphantasie versteckt sein?

Noch deutlicher wird Angela von Foligno (1248–1309), die in ihren Visionen ihre Kleider ablegte und sich dem Gekreuzigten darbot. "Dabei versprach ich ihm, meine Keuschheit zu bewahren und ihn nicht durch eines meiner Glieder zu verletzen" (zit. nach Shahar 1981, 68). Die Keuschheit blieb auch hier an die Bewahrung der Jungfräulichkeit gebunden, andere lustspendende Handlungen waren offensichtlich gestattet. Indem sie den gekreuzigten Christus zum Geliebten erkor, manipulierte sie sich selbst in eine sehr aktive Rolle.

Margaretha Ebner (1292–1351) hingegen, über deren Leben der Schweizer Psychoanalytiker Oskar Pfister berichtet, erlebte im Zustand der mystischen Entrückung Ohnmachtsanfälle, bei denen sie auch schmerzunempfindlich war. Sonst lösten sich bei ihr Schweigen und zwanghaftes Schreien nach bzw. Reden über Jesus ab. Pfister interpretierte dieses Verhalten schon 1911 als hysterisch.

Viele Frauen kamen bereits als Kinder ins Kloster, wurden also ihren Bezugspersonen und ihrer gewohnten Umgebung entrissen und in eine fremde, oft sehr karge und strenge Umwelt gebracht. Ihre kindlichen Gefühle übertrugen sie daher auf Gottvater oder die Mutter Maria, die schwärmerischen und erotischen auf Christus, den Bräutigam, und ihre mütterlichen auf das Jesuskind. Manche Nonnen wähnten sich von Jesus schwanger oder sahen in ihm einen Säugling, den sie stillten.

Einen Höhepunkt erlebte die Brautmystik durch Mechthild von Magdeburg (1207–ca.1282), die sich mit 23 Jahren einer Beginengemeinschaft anschloß, später in ein Kloster eintrat und insgesamt über 40 Jahre in strenger asketischer Armut und Buße lebte. Acht Jahre lang erfuhr sie die Nähe Gottes, dann folgte eine Phase der Finsternis und

Entfremdung. Objektpsychologisch ausgedrückt wechselte sie von der narzißtischen Selbstverliebtheitsphase in die des Verlustes des Liebesobjektes. Mit 43 Jahren fing sie an, ihre ekstatischen Minneerlebnisse aufzuschreiben und in der Öffentlichkeit aufzutreten. Das war etwa dasselbe Alter, in dem auch Hildegard von Bingen damit begann. Mußten beide Frauen zuerst durch eine schwere Krise zu sich selbst finden, wie Bertha Pappenheim oder Sabina Spielrein, um dann wie jene ihre Gefühle zu sublimieren? Mit 43 Jahren erreichten sie vielleicht schon das Klimakterium; ihr Körper kam zur Ruhe, dafür erwachte ihr Geist. Bei Mechthild traten ihre ersten Visionen im Alter von 12 Jahren auf – hingen also möglicherweise mit der Menarche zusammen – und reichten bis ins fünfte Jahrzehnt. Sie füllten somit die ganze Dauer ihres biologischen Frauseins aus.

Ihre masochistischen Liebesqualen beschreibt sie in ihrem Werk "Offenbarung der Schwester Mechthild von Magdeburg oder das fließende Licht der Gottheit" mit folgenden Worten:

"Mein Leib ist in großer Qual,/meine Seele ist in hoher Wonne,/denn sie hat geschaut/und mit Armen umfangen/ihren Liebsten allzumal./Von ihm hat sie die Ärmste ihre Qual./Er zieht sie empor,/dass sie sich ganz verlor,/und nicht konnt an sich halten,/bis er sie in sich hineinnahm" (zit. nach Chassé 1993, 69).

Doch diese Qual dürfte sich ausgezahlt haben, denn die Vereinigung mit der Gottheit, ganz im Stile des Hoheliedes, ist der Lohn.

"Da sprach der liebende Mund,/der meine Seele küsste wund,/in seinen erhabenen Worten,/die ich niemals würdig hörte:/Du bist meiner Sehnsucht Liebesfühlen,/du bist meiner Brust ein süsses Kühlen,/du bist ein inniger Kuss meines Mundes,/du bist eine selige Freude meines Fundes,/ich bin in dir, du bist in mir,/wir können einander nicht näher sein,/denn wir sind beide in eins geflossen/und sind in eine Form gegossen/und verbleiben so ewig unverdrossen" (71).

Doch nicht nur im deutschsprachigen Raum und in Italien traten Mystikerinnen auf. Flandern, von wo aus die Beginenbewegung sich über Europa ausbreitete, war auch ein Zentrum der Frauenmystik im 13. Jahrhundert. Die hier lebende Hadewijch fühlte sich ebenso als Braut Christi wie Brigitta von Schweden (1303–1373), eine achtfache Mutter, die nach Rom zog und dort den Brigittenorden gründete, oder Teresa von Ávila (1515–1582), die Karmeliterin und unermüdliche Klostergründerin. Wenige lebten wie Juliane von Norwich als Inklusin, also eingemauert, und wenige stellten sich wie sie Gott als Dreifaltigkeit von Mutter, Vater und Heiligen Geist vor. Wenige wurden auch als Häretike-

Katharina von Siena vor Papst Gregor XI.
(Archiv für Kunst und Geschichte, Berlin)

rinnen verbrannt, wie Margarete Porete, eine Begine, die eine Schrift über die sieben Stufen göttlicher Gnade, die die Seele auf dem Weg zu Gott bewältigen muß, verfaßt hat. Auf der sechsten Stufe ist die Seele bereits so frei, daß sie die Sakramente entbehren kann. Diese kühne Annahme kostete ihr das Leben, sie wurde auf dem Scheiterhaufen verbrannt. Die massenhafte Verfolgung von Frauen wegen ihrer eigenwilligen Gedanken und ungewöhnlichen Verhaltensweisen sollte allerdings nicht dem finsteren Mittelalter, sondern der beginnenden Neuzeit vorbehalten bleiben.

Im 13. und 14. Jahrhundert wurde vor allem Italien zum Zentrum der religiösen Bewegungen. Hier entstanden die neuen Bettelorden der Franziskaner und Domenikaner, hier spielte sich aber auch der Machtkampf innerhalb der Kirche ab, der schließlich zur Kirchenspaltung mit einem Papst in Rom und einem in Avignon führen sollte.

Auf spirituellem Gebiet entwickelte sich der Herz-Jesu-Kult, als dessen bedeutendste Vertreterin Katharina von Siena (1347–1380) angesehen werden kann. Sie wurde dort als Tochter eines Färbermeisters geboren, der mit seiner Frau insgesamt 25 Kinder zeugte. Sie hatte eine Zwillingsschwester. Schon als Kind weihte sie Christus ihr Leben, indem sie betete und fastete. Bis zu ihrem Alter von 15/16 Jahren lebte sie völlig isoliert in ihrem Elternhaus, dann widmete sie sich den Werken der Barmherzigkeit. 1365 trat sie den Mantellaten, den Bußschwestern vom hl. Domenikus, bei. Das war keine feste Ordensgemeinschaft, sondern eine Gruppe von Frauen, die sich der Fürsorge für Arme und Kranke widmete. Katharinas herrisches Wesen stieß dort ebenso auf Widerstand wie zu Hause bei der Mutter. Sie repräsentiert somit den Frauentyp, der mystische Erfahrung und soziales Engagement vereinigte und sein Heil außerhalb der Klostermauern suchte.

Die große Wende in ihrem Leben setzte 1370 ein. Zu diesem Zeitpunkt war sie 23 Jahre alt. Ihr geistlicher Betreuer Raimund von Capua berichtet darüber in dem Buch "Legenda major":

"Eines Tages betete Katharina inbrünstiger als sonst das Gebet des Propheten: Schaffe mir, o Gott, ein reines Herz und einen gewissen Geist. In einer Erscheinung sah sie, wie Christus in der gewohnten Weise auf sie zutrat, ihre Brust öffnete, ihr Herz herausnahm und sich damit entfernte, so daß sie ohne Herz zurückblieb. Während einiger Tage beteuerte sie mir immer wieder, sie lebe ohne Herz. Eines Morgens blieb sie allein in der Kirche zurück. Himmlisches Licht umzuckte sie und mittendrin stand der Herr. Seine Hände hielten ein purpurnes, leuchtendes Herz umschlossen. Er neigte sich zu ihr herab, öffnete abermals die linke Seite ihrer Brust und bettete behutsam das Herz hinein; er sprach: Ich habe dir dein Herz genommen, um dir dafür meines zu geben. Es wird in dir zu einem dauernden Leben schlagen" (zit. nach Pleister 1983, 22).

Der Austausch von Herzen, eine Sprachmetapher für das sich gegenseitige Geben und Nehmen von Liebenden, fand in dieser Vision tatsächlich statt. Auch später spielten Herz und Blut eine zentrale Rolle in ihrem Leben. Sie begleitete einen zum Tode Verurteilten auf seinem letzten Weg und fing sein abgeschlagenes Haupt in ihrem Schoße auf, so daß sie über und über mit Blut bespritzt wurde; sie hauchte für Stunden ihr Leben aus, wobei ihr Herzschlag scheinbar aussetzte, und nahm an den Freuden des Himmels und den Qualen des Fegefeuers und der Hölle teil; sie trug die Wundmale Christi und berichtete knapp vor ihrem Tod, Gott habe ihr das Herz herausgerissen und es der Kirche hineingepreßt.

In der nüchternen Sprache des 20. Jahrhunderts hingegen zeigte sie hysterische und anorektische Symptome. Visionen heißen dann Halluzinationen, Scheintod und Stigmatisierung sind das Resultat von Autosuggestion, und ein gebrochenes oder gestohlenes Herz gilt als die Folge von seelischen und körperlichen Krisen, die eine Herzschwäche oder Herzattacke auslösen können. Und Krisen gab es in ihrem Leben

genug. 1347 mußte sie sich z. B. vor dem Generalkapitel der Dominikaner in Florenz wegen ihrer religiösen Lebensführung verantworten,
was in dieser Zeit auch die Verurteilung als Häretikerin bedeuten hätte können. Später korrespondierte sie, ähnlich wie Hildegard von Bingen, mit hohen weltlichen und geistlichen Würdenträgern und ver-
schonte sie nicht mit ihrer Kritik, obwohl sie des Lateinischen nicht
mächtig war und ihre Briefe in ihrem regionalen Dialekt diktierte. Sie
litt sehr an der Kirchenspaltung und sprach sich sogar für einen Kreuz-
zug, um diese zu beenden, aus. Katharina war eine leidenschaftliche
Frau, die ihren Körper so sehr kasteite, daß er vermutlich aus Schwäche
zusammenbrach. Ernst Bloch brachte ihr Verhalten und das vieler anderer Mystikerinnen in seinem Werk "Das Prinzip Hoffnung" auf den
Punkt, wenn er meint:

"Gesundheit ist in der kapitalistischen Gesellschaft Erwerbsfähigkeit, unter Griechen war sie Genußfähigkeit, im Mittelalter Glaubensfähigkeit. Krankheit galt
damals als Sünde (daher vor allem die furchtbare Behandlung der Irren, in
Ketten und Kerker), also war der sündenarme Mensch der bestgeratene. Also
galt Caterina von Siena, die für jeden bürgerlich-aufgeklärten Arzt von heute
eine Hysterische ist, als hochgradig normal" (zit. nach Pleister 1983, 16).

Während die Dichterin Annette Kolb sie für eine moderne Frau hielt,
eine Frauenrechtlerin, weil

"sie mit der Sitte, mit allen Konventionen bricht ... Mönche und junge Ritter
ihres Alters in ihrem Gefolge hat, frei und königlich einherschreitet ... hoch-
gebildete Männer den Rat der Färberstochter einholen und der Spott der Rau-
hen vor ihr verstummt. Das Mystische an Caterina ist sie selbst" (15).

In späteren Jahrhunderten versiegten dann die von Gott inspirierten
Visionen und wurden von teuflischen abgelöst. Erst im Zeitalter der Romantik, in dem man sich wieder stärker mit dem Mittelalter beschäftigte,
tauchen Seherinnen und Stigmatisierte, wie Friderike Hauff oder Anna
Katharina Emmerich, auf. Sie werden zum Forschungsobjekt der dynamischen Psychiatrie, von der ein Zweig sich zur Psychoanalyse entwickelt hat.

5. Liebe und Gewalt: Hexen und ihre Folterer

Bevor wir uns dem Hexenwesen zuwenden, möchte ich auf eine Gestalt
hinweisen, die man quasi als Bindeglied zwischen Heiligen und Hexen
ansehen kann, nämlich Jeanne d'Arc, die Jungfrau von Orléans. Sie
fällt auch zeitlich in jene Zwischenperiode, in der der Übergang von
der Beschuldigung der Ketzerei zu der der Zauberei stattgefunden hat.

Jeanne d'Arc

Jeanne wurde 1412 als Tochter eines reichen Bauern in Domrémy an der Maas geboren. Im Alter von 13 Jahren hörte sie Stimmen, die ihr ein Leben in Keuschheit geboten. Etwas später befahlen ihr dieselben, Frankreich, das sich im 100jährigen Krieg mit England befand, zu retten. 1429 gelang es ihr, die sehr überzeugend und selbstbewußt auftrat, in Rüstung und mit einer Eskorte bis zum Dauphin, dem späteren König Karl VII., vorzudringen. Sie bot ihm ihre Dienste an und der zunächst noch Zögernde konnte schließlich von ihrer göttlichen Sendung überzeugt werden. Jeannes Gefolge wuchs rasch an, und es gelang ihr schließlich, das von den Engländern belagerte Orléans zu befreien. Sie stand an der Seite des Königs, als dieser in der Kathedra-

141

le von Reims gekrönt wurde. Doch nun begann sich ihr Schicksal zu wenden. 1430 wurde sie von den Burgundern, den Verbündeten der Engländer, gefangengenommen und schließlich an diese ausgeliefert. 1431 fing der gegen sie eröffnete Inquisitionsprozeß an, der, auf Betreiben der Engländer, mit einer Verurteilung und dem Tod auf dem Scheiterhaufen endete. 1456 wurde sie rehabilitiert, aber erst 1920 heiliggesprochen.

Bei ihrem Prozeß gab sie an, daß sie den Stimmen der hl. Katharina und der hl. Margarethe, aber auch denen des Erzengels Michael gefolgt sei. Das gab der 17jährigen offensichtlich auch die Kraft und das Selbstvertrauen, folgendes zu formulieren:

"Niemand auf der Welt, nicht König, nicht Herzog, kann das Königreich Frankreich wiedererlangen. Es gibt keine Hilfe als durch mich! Und dennoch, ich würde lieber neben meiner armen Mutter spinnen – denn dies hier ist nichts für mich, aber ich muß gehen, ich muß es tun, denn es ist der Wille des Herrn" (zit. nach Eis 1983, 95).

Sie entwickelte also Größenphantasien, die aber, ähnlich wie bei Sabina Spielrein, an große Opfer gebunden waren. Aber wem zuliebe wollte sie sich opfern? Christus war es nicht, denn Gott tritt hier zwar als Befehlsgeber, nicht aber als Phantasiebeflügler auf. Sie hörte auch eher die Stimmen seiner Untergebenen. Es könnte jedoch der König gewesen sein, der Gedanken und Gefühle des jungen Mädchens beschäftigt hatte. Sicher sprach man in ihrem Dorf von dem damals 26jährigen, der von der eigenen Mutter als Bastard bezeichnet wurde und daher nicht gesalbt und gekrönt werden konnte. Vielleicht wuchs in ihr die Idee, diesem König, mit dem sie sich eher identifiziert als ihn angeschwärmt haben dürfte, zu seinem Recht zu verhelfen und ihn bei der Rückeroberung seines Königreiches zu unterstützen. Es ist eher die Liebe eines Gefolgsmannes, der seinem Herrn auf Leben und Tod ergeben ist, als die eines verliebten Mädchens. Deswegen auch die Männerkleidung, die sie sogar im Kerker nicht ablegen wollte und deretwegen sie letztendlich den Tod auf sich nahm.

Und doch waren es vor allem die Stimmen von zwei weiblichen Heiligen, die sie lenkten. Weiters versicherte sie, daß sie lieber bei ihrer Mutter bliebe, um ihr beim Spinnen, einer typischen weiblichen Tätigkeit, zu helfen. Wir scheinen es also mit einer Adoleszentin zu tun zu haben, die auf der Suche nach ihrer geschlechtlichen Identität war, ähnlich wie Ida Bauer z. B., und der eine historische Situation die Chance bot, über die Konvention hinauszugehen, allerdings mit letztlich verheerenden Folgen.

Die Anklage gegen sie lautete: Hexerei, Ausübung der Schwarzen Kunst, Vergehen gegen die Einheit der Kirche, unziemliches Verhalten und Aufhetzung zu Krieg und Grausamkeit. Unter den Punkt "unziemliches Verhalten" fiel das Tragen von Männerkleidern, da es gegen das Kirchenrecht verstieß. Angesichts des drohenden Todes widerrief sie alles. Da man ihr aber die Frauenkleider, die sie gezwungenermaßen nun angelegt hatte, wegnahm und sie nicht nackt unter den Kerkerknechten sein wollte, zog sie wieder Hosen an. Deswegen zur Rede gestellt, erkannte sie, daß ihr Tod eine beschlossene Sache war. Sie nahm daher ihren Widerruf zurück, was Exkommunikation und Feuertod nach sich zog.

War Jeanne hysterisch, weil sie Stimmen hörte und dadurch die Aufmerksamkeit auf sich zog? Ein französischer Nervenarzt soll darauf geantwortet haben: "In Irrenhäusern gibt es stets zahlreiche Johannas, aber keiner von ihnen ist es gelungen, Frankreich zu befreien" (zit. nach Eis 1983, 92).

Die große Zeit der Hexenverfolgung sollte erst kommen. Woher stammt der Ausdruck Hexe? Er geht auf das althochdeutsche Hagazuzza (= Zaunreiterin) zurück und bedeutet ursprünglich ein nachtfahrendes dämonartiges weibliches Wesen. Der Dämonenglaube hat aber auch römisch-heidnische, ja sogar jüdische Wurzeln. Während des Mittelalters entwickelte sich eine Art Sekte, die vor allem im bäuerlichen Bereich verbreitet war und heidnische Naturgottheiten, wie Diana (griech. Artemis) oder Bacchus (griech. Dionysos), verehrte. Aus letzterem entwickelte sich der Satan oder Teufel, mit Bockfüßen und Zottelfell, der von den Anhängern des Hexenkultes als Gegenfigur zu Christus verehrt worden ist. Ihm zu Ehren feierte man den Sabbat und übte Schwarze Magie. Frauen taten sich bei diesem Kult besonders hervor, sie waren es schließlich, die über Naturheilkunde und Geburtshilfe von alters her Bescheid wußten. Doch auch der Scholastik, die an den Universitäten vertreten war, war der Dämonenglaube nicht fremd. Thomas von Aquin und Albertus Magnus, die größten Theologen des Mittelalters, erwähnten in ihren Schriften "Succubi" und "Incubi", also weibliche und männliche Teufel, die Mensch und Tier befallen können. So erklärte man sich damals das Phänomen der Besessenheit.

Im Spätmittelalter, als wegen der Kritik an der herrschenden Kirchenpraxis immer mehr Sekten, oder, wie sie die Kirche nannte, Häresien entstanden, verschmolzen Dämonenglaube, Ketzerei und Zauberei zu einer Einheit, die für die herrschende geistliche und später auch weltliche Macht eine ernsthafte Bedrohung darstellte. Zumal die Kirche selbst zuerst durch das Schisma, später durch die Reformation gespalten war und das christliche Universalreich sich in National- und Territorialstaaten auflöste.

Der Großinquisitor de Torquemada

Die Verfolgung von Ungläubigen oder Ketzern wurde vor allem ab 1231 durch die Einführung der Inquisition erleichtert, seit 1352 durfte dabei auch die Folter angewendet werden. Allmählich floß in die Ketzerprozesse immer stärker das Element der Zauberei ein. Bereits 1460 verfaßte der Dominikaner Nikolas Jaquier das Buch "Ketzergeißel", in dem Hexensabbat, Hexenmale (Stigmata diaboli), Hexenflug, Teufelspakt und Teufelsbuhlschaft als Anklagepunkte vorkamen. Sie fanden erstmals beim großen Prozeß von Arras Anwendung. Die Anklage lautete folgendermaßen:

"Sie reiten auf gesalbten Stöcken durch die Luft zum Hexensabbat, speisen da, huldigen dem als Bock, Hund, Affe oder Mensch erscheinenden Teufel durch obszöne Küsse oder durch Opfer, beten ihn an, ergeben ihm ihre Seelen, treten das Kreuz, speien darauf und verhöhnen Gott und Christus; nach der Mahlzeit treiben sie untereinander und mit dem Teufel, der bald die Gestalt eines Mannes, bald die eines Weibes annimmt, die abscheulichste Unzucht" (zit. nach Hammes 1977, 40).

Wesentlich weiter verbreitet und unheilvoller war das Werk der beiden deutschen Dominikaner Heinrich Institoris und Jakob Sprenger "Der Hexenhammer" (Malleus maleficarum, 1487), das die Grundlage für die Entstehung eines bis zur Massenhysterie gesteigerten Verfolgungswahnes lieferte. Zu den schon genannten Vorwürfen kam vor allem der der Zauberei hinzu. Dabei unterschied man letztendlich nicht mehr zwischen gutem und bösem Zauber (Maleficum) und beschuldigte vor allem Frauen (80–90 % der Opfer) dieses Verbrechens. Die ersten Opfer waren alte Frauen, Hebammen und Heilkundige, vielleicht auch Besessene, später konnte es jede treffen, ob jung oder alt, schön oder häßlich, arm oder reich. Der Wahn erreichte seinen Höhepunkt von 1560 bis 1630, also in der Zeit der Religionskriege, wobei Katholiken und Protestanten daran beteiligt waren. Am stärksten betroffen von der offiziellen Hexenjagd waren Frankreich, Süd- und Westdeutschland, die Schweiz und die Alpenregion, die Benelux-Länder und Schottland. Allmählich übernahm der Staat die Verfolgung, wobei sich vor allem Juristen wie Jean Bodin oder Naturwissenschaftler wie Francis Bacon als Hexenjäger hervortaten. Priester und Ärzte wurden jetzt immer häufiger zu Fürsprechern der Frauen. Trotzdem hatte die Männergesellschaft ihr Ziel erreicht – die einst naturmächtige Hexe wurde in ein hilfloses Opfer umgewandelt, die Frau war endgültig domestiziert, weibliche Kultur- und Solidargemeinschaft, sowie frauenspezifische Tradierung von Wissen über den eigenen Körper wie über Naturkräfte zerstört. Die Zahl der Opfer schwankt zwischen mehreren 100 000 und einigen Millionen. Wie auch immer, es dürfte feststehen, "daß diese Prozesse mit Ausnahme der Judenverfolgung die größte nicht kriegsbedingte Massentötung von Menschen durch Menschen in Europa bewirkt haben" (Frauenlexikon 1989, 497).

Besonders bei der Durchführung der Folter zeigte sich, daß es nicht nur um das Brechen der sozialen Macht und Selbständigkeit der Frau ging, sondern um das Ausleben verbotener pervers-sadistischer Wünsche und Phantasien. Während der Blütezeit der Hexenverfolgung waren nicht die Opfer besessen, sondern ihre Folterer. Es begann schon bei der scheinbar wissenschaftlichen Untersuchung des Körpers nach den Hexenmalen, wobei auch die intimen Zonen nicht ausgespart blieben, und setzte sich fort beim Teilhaben an den Folterqualen, bei denen die Gemarterten keuchten, schrien, stöhnten, sich in Krämpfen wanden und schließlich in Ohnmacht fielen, ähnlich wie Liebende oder Besessene, die den Liebesakt simulieren, aber hervorgerufen durch ihre

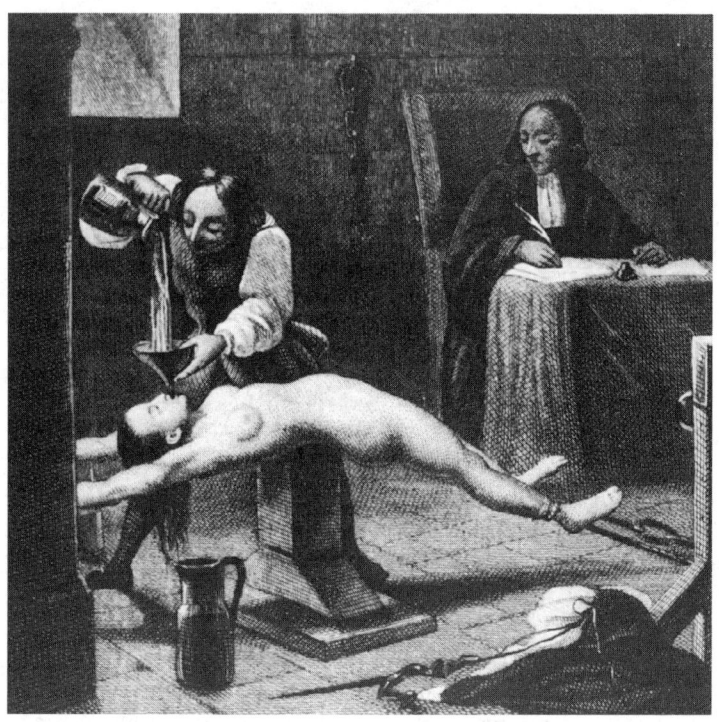

Folterszene

perversen Folterknechte und Richter. Sigmund Freud führte dieses Verhalten in der Zeit, als er die Verführungstheorie vertrat, darauf zurück, daß beide, Opfer und Folterer, in der Kindheit verführt worden seien und somit die Verführungsszene mit verteilten Rollen nachspielen, der Mann jetzt als Täter. Er vergleicht die Geständnisse der Hexen mit denen seiner Hysterikerinnen, die zugaben, daß sie Stecknadeln verschluckt und sich die Brüste zerkratzt haben. Er verweist in einem Brief an Wilhelm Fließ vom 17. 1. 1897 auf Emma Eckstein, die eine Szene erzählt hat, "wo ihr der Diabolus Nadeln in die Finger sticht und auf jeden Blutstropfen ein Zuckerl legt" (Freud an Fließ, zit. nach Masson 1986, 238). Auch die Anästhesie vieler Hysterikerinnen bringt er mit der Gefühllosigkeit der Hexenmale in Verbindung und wähnt sich auf den Spuren eines alten orientalischen Sexualkults. Er scheint aber vergessen zu haben, daß hier der Göttin geopfert wurde, daß also zumindest ein Rollentausch stattgefunden hat. Wenn die Perversion das Negativ zur Hysterie ist, dann gab es tatsächlich immer eine enge Beziehung zwischen Täter und Opfer, allerdings weitgehend auf freiwilliger Basis. Ich glaube nicht, daß alle Frauen, die dem Hexenwahn zum Opfer fielen, potentielle Masochistinnen waren, die in ihrer Kindheit verführt worden sind und seither nur darauf gewartet haben, gequält zu werden, sehr wohl aber dienten sie ihren Folterern als Projektionsfläche für deren sadistische Wünsche. Lorenzer vergleicht diese erzwungene Folie à deux mit der Beziehung während der Psychoanalyse: "Anstelle der intimen Verschränkung von Übertragung und Gegenübertragung steht der erzwungene Rapport zwischen Opfer und Inquisitor" (Lorenzer 1984, 45). Bei beiden geht es um ein Geständnis. Der wesentliche Unterschied scheint mir aber darin zu liegen, daß man in der Psychoanalyse sich auf Wahrheitssuche begibt, während bei diesen Verhören die "Wahrheit" von allem Anfang an feststand und man sie mit Gewalt aus der "Schuldigen" herauspressen mußte. Der Weg zur Wahrheit in der Psychoanalyse mag auch ein qualvoller sein, und die "szenische Inszenierung" hängt von der Persönlichkeit der beiden Akteure ab, aber am Ende steht die Selbsterkenntnis, während am Ende eines Hexenprozesses Unterwerfung und Vernichtung standen. Vielleicht haben sich manche Hexenjäger in ihrem Wahn sogar als Retter der Seele und Sieger über den Teufel gesehen, den meisten von ihnen aber ging es schlicht um Macht – über die Frau an sich oder über deren Naturwissen. Francis Bacon gibt das ganz offen zu, wenn er schreibt:

"Der Gebrauch und die Anwendung dieser Künste ... ist zu verurteilen, aber durch ihre Erforschung und Betrachtung ... können doch wichtige Erkenntnisse gewonnen werden. Nicht nur um zu einem klaren Urteil über die Vergehen der Angeklagten zu kommen, die solcher Praktiken beschuldigt werden, sondern auch für die weitere Enthüllung der Geheimnisse der Natur. Der Mensch sollte keine Skrupel haben, in diese Ecken einzudringen und in diese Löcher zu penetrieren, wenn die Inquisition der Wahrheit sein ganzes Ziel ist" (zit. nach von Braun 1985, 42).

Nur ein Teil der Verfolgten waren also Besessene, für die Rudolf Lenbusch in seinem Werk "Der Wahnsinn in den vier letzten Jahrhunderten" 1848 den Krankheitsbegriff Hysterodämonopathie eingeführt hat. Es handelt sich dabei um eine psychische Epidemie, die von einigen Individuen, die sich von Teufeln und Dämonen beherrscht wähnten, ausging und rasch auf andere übergriff. Den idealen Nährboden dafür bildeten Nonnenklöster. Lenbusch führt als Beispiel die Nonne Magdalene a Cruce aus dem 16. Jahrhundert an,

Anne Heinrichs, zu Amsterdam 1571 verbrannt

"die schon den ganzen Komplex der nervösen Erscheinungen der Hysterodämonopathie darbietet ... Erst in dem Augenblick, als Magdalene, die man ster-
bend glaubte, die letzte Oelung empfangen soll, versetzt sie die Annäherung
des Sakraments in Zuckungen. Die Erscheinung wiederholt sich öfter, daß im
Augenblick der Beichte nervöse Krisen eintreten. Magdalene hat seit ihrer frühesten Jugend Hallucinationen, die sie lange Jahre hindurch zu verbergen weiß,
die, anstatt ihr zu schaden, nur dazu beitragen, ihren Ruf als Heilige zu erhöhen. Die geschlechtlichen Sensationen spielten, wie in den meisten Fällen
von Hysterie, auch bei Magdalene eine große Rolle; sie bildeten sich von Illusionen des Gefühls zu Illusionen des Gesichts und Gehörs fort; sie sah und hörte ihren buhlerischen Geliebten" (zit. nach Lorenzer 1984, 45).

Lorenzer arbeitet noch einen weiteren Unterschied zwischen ur-
sprünglicher Hexenverfolgung und Besessenheit heraus; die Hexe war
Teufelsbuhlin und Opfer, die Besessene meist das Opfer einer dritten
Person, die sie zur Buhlin machte. Die erste wurde noch als mächtig
angesehen, die zweite als schwach. Doch genau diese Schwäche gedieh
der Frau zur Stärke. "Nur in der Krankheit bist du stark." Das ist die un-

bewußte Botschaft der Hysterie, der Schwester der Besessenheit. Durch diese Schwäche gelang es der Frau, ihren Lehrmeister, Verführer und Geliebten mit in den Abgrund zu reißen, manchmal auch nur ihn alleine.

Es darf einen daher nicht wundern, daß nach und nach das Phänomen der Besessenheit mit Schreien, Krämpfen und Tobsuchtsanfällen durch Ohnmacht, Lähmungen und Ausfall der Sinnesfunktionen ersetzt wurde. Diesen Übergang möchte ich anhand der Beschreibung einiger Hexenprozesse aus der Provence des 17. und 18. Jahrhunderts, die uns Jules Michelet in seinem heftig bekämpften Buch "Die Hexe"[16] genau geschildert hat, demonstrieren.

Allen Fällen gemeinsam ist, daß sich um einen Mann, einen Priester, in einem Nonnenkloster Massenhysterien entwickelten, die meistens von ein bis zwei Personen ausgingen und sich schließlich wie ein Flächenbrand ausbreiteten. Die Insassen dieser Klöster waren vorwiegend adelige Damen, deren Familien sie dort untergebracht hatten, da sie meist nur eine Tochter standesgemäß verheiraten konnten. Als Hauptklosterkrankheit wird von Michelet die Langeweile genannt, die auch die Ursache für melancholische Verstimmtheit oder überschießende erotische Phantasie gewesen sein dürfte. Durchschnittlich verbrachten Nonnen zehn Jahre im Kloster, dann starben sie, wahrscheinlich an den Folgen des Nichtstuns. In der Zeit der Gegenreformation entstanden viele neue Frauenorden, von denen einige sich der Mädchenerziehung und der Krankenpflege widmeten, wie z. B. der der Ursulinerinnen.

An der Spitze der Nonnenklöster stand ein Direktor, um den oft die Gedanken und Gefühle seiner Schutzbefohlenen kreisten. Manche nutzten das aus und hatten tatsächlich zahlreiche intime Beziehungen. Sie redeten ihren Geliebten ein, daß sie durch sie geheilt werden. Ein spanischer Priester ließ sogar eine Messe lesen, in der er Gott bat, seine Nonnen heiraten zu dürfen, quasi als Stellvertreter Christi, dessen Bräute sie ja waren.

Ein solcher Direktor der Ursulinerinnen in Marseilles war der Priester Gauffridi, dessentwillen fünf bis sechs Nonnen schrien, heulten und sich von Dämonen ergriffen fühlten. Ob dieser auch so gedacht und gehandelt hatte wie sein spanischer Kollege, konnte nicht geklärt werden. Die Protagonistinnen dieses Spiels zwischen Phantasie und Realität waren zwei Nonnen, eine "gute" und eine "böse". Die eine hieß Magdalena, war blond, sanft und schön, also wie zum Opfer geschaffen. Sie wurde tatsächlich als ganz junges Mädchen von Gauffridi ver-

149

führt, der ihr schließlich, da er sie vor Gott nicht ehelichen konnte, in Aussicht stellte, sie vor dem Teufel zu heiraten. Zu diesem Zweck schenkte er ihr einen mit Zauberbuchstaben bedeckten Ring. Sie wurde seit dieser Zeit hin und hergerissen zwischen dem Glauben an Gott und dem an den Teufel, was schließlich zu epilepsieartigen Anfällen führte. Die andere hörte auf den Namen Louise, war früh verwaist, ursprünglich protestantisch, leidenschaftlich und von drei Teufeln besessen; der eine war katholisch, der andere protestantisch, der dritte unkeusch. Sie haßte das kleine blonde adelige Fräulein, das den anderen Nonnen von ihrer Auserwähltheit als Königin des Hexensabbats und Geliebte des Magiers Gauffridi erzählte. Louise scheint mir noch von einem vierten Dämon beherrscht gewesen zu sein, nämlich von dem der Eifersucht.

Beide Frauen brachte man schließlich ins Kloster von Sainte-Baume, dessen Prior Pater Michaelis ein Dominikaner und Inquisitor des Papstes war. Dieser machte sich Louise zur Gehilfin, wurde aber sehr bald von ihr beherrscht. Beide erhoben Anklage gegen Gauffridi, den seinerseits die Kapuziner unterstützten. Magdalena wurde zum willfährigen Instrument der Ankläger, während die niedrig geborene und verwaiste Louise ihre Macht über Menschen genoß und über ihre adelige Rivalin triumphierte, die, gebrochen durch Nahrungsverweigerung, Suizidversuche und Exorzismen bald bereit war, alles auszusagen und zuzugeben, auch wenn sie damit ihren Geliebten Gauffridi schwer belasten sollte. Der Machtkampf spielte sich also auf zwei Ebenen ab, zwischen zwei Frauen und zwischen zwei Orden.

Magdalena wurde im Zuge des Prozesses auf die Hexenmale hin untersucht, ohne Beiziehung eines Arztes oder einer Frau, wie es die Prozeßordnung vorsieht, nur in Anwesenheit von Richtern – Laien und Mönchen. Doch es ging längst nicht mehr um sie, sondern um Gauffridi, den sie schließlich mit folgenden Worten belastete:

"Diese Nacht ... war ich auf dem Sabbat. Die Magier beteten meine ganz vergoldete Statue an, jeder von ihnen bot ihr, um sie zu ehren, sein Blut an, das sie mit Lanzetten aus ihren Händen hervorholten. Er, er war auch da, auf den Knien, den Strick um den Hals, und er bat mich, wieder zu ihm zurückzukehren und ihn nicht zu verraten – ich widerstand; darauf sagte er: 'Ist jemand hier, der für sie sterben will?' – 'Ich', sagte ein junger Mann, und der Zauberer opferte ihn" (zit. nach Michelet 1977, 126).

Nach Ansicht des Paters Michaelis sprachen 6600 Teufel aus ihr, von denen er ihr einige in aller Öffentlichkeit aus dem Mund zog. Der letzte ging bei der Verhandlung gegen Gauffridi auf diesen über. Auch

Louise bot ihren Richtern das passende Schauspiel, indem sie Flugbewegungen, Krämpfe und Kniefall absolvierte und dadurch vor ihnen Gnade fand. Gauffridi aber wurde am 30. April 1611 in Aix bei lebendigem Leib verbrannt.

In diesem Fall wurde das Objekt der Liebessehnsucht das Opfer. Beide Frauen lieferten ihn seinen Richtern aus, die eine aus Eifersucht, gekränkter Eitelkeit und Machtbesessenheit, die andere, weil man sie gebrochen hatte – heute würde man Gehirnwäsche dazu sagen – und weil sie sich, wahrscheinlich ohne es sich einzugestehen, an ihrem Verführer rächen wollte. Auffallend ist nämlich, daß die Phantasien der Sanften starke sadistische Züge aufweisen. Sie scheint ihre eigenen Qualen leichter ertragen zu haben, indem sie fremde Qualen herbeisehnte und sich als Triumphator, als angebetete Götzenstatue verehren ließ. Während die eine ihren Sadismus offen auslebte, tat das die andere unbewußt. Verschmähte und Verführte aber hatten eines gemeinsam, sie litten an gebrochener Loyalität und somit an mangelnder Identität, dem Nährboden aller Hysterie. Die eine schwankte zwischen Gott und Teufel, die andere zwischen Katholizismus und Protestantismus. Es ging also nicht nur um die Liebe zu einem Mann, sondern auch um die Treue zu einer Glaubensgemeinschaft, also um die Treue zu sich selbst. Im Niemandsland des Glaubens fielen sie dem Niemandsland der Seele zum Opfer – der Hysterie.

Der nächste große Prozeß in diesem Raum fand 1634 statt. Es handelt sich um die Besessenen von Loudun und ihren "Hexenmeister" Pater Urbain Grandier. Er war ein junger Pfarrer, Zögling der Jesuiten, witzig und redegewandt, eine majestätische und hochtrabende Persönlichkeit, dem die Frauen der Stadt zu Füßen lagen. Sein Ruf war bis zu den Nonnen des Ursulerinnenklosters gedrungen. Die Superiorin, die, wie damals üblich, ihren Nonnen und Novizinnen die Beichte abnahm, erfuhr dabei, daß diese von nichts anderem träumten, als von Grandier. Mehrere behaupteten sogar, ihn gesehen und nachts bei sich gefühlt zu haben. Infolgedessen wurde ihm von gehornten Ehemännern und mißgünstigen Geistlichen der Prozeß gemacht.

Sein Verhängnis fing mit der Superiorin und einer Schwester an, die Konvulsionen hatten und unverständlich daherredeten, andere Nonnen ahmten sie nach und schließlich griff die Besessenheit auch auf bürgerliche Frauen über. In der Stadt wurde daher an allen Ecken und Enden exorziert, und bald erfuhr man davon auch in anderen Städten, wo ähnliche Fälle auftraten.

"Am 11. Oktober 1632 sind der Bailli und der Civilkommissarius von Loudun zum ersten Male Zeugen bei den Convulsionen der Priorinn und einer Läienschwester. Jeanne de Belfiel stösst ein heftiges Geschrei aus und windet sich in ihrem Bette auf die seltsamste Weise, als wenn sie des Gebrauchs ihrer Sinne ganz und gar beraubt wäre. Seit der Zeit wiederholten sich täglich die wunderlichsten Zufälle. Die eine Nonne provociert die Exorcisten durch schamlose Bewegungen und unzüchtige Reden; eine andere liegt auf dem Bauche, die Arme auf dem Rücken gekreuzt und die Beine bis zum Kopfe hinaufgeschoben, und in dieser Stellung bewegt sie sich auf der Erde mit großer Schnelligkeit fort; eine andere schlug mit ihrem Kopfe gegen ihre eigene Brust und Schultern. Dabei stiessen sie ein Geheul wie wilde Thiere aus, die Zunge hing ihnen oft lang aus dem Munde; manche wurden in ihren Anfällen ganz starr, aber so biegsam wie Blei, so dass man sie nach vorn, nach hinten, seitwärts biegen konnte, bis der Kopf die Erde berührte, und sie blieben solange in solch unnatürlicher Stellung, bis sie ein Anderer wieder in die Höhe richtete (Katalepsie)" (zit. nach Lorenzer 1984, 46).

Die Zustände glichen also sehr stark denen, die Charcot 250 Jahre später bei seinen Demonstrationen an hysterischen Patientinnen hervorgerufen hat. Wie wir heute wissen, waren diese Reaktionen zum Teil eingeübt und simuliert. Es stellt sich also auch hier die Frage, wie stark der Anteil an spontan-suggestiven bzw. an manipulierten Anfällen war. Einige der Exorzisten und Nonnen wurden auf jeden Fall bezahlt, und beim Prozeß sagten mehrere Frauen aus, daß sie den Teufel nur gespielt hätten. Grandier nützte das aber nichts mehr. Er, der zu stolz oder auch zu unbedacht war, rechtzeitig zu fliehen, wurde am 18. August 1634 verbrannt.

Die dritte Massenhysterie in diesem Raum ereignete sich schließlich in Louviers in der Zeit von 1633 bis 1647. Hierbei haben wir es wieder, wie in Marseille, mit zwei Protagonistinnen zu tun. Magdalena, eine Waise, kam mit 12 Jahren in eine Lehre und wurde von ihrem Beichtvater verführt, indem er ihr ein Zaubertränklein (vermutlich mit Belladonna) gab und ihr vormachte, sie auf den Sabbat zu führen. Mit 16 kam sie zu den Franziskanerinnen, die einen Direktor hatten, einen Anhänger der Illuminaten[17], der die Nacktheit predigte, so daß die Nonnen, geschützt hinter ihren Mauern, in der warmen Jahreszeit nackt herumliefen. Nur Magdalena wollte nicht mitmachen. Sie war 18, als der alte Direktor starb und der neue, Pastor Picart, sie mit List und Gewalt verführte und schließlich schwängerte. Im Prozeß sagte sie aus, daß sie mehrmals geboren hätte, wir erfahren aber nicht, was mit den Neugeborenen geschehen ist. Sie erzählte von Zauberei und Unzucht, die Picart betrieben hatte und fürchtete um ihr Seelenheil. Nach seinem Tod trat Magdalenas Gegenspielerin Anne de la Nativité auf, die behauptete, an deren Seite den nackten Teufel zu sehen, und diese wieder schwor, Anne auf dem Sabbat mit der Superiorin und anderen Nonnen gesehen zu haben. Wir bekommen es also mit einem ähnlichen Duell zweier hysterischer Frauen zu tun wie in der Causa Gauffridi. Magdalena wurde zu lebenslangem Kerker verurteilt, trotzdem "genügte das dem Teufel nicht", denn an die 20 Nonnen schrien und schlugen nun um sich. Ein Arzt stellte fest, daß von 52 Nonnen sechs besessen und 17 bezaubert seien;

"sie haben zwar ihre Menstruation, sind aber hysterisch. Ihre Gebärmutter ist aufgebläht, hauptsächlich sind sie mondsüchtig und vom Geist irregeführt; die Nervenansteckung hat ihnen den Untergang bereitet; das erste, was zu tun ist, ist, sie zu trennen" (zit. nach Michelet 1977, 143).

Das geschah auch, obwohl die Kirche die Nonnen der Hexerei bezichtigte. Die eigentlichen Schuldigen, ihre Verführer, konnte man nicht mehr zur Verantwortung ziehen, da sie bereits tot waren. Aber als Ersatz verbrannte man den Vikar Boulles, der an der Unzucht beteiligt gewesen sein soll, und Picarts Gebeine. Künftig, wurde angeordnet, mußten viermal im Jahr Beichtväter von außerhalb zu den Nonnen geschickt werden, um ähnliche Mißbräuche zu verhindern. Das eigentliche Opfer aber war die mißbrauchte und hysterische Magdalena, die zwar nicht verbrannt wurde, aber als lebender Leichnam im Kerker von Rouen dahinvegetierte.

Der letzte Fall aus dieser Reihe ereignete sich erst ca. 100 Jahre später und sollte einer der letzten sein, bei dem sich die Kirche vorübergehend gegenüber der modernen Medizin, die Besessenheit als Krankheit ansah, durchsetzte. Es ist die Geschichte eines machtbesessenen, skrupellosen, ja sadistischen Jesuiten, der das perfekte Opfer in der Gestalt eines kränklichen, frommen Mädchens aus Toulon gefunden hat, das von ihren Altersgenossinnen als so heilig beschrieben wurde, daß sie sahen, wie die Hostie, von ihr angezogen, in ihren Mund flog. Der Jesuit hieß Girard und er näherte sich der Cadière, die dem Karmeliterinnenorden beigetreten war, zuerst als Beichtvater, später, als sie schwer krank war, als Seelentröster. Er verlangte von ihr unbedingten Gehorsam. Als er ihr schließlich auch körperlich nahetrat, wählte sie als Kompromiß zwischen Keuschheitsanspruch und Gehorsam die Ohnmacht:

"... bei einer leichten Berührung, die eine andere gar nicht bemerkt hätte, verlor sie die Besinnung; ein Anstreifen an den Busen genügte; Girard brachte dies in Erfahrung, und es führte ihn auf schlechte Gedanken; er versenkte sie absichtlich in tiefen Schlaf, und sie hatte keineswegs die Idee, sich dagegen aufzulehnen, weil sie Vertrauen zu ihm hatte; sie war bloß unruhig und verschämt deshalb, daß sie mit einem solchen Mann sich so viel Freiheiten nehmen und ihn zwingen sollte, seine so kostbare Zeit zu verlieren. Er blieb lange Zeit da, und man konnte vorhersehen, was kommen würde; das arme, junge Mädchen, so krank sie auch war, versetzte noch die Sinne Girards in eine unbesiegbare Verwirrung. Einmal fand sie sich beim Erwachen in einer sehr lächerlichen, unschicklichen Lage; eine andere hätte ihn überrascht, als er sie streichelte, aber sie errötete nur, seufzte und klagte. Er sagte darauf schamlos: 'Ich bin der Herr, dein Gott, du mußt alles im Namen des Gehorsams ertragen.' Gegen Weihnachten, dem großen Fest, warf er die letzte Zurückhaltung beiseite; beim Erwachen rief sie aus: 'Mein Gott, was habe ich gelitten!' – 'Ich glaube es, armes Kind', sagte er mit Mitleid erzeugendem Ton. Seitdem klagte sie weniger, konnte sich aber nicht erklären, was sie während des Schlafes empfand" (Michelet 1977, 161).

Auch hier gab es wieder eine Gegenspielerin, die ebenfalls Ohnmachten und Wahnsinnsanfälle hatte und eine Freundin der Cadière war. Beide wurden schließlich von Girard schwanger, beide zur Abtreibung gezwungen. Beim späteren Prozeß gegen ihre Freundin sagte dieses Mädchen zu Gunsten Girards aus. Cadières Visionen waren von Opfer und Blut beherrscht, doch als solches fühlte sie sich allen anderen gegenüber überlegen und erlebte sogar, wie sie vom Boden abhob. Je mehr sie litt, desto verzückter reagierte sie. Girard aber trieb sein grausames Spiel mit ihr weiter; er ritzte während der Ohnmacht ihren Körper, so daß sie scheinbar die Wundmale Christi trug und drückte ihr eine Eisenkrone auf den Kopf, damit sie heftig blutete.

Doch eines Tages wollte die Abhängige von ihm loskommen. Nun verlegte er sich wegen ihrer Unbotmäßigkeit auf die offene Züchtigung und brachte sie in ein anderes Kloster, um sie von ihrer Familie zu trennen und damit alle anderen Bindungen abzuschneiden. Dort aber bekam sie ihre ersten Krampfanfälle, schrie und verlor schließlich das Bewußtsein. Um Girard herbeizulocken, blutete sie am ganzen Körper. Er kam, und diesmal fiel sie bei der intimen Begegnung mit ihm nicht in Ohnmacht. Seit diesem Zeitpunkt hatte sie keine Größenphantasien mehr, sondern Visionen von der Sünderin Maria Magdalena oder stechende Herzschmerzen mit Todesängsten. Sie wollte das Kloster verlassen, aber Girard verhinderte das.

In der Zwischenzeit klagten ihre Brüder den Verführer an. Um ihn zu schützen, gab sie ihm alle Briefe, die er ihr geschrieben hatte und die ihn überführt hätten können, zurück. Im folgenden Prozeß wurde sie das Opfer! Unter Drogen gesetzt entlastete sie Girard und belastete ihre Brüder. Sie wurde als Hexe zum Tode verurteilt, sollte aber nicht mehr verbrannt, sondern gehängt und erwürgt werden. Doch nun kam es zu einem Volksaufstand, die Cadière wurde entführt und man machte schließlich doch Girard den Prozeß. Mit einer Stimme zu seinen Gunsten wurde er freigesprochen; genauso wie letztendlich sein Opfer, über dessen weiteren Aufenthalt man aber nichts mehr weiß.

Heilige und Besessene stellen zwei Prototypen des weiblichen Seins dar. Beide sind auf einen Herrn, ob Gott oder Satan, ausgerichtet, also auf ein Über-Ich, eine Norm, der sie sich bedingungslos unterwerfen. Ihr Denken scheint von der masochistischen Kernphantasie erfüllt zu sein, die nach Leon Wurmser folgendermaßen lauten könnte:

"Nur durch Leiden kann ich mir Nähe, Liebe und Sinnlichkeit erringen und bewahren ... Durch meine Unterwerfung verwandle ich magisch – alchemistisch – Leiden in Lust, Angst in sexuelle Erregung, Haß in Liebe, Trennung in Verschmelzung, Hilflosigkeit in Macht und Rache, Schuld in Verzeihung, Scham in Triumph, v. a. aber Passivität in Aktivität" (Wurmser 1991, 1).

6. Liebe und Sublimierung:
Die kreative, die gebändigte und die wilde Frau

Das Zeitalter der Aufklärung brachte nicht nur das allmähliche Ende der Hexenverfolgung, sondern auch die ersten Emanzipationsversuche von Frauen. Allerdings gegen den Willen führender Aufklärer wie Kant und Rousseau, die die Frauen für unmündig, unselbständig und auf den Mann hin ausgerichtet hielten. Aus der physischen Schwäche begründete man ihren untergeordneten Rang und aus der Gebärfähigkeit den Mangel an geistigen Leistungen. Die Frau repräsentierte nach wie vor die Natur, währenddessen der Mann den Geist für sich gepachtet hatte. Es waren zunächst vor allem adelige Damen, die sich mit Philosophie und Wissenschaften auseinandersetzten und selbst schriftstellerisch tätig wurden. Mme. du Châtelet soll den besten Kommentar zu Newton verfaßt haben und wurde deswegen von der Pariser Akademie der Wissenschaften gekrönt, genauso wie die Mathematikerinnen Maria Gaetana Agnesi, Sophie Germain und Sonja Kowalewska. Besonders bei Maria Gaetana Agnesi kann man erkennen, in welchen Zwischenwelten Frauen damals lebten. Trotz ihres großen Talents opferte sie sich lieber für die Armen auf, und als demütige Tochter der Kirche wurde sie schließlich Nonne. "... fast furchtsam, zeitweilig nervös überreizt, preist sie 'Algebra und Geometrie als die einzigen Provinzen des Geistes, in denen der Friede wohnt'" (zit. nach Stopczyk 1980, 256).

Besonders zur Zeit der Französischen Revolution traten Frauen wie Mary Wollstonecraft, Olympe de Gouges und Mme. Stael für Frauenrechte ein. Die Verwirklichung ihrer Forderungen ließ freilich noch mehr als 100 Jahre auf sich warten.

Etwas leichter hatten es Künstlerinnen, denn die Kunst galt seit Platon als weniger vergeistigt als die Wissenschaften. Schon zur Zeit der Renaissance arbeiteten Töchter, Schwestern und Gattinnen in den Werkstätten ihrer männlichen Verwandten, ihre Namen sind uns aber meistens nicht bekannt. Ausnahmen bilden z. B. Sofonisba Anguissola und Artemisia Gentileschi. Als eine der wenigen erfolgreichen Hofkünstlerinnen trat im 18. Jahrhundert Angelika Kauffmann auf. Doch was sie erzeugten, ist keine spezifische Frauenkunst, sie orientierten sich an gängigen männlichen Genres.

Viel lieber hatte man die Frau als Muse oder Modell, das durch seine körperliche Schönheit den Mann zu Höchstleistungen inspirierte und oft auch seinen Haushalt in Schwung hielt. Diese Rolle kam der Frau ganz besonders im Fin de siècle zu.

Es gab damals aber auch begabte Frauen, die auf ihre eigene Karriere verzichteten, um sich ganz in den Dienst eines Genies zu stellen. Schon Cosima Wagner (1837–1930) verwendete alle Energie für ihren zweiten Ehemann Richard Wagner. Sie war weder sanftmütig noch sonderlich mütterlich – obwohl Wagner um sie einen Mutterkult aufbaute – aber sie unterwarf sich in ähnlicher Weise ihrem "Gott" wie die Mystikerinnen des Mittelalters dem christlichen. "Ich will ... von ihm ganz geschaffen werden, mein Ich zertrümmert, er nur in mir" (zit. nach von Braun 1985, 407). Der Geniekult des 19. Jahrhunderts ersetzte somit den kirchlichen Gottesdienst. Erst nach Richards Tod zeigte sich ihre besondere Tüchtigkeit. Von 1883 bis 1906 hatte sie die künstlerische und organisatorische Leitung der Bayreuther Festspiele inne. Sie diente also ihrem Gott über seinen Tod hinaus.

Ähnlich erging es Alma Mahler Werfel (1879–1964), die nur mit berühmten Männern zusammenlebte, um so an ihrem Ruhm teilzuhaben. Das Komponieren aber verbot ihr ihr erster Mann Gustav Mahler, dafür gab sie nach dessen Tod seine Werke heraus und verfaßte eine Biographie über ihn.

Clara Wieck Schumann (1819–1896) hingegen konnte ihr eigenes Talent ausleben. Mit fünf Jahren wurde ihr durch die Scheidung der Eltern die Mutter entrissen. Ihr ehrgeiziger und tyrannischer Vater trainierte sie von dieser Zeit an, und Clara entwickelte sich zu einem pianistischen Wunderkind. Mit 11 Jahren lernte sie ihren späteren Mann Robert, der von ihrem Vater Klavierunterricht bekam und bei der Familie Wieck wohnte, kennen. Er war der erste Mensch, der ihr Liebe und Zärtlichkeit schenkte und somit die mütterliche Rolle übernahm. Gegen den Willen des Vaters setzte sie später die Heirat durch. Auch

156

Alma Mahler (Österr. Nationalbibliothek, Wien)

in ihrer Ehe gab sie, trotz sieben Kindern, die Karriere nie ganz auf, obwohl sie deswegen oft die Familie für längere Zeit verlassen mußte. Robert war zwar stolz auf die pianistische Leistung seiner Frau, trotzdem glaubte er, wie viele andere auch, daß eine Frau nicht kreativ sei, sich zu unterwerfen habe und keinen eigenen Willen zeigen dürfe. Sie sollte sein Sprachrohr sein, das seine Kompositionen der Öffentlichkeit zugänglich machte. Dadurch kam es aber immer mehr zu einem Rollentausch. Sie stand im Rampenlicht, wie sie es von Kindheit an gewohnt war, und ernährte die Familie, während er immer zurückgezogener, schweigsamer, ungeselliger, aber auch tyrannischer wurde. Laut Hendrika C. Halberstadt-Freud kam es zur projektiven Identifikation zwischen den beiden. Er lebte ihre depressive Seite aus und agierte hypochondrisch und hysterisch, sie hingegen bemutterte ihn wie er einst Mutterersatz für das heranwachsende Mädchen war. Diese Mütterlichkeit widmete sie auch Johannes Brahms, dem Freund der Familie und musikalischen Weggefährten nach Robert Schumanns Tod. Ihre Kinder bekamen nichts davon ab, sie wurden nach dem Tod des Vaters in Internate und Pensionate gesteckt oder zu Verwandten gebracht. Clara hingegen nahm ihre Karriere als Pianistin wieder voll auf. Sie wurde auch die erste Lehrerin am Hochschen Konservatorium in Frankfurt und komponierte. Halberstadt-Freud charakterisiert sie mit folgenden Worten:

"Nostalgie, Verlustgefühle und Sehnsüchte, die sie ständig in ihrer Musik ausdrückte, bildeten das Leitmotiv ihres Lebens. Seitdem ihre Mutter sie verlassen hatte, hungerte sie nach Liebe. Das Aufführen der Werke der beiden wichtigsten Männer in ihrem Leben muß ihr geholfen haben, ihren Verlust zu überwinden, so wie das Klavier sie nach dem Verlust ihrer Mutter getröstet hatte" (Halberstadt-Freud 1996, 217).

Clara konnte demnach ihre Defizite kompensieren, und Robert übernahm für sie die hysterische Rolle, die er bis zur Psychose steigerte. Wahrscheinlich ertrug er es nicht, daß seine Frau erfolgreicher war als er. Wer immer also in der patriarchalen Gesellschaft den weiblichen Part übernimmt, läuft Gefahr, verrückt zu werden.

Generell kann man sagen, daß Frauen eher in den reproduzierenden Künsten Eingang fanden – also als Schauspielerinnen, Tänzerinnen, Sängerinnen, Pianistinnen – als in den Bereichen Komposition und Malerei. Das lag einerseits daran, daß die Kunsthochschulen und Akademien, ebenso wie die Universitäten, ihre Pforten für Frauen geschlossen hielten, andererseits, daß den Frauen Kreativität abgesprochen wurde und sie es schließlich auch selbst glaubten.

Eine Ausnahme bildete Dichtung und Literatur. Für diese Profession brauchte man keine spezielle Ausbildung, sondern in erster Linie Talent. Trotzdem zogen es viele Frauen vor, ihre Werke unter einem männlichen Pseudonym oder anonym zu veröffentlichen, wie z.B. Bertha Pappenheim. Gegen Ende des 19. Jahrhunderts entwickelte sich eine besondere Gattung von Frauenliteratur, die man als erotisch-emanzipatorisch bezeichnen könnte. Sie war die Antwort auf die männliche Doppelmoral und forderte die freie Liebe für Frau und Mann.

Franziska von Reventlow (1871–1918) entzog sich der familiären Tyrannei, indem sie Lehrerin wurde. 1908 entstand ihr autobiographischer Roman "Ellen Olestjene", in dem die gleichnamige Titelheldin folgendes von sich gibt:

"Momentan ist hier das ganze Haus voll von Offizieren zur Jagd. Ich halte ihnen Reden über Ibsen und moderne Ideen … Die werden sich schwer hüten, mich zu heiraten. Überhaupt macht es mir furchtbaren Spaß, die Leute vor den Kopf zu stoßen, besonders diese aristokratische Bande" (zit. nach Gnüg 1989, 262).

Und in einem Brief an einen Freund meint sie:

"… von jungen Mädchen findet man's entsetzlich, wenn sie ein Selbst sein wollen, sie dürfen überhaupt nichts sein, im besten Fall eine Wohnstubendekoration oder ein brauchbares Haustier, von tausend lächerlichen Vorurteilen eingeengt. Die geistige Ausbildung wird vollständig vernachlässigt, schändlich ist's, daß man in ihrer Erziehung und Lebensweise immer versucht, ihre Sinnlichkeit zu reizen, um sie zu verheiraten, 'damit sie ihren Beruf erfüllen' – und dann vollständig im Haushalt und dergleichen versumpfen … Ich will und muß einmal frei sein, es liegt nun einmal tief in meiner Natur, dies maßlose Sehnen und Streben nach Freiheit. Die kleinste Fessel, die andere gar nicht als solche ansehen, drückt mich unerträglich, unaushaltbar – muß ich mich nicht freimachen, muß ich mein Selbst nicht retten – ich weiß, daß ich sonst daran zugrunde gehe" (263).

Stellen wir uns daneben Bertha Pappenheim, Emma Eckstein oder Ida Bauer vor. Wie wenig von diesem Selbst konnten sie als junge Mädchen verwirklichen, wie wenig Freiheit gestand man ihnen zu! Deren Leben war im Prinzip auf die Ehe ausgerichtet, und ein Verzicht darauf bedeutete einen Verzicht auf Sexualität. Franziska von Reventlow predigte hingegen das Hetärentum und forderte die Befreiung der Frau als Geschlechtswesen. Sie selbst hatte viele Liebhaber, die sie in ihrem Briefroman "Von Paul zu Pedro – Amouresken" ironisch-witzig porträtierte. Es stellt sich allerdings die Frage, ob sexuelle Libertinage wirklich schon Gleichberechtigung bedeutet oder ob sie nicht leicht zu sexueller Ausbeutung führen kann. Ida Hoffmann scheint das eher erkannt zu haben, denn sie fordert in ihren Schriften "Monte Verità. Wahrheit ohne Dichtung" 1906 außer der freien Liebe auch Chancengleichheit der Bildung und Berufstätigkeit der Frau.

Eine ganz andere Art von Freiheit scheint Lou Andreas Salomé (1861 – 1937), die sich später der Psychoanalyse zuwenden wird, gesucht zu haben. In sexueller Hinsicht führte sie in ihren Jugendjahren ein weitgehend asketisches Leben und suchte vor allem die Freundschaft und das intellektuelle Gespräch mit Männern. Friedrich Nietzsche und der Philosoph Paul Rée warben erfolglos um sie. Auch ihre Ehe mit dem Iranisten F. C. Andreas verlief nach Aussage des Herausgebers ihres Lebensrückblicks platonisch. Erst der Dichter Rainer Maria Rilke konnte ihre ungeteilte Liebe erringen. Sie führte ein absolut unkonventionelles Leben ohne demonstrative Showeffekte. Über wichtige Männer in ihrem Leben – Nietzsche, Rilke, Ibsen und Freud – schrieb sie Porträts, ihre eigene Lebensgeschichte hielt sie in Form von Romanen mit autobiographischen Zügen fest. In der Erzählung "Fenitschka" wählte sie eine männliche Erzählperspektive und unterschied zwischen Liebe und Ehe. Ein immer wiederkehrendes Thema ist der Konflikt, in den eine Heirat die wissenschaftlich oder künstlerisch engagierte Frau stürzt.

Die bekannteste und meistgelesene Schriftstellerin dieses Genres war die Colette. Da sie auch als Schauspielerin auftrat, verfügte sie über finanzielle Unabhängigkeit. Deswegen konnte sie es sich auch leisten, sich scheiden zu lassen und dreimal zu heiraten. In ihrem Roman "Claudine geht" aus dem Jahr 1901 schildert sie den Selbstfindungsprozeß einer jungen Frau – die zunächst demütig den Weisungen ihres Ehemannes folgt – der mit der Flucht aus dem goldenen Ehekäfig endet. Daß sie selbst immer wieder diesen Käfig suchte, hängt vermutlich mit dem Wunsch nach emotionaler Geborgenheit trotz beruflicher Selbständigkeit zusammen. Dieses Problem kennen auch viele heutige Frauen (Gnüg 1989).

Noch weniger als Schriftstellerin und Künstlerin hatte die Frau im 19. Jahrhundert als Wissenschaftlerin eine Chance. Die Universitäten waren seit ihrer Gründung im Mittelalter für sie verschlossen, die ersten öffneten erst knapp vor der Jahrhundertwende ihre Tore für Frauen. Zuerst wurden diese zum Medizinstudium zugelassen, aber meist durften sie nach dessen Abschluß nicht praktizieren. Vereinzelt konnten Frauen mittels Ausnahmegenehmigung studieren. Die erste Studentin der Physik und Mathematik an der Sorbonne war die gebürtige Polin Marie Curie (1867 – 1934), die gemeinsam mit ihrem Gatten die Radioaktivität erforscht hat. Aber in die Französische Ehrenlegion wurde sie wegen ihres Geschlechts nicht aufgenommen, obwohl sie als einzige Person zwei Nobelpreise erhielt. Im Grunde bot sich für sie zunächst

Marie und Pierre Curie

nur deswegen die Möglichkeit, wissenschaftliche Karriere zu machen, weil sie einen verständnisvollen Vater hatte, der selbst Chemiker war, und einen noch verständnisvolleren Ehemann, dessen Mitarbeiterin sie zunächst wurde. Nach seinem Tod übernahm sie als erste Frau (s)eine Professur an der Sorbonne (Vare/Ptacek 1990).

Auffallend viele Frauen haben sich der Psychoanalyse zugewandt, waren sie doch von allem Anfang an deren wichtigstes Forschungsobjekt. Einige Analytikerinnen begannen ihre Laufbahn als Patientinnen, wie Emma Eckstein oder Sabina Spielrein. Da die Ausbildung aber ohnehin eine Eigenanalyse vorsicht, spielt die Form des Einstiegs, ob gesund oder krank, keine entscheidende Rolle. Im Gegenteil, seelische Krisen schärfen erst den Blick für eigene und fremde seelische Konflikte. Eines der ersten weiblichen Mitglieder der Psychoanalytischen Vereinigung wurde Sabina Spielrein. Erst nach dem Ersten Weltkrieg nahm der Anteil der Frauen stark zu. Über einige Freudschülerinnen werden wir in einem späteren Kapitel noch Genaueres erfahren.

161

Die Mehrzahl der Frauen um die Jahrhundertwende war aber weit davon entfernt, sich selbst in irgendeiner Weise verwirklichen zu können. Gehörten sie der Unterschicht an, nützte ihnen nicht einmal die Flucht in die Hysterie etwas. Sie verschwanden dann hinter Anstaltsmauern, so wie sie früher hinter Klostermauern verschwunden waren. Die besser situierte Frau hingegen hatte die Wahl zwischen scheinbarer Anpassung und Unterstreichen der weiblichen Schwäche – wir sprechen dann von der Femme fragile – oder der Überbetonung von Sinnlichkeit und Erotik, wie das typisch für die Femme fatale ist.

Die Femme fragile repräsentiert den zarten, anämisch-ätherischen Madonnentypus, den die Präraffaeliten in ihren Gemälden bevorzugten, die Femme fatale dagegen den blutsaugenden Vampir, das kreatürliche Weib, Nachfolgerin der Sirenen und Hexen. Beide stellen im Grunde Phantasieausgeburten der Männer dar, sind also in der Grauzone zwischen Wunsch und Angst angesiedelt. Die eine ist das perfekte Opfer, die andere die perfekte Täterin. Es handelt sich also um eine Neuauflage von Maria und Eva, Heiliger und Hure.

Beide Typen fanden auch ihren Niederschlag in der Literatur. Die Femme fragile tritt uns als leidende, aber tapfere Heldin in diversen Gartenlaubenveröffentlichungen entgegen. Sie soll den Frauen und Mädchen ein Vorbild sein; so hätte die Männerwelt gerne ihre Töchter, Gattinnen und Schwestern. Oft entsprangen diese Figuren weiblichen Köpfen, die sich mit der männlichen Wertwelt voll identifizierten. Es ist ja auch ein besonderes Kennzeichen der Hysterikerin, daß sie scheinbar überangepaßt ist und ihre Rebellion nur im Unbewußten auslebt. Die Trivialliteratur und der melodramatische Film sind heute noch der Tummelplatz dieser aufopfernden Heldinnen.

In der gehobeneren Literatur repräsentiert das "süße Mädel" diesen Typus, und Arthur Schnitzler ist der Autor, der wohl am ausführlichsten und einfühlsamsten "das hingebend liebende und sich seinem Gefühl ganz und gar ausliefernde kleinbürgerliche junge Mädchen, das an seiner Liebe zugrunde geht, weil sie für den Partner nur Liebelei war" schildert (Reclams Schauspielführer 1961, 680). In die Jahre gekommen mutiert dieses süße Mädel zur Mater dolorosa, der schmerzensreichen Mutter, die um ihren Sohn (es kann auch der Gatte oder Bruder sein) trauert. Diverse Kriege gaben Frauen immer wieder die Möglichkeit, sich recht zahlreich in dieser Rolle zu bewähren. Nun konnten sie ungeniert schreien, weinen, sich krümmen und die Haare raufen, der Dank des Vaterlandes war ihnen gewiß.

"*Mütterchen*"

Gustav Klimt: Judith, 1901
(Österr. Galerie Belvedere,
Wien)

Die Femme fatale dürfte Männerphantasien noch stärker beschäftigt haben. Sie tritt uns in einigen wichtigen Romanfiguren des 19. und frühen 20. Jahrhunderts entgegen. Am bekanntesten sind zwei: Carmen und Lulu.

Carmen entsprang der Feder des französischen Schriftstellers Prosper Mérimée (1803–1870) und erlangte durch die gleichnamige Oper von George Bizet (1838–1875) große Popularität. Nach Helene Deutsch dürfte dahinter ein reales Vorbild, das in diversen Märchen und Geschichten überliefert worden ist, stecken. "Es wird ihr unerschöpflicher weiblicher narzißtischer Zauber zugeschrieben, mit welchem sie die Männerherzen erobert, nur um ein grausames sadistisches Spiel mit ihnen zu treiben" (zit. nach Rohde-Dachser 1991, 235). Aber nach Deutsch ist es nicht nur Sadismus, sondern auch Masochismus, der sie dazu treibt, ihren eigenen Untergang herbeizuführen. Erinnern wir uns: Die spanische Arbeiterin in einer Zigarettenfabrik Carmen verletzt in einem Streit eine andere Arbeiterin mit einem Messer, wird verhaftet, kann aber mit Hilfe des Soldaten José fliehen. Diesen verführt sie und lebt so lange mit ihm zusammen, wie es ihr paßt. Als sie sich einem anderen Manne zuwendet, tötet José sie.

Carmen kann durchaus in einer Reihe mit den Hexen des Mittelalters gesehen werden. Sie unterwirft sich nicht der Konvention, das macht sie gefährlich. Sie ist verführerisch, genußvoll und egoistisch, alles Eigenschaften, die eher Männern als Frauen zugestanden werden. (Ihr männliches Gegenstück wäre Don Juan, der allerdings die Liebe zu einer Art Leistungssport macht.) Sie stellt daher eine Bedrohung dar. Josés Leben wird tatsächlich von ihr zerstört, denn durch seine Flucht aus der Armee und das Zusammenleben mit den Schmugglern wird er zum Gesetzlosen und Außenseiter, und durch seine Leidenschaft für Carmen weist er die "reine" Liebe seiner Verlobten Micaela zurück. Beide Frauen stellen somit wieder die altbekannten Gegensätze von Verführerin und edler Seele dar – Femme fatale und Femme fragile treten hier in direkter Konfrontation auf. Aber war Carmen masochistisch? Wenn sie wirklich sadistisch gewesen wäre, dann hätte man sie auch als masochistisch bezeichnen können, denn diese beiden Verhaltensweisen bedingen einander. Mir erscheint sie aber eher geradlinig. Ohne Rücksicht auf Konvention und Moral lebt sie nach dem Lustprinzip, wie ein Kind, dessen Über-Ich noch nicht entwickelt ist. Sie ist nicht die in sich ruhende Narzißtin, wie Freud sie schildert, sondern ein Naturkind, ein Wesen von "elementarer Leidenschaftlichkeit". Ob es solche Frauen in der Realität einer zivilisierten Gesellschaft je gegeben hat, bezweifle ich, aber als Wunsch- und Schreckensbilder waren sie wohl immer präsent. Dies beweist der Mythos vom Seher Tiresias, der von Hera mit Blindheit bestraft wurde, weil er verrät, daß die weibliche Lust zehnmal größer sei als die männliche.

Noch stärker als Carmen repräsentiert Frank Wedekinds (1864–1918) Lulu das Kindweib, das Naturgeschöpf. Es wird von der Straße aufgelesen, macht durch die Beziehung zu diversen Männern Karriere, endet aber wieder als Prostituierte und wird von ihrem letzten Kunden ermordet. Dazwischen säumen Verführte und Tote ihren Lebensweg. Aber auch sie wird von Männern ausgebeutet, ja man kann davon ausgehen, daß ihr Charakter geprägt wurde von der Verführung durch den eigenen Vater. Sie ist Täterin und Opfer zugleich. Wedekind selbst meint dazu:

"In meiner Lulu suchte ich ein Prachtexemplar von Weib zu zeichnen, wie es entsteht, wenn ein von der Natur reich begabtes Geschöpf, sei es auch aus der Hefe entsprungen, in einer Umgebung von Männern, denen es an Mutterwitz weit überlegen ist, zu schrankenloser Entfaltung gelangt. Unter der Herrschaft des spießbürgerlich-engherzigen deutschen Naturalismus wurde aus dem beabsichtigten Prachtgeschöpf ein Ausbund bösartiger Unnatürlichkeit, und ich wurde Jahre hindurch als ein moralwütiger, unbarmherziger Weiberinquisitor und Teufelsbeschwörer verschrien" (Reclam Schauspielführer 1961, 727).

Die begabte Frau, die sich ihrer Ausstrahlung bewußt ist, unter lauter mittelmäßigen Männern, das scheint mir hier der springende Punkt zu sein. Einen Mann zu verführen, einen Gatten zu betrügen, einen Geliebten zu verlassen, das ist vice versa in einer bürgerlichen Welt nur Männern gestattet, für eine Frau muß das tödlich enden. Sie darf immer nur für das herhalten, was Männern gerade abgeht, sei es der Bezug zum Natürlichen oder zur Moral. Die Romantik pries die Frau als Naturgeschöpf, nachdem man Jahrhunderte zuvor ihre Macht als Naturkundige gebrochen hatte. Dafür schuf sie die edle Seele, die sittsame Hausfrau, die keusche Matrone, die dem verirrten Helden immer wieder verzeiht und ihn in ihren Armen aufnimmt. Einer ganzen Armada von Doktor Fausts, Don Juans, Peer Gynts, Anatols und wie sie alle heißen stehen ihre Gretchens, Donna Elviras, Solveigs und süßen Mädels gegenüber. Der amoralische Mann erwartet Trost und Verständnis vom treu-liebenden Weib.

Die alten Göttinnen sind tot. Perseus hat die Medusa enthauptet, von nun an ziert ihr Antlitz seinen Schild. Die Stärke der Frau dient seither der Selbstverwirklichung des Mannes. Sollte sie sich doch gewisse "männliche" Eigenschaften erhalten haben, dann wird ihr das als männlicher Protest ausgelegt. Das 20. Jahrhundert entwickelte deshalb den Begriff Mannweib, mit der Steigerungsstufe Flintenweib, oder noch später den der Emanze. Wählt sie hingegen den Weg der Taktik der Schwäche (Adler 1912), also den eines Kokettierens mit der weiblichen Rolle, dann treibt sie dieser geradewegs in die Arme der Hysterie. Bis heute ist weibliche Selbstverwirklichung negativ besetzt.

166

7. Liebe und Macht: Freuds Umgang mit der Übertragungsliebe

Auf dem Weg von der Entdeckung eines neuen Therapieverfahrens zu einer allgemeinen Theorie des Unbewußten halfen Freud zwei analytische Prozesse weiter – die Selbstanalyse und die seiner hysterischen Patientinnen; beide aber gehören zusammen. "Freud 'discovered' that he could not analyze himself without knowledge of his patients, nor could he analyze his patients without knowledge of himself" (Forrester 1994, 175). Trotzdem scheint es, daß sein persönlicher Anteil an der Libidotheorie stärker ist als der seiner "Lehrmeisterinnen". Die Libido ist eine prinzipiell männliche und an den Besitz eines Penis gebunden, die Frau erlebt sich als Mängelwesen, als kastriert (Kastrationskomplex). Ihr soll das Kunststück gelingen, sowohl das Lust- als auch das Liebesobjekt zu wechseln – das heißt weg vom Minipenis (= Klitoris) hin zur Vagina und von der Mutter zum Vater – ohne hysterisch zu werden, und als Gattin und Mutter ihr stilles Glück im privaten Bereich zu finden. Richtig glücklich ist sie allerdings nur als Mutter eines Sohnes, denn durch ihn erhält sie jenen Penis, den sie schon als Mädchen vom Vater erträumt hat. Diese ganze Entwicklung aber dient letztendlich der Steigerung der männlichen Lust.

"Die bei dieser Pubertätsverdrängung des Weibes geschaffene Verstärkung der Sexualhemmnisse ergibt dann einen Reiz für die Libido des Mannes und nötigt dieselbe zur Steigerung ihrer Leistungen: mit der Höhe der Libido steigt dann auch die Sexualüberschätzung, die nur für das sich weigernde, seine Sexualität verleugnende Weib in vollem Maße zu haben ist" (Freud 1905 d, 124).

Aber auch das den Mann eindeutig bevorzugende Sexualmodell funktioniert für diesen nicht immer perfekt. Da sowohl Knaben als auch Mädchen in der prääödipalen Phase der Zärtlichkeit ihrer Mütter oder anderer, meist weiblicher Personen, bei der Körperpflege oder beim "kindischen" Spielen ausgesetzt sind, entwickeln sie oft eine polymorphe Sexualität, die beim erwachsenen Mann zu perversen Wünschen, bei Frauen aber zu deren Verleugnung und damit direkt zur Hysterie führen können. Da die anständigen Ehefrauen häufig hysterisch und frigid sind, gelten ihnen die zärtlichen Gefühle ihrer Ehemänner; den vollen sexuellen Genuß finden diese aber nur bei den ethisch minderwertigen, meist einer niedrigeren gesellschaftlichen Schicht angehörigen Frauen. Denn der Befriedigung der perversen Wünsche des Mannes stehen nur die Dirnen zur Verfügung,

167

Freud im Alter von 16 Jahren mit der Mutter (A. W. Freud et al.)

die auch seinem Bedürfnis nach Erniedrigung des Sexualobjekts ent-
gegenkommen. Doch nach Freud gibt es auch hierbei einen Ausweg,
"wer im Liebesleben wirklich frei und damit auch glücklich werden soll",
der muß "den Respekt vor dem Weibe überwinden, sich mit der Vorstellung des Inzests mit Mutter oder Schwester befreundet haben"
(Freud 1912d, 205).

Dieser Gedanke, dessen Niederschrift in eine Zeit fällt, in der Freud selbst 56 Jahre zählte und den Höhepunkt seines Sexuallebens bereits überschritten haben dürfte, scheint mir der Schlüssel zu seinem Frauenbild zu sein, das er aus der eigenen Mutterbeziehung gewonnen hat. Während er sich mit der Vaterbeziehung am Beginn seiner Selbstanalyse auseinandersetzte und darüber in der "Traumdeutung" und in Briefen an Wilhelm Fließ berichtete, so erfahren wir über seine Mutterbeziehung relativ wenig. Erst in den Spätschriften finden wir Hinweise auf sie. Aber eines fällt auf – ging aus der Auseinandersetzung mit dem Vater die Theorie des Ödipuskomplexes hervor, so brachte die Beschäftigung mit der Mutter eine Revision der Theorie der Weiblichkeit, vor allem in Richtung der Bedeutung der präödipalen Mutter für die Entwicklung des Mädchens, mit der es sich identifizieren kann und die es nicht nur für eine kastrierende hält. Immer war es der Tod eines Elternteils, der die Theoriebildung vorantrieb.

Welches Verhältnis hatte Freud zu seiner Mutter? Laut Robert R. Holt war Amalie Freud der Prototyp der Narzißtin, die sich über ihren ältesten Sohn selbst verwirklichen wollte, da ihr Gatte nicht sehr erfolgreich war. Sigmund konnte daher ihrer Liebe nur sicher sein, wenn er es zu etwas brachte. Sie war somit sein unbewußter Motor. Seine Mutter glaubte nämlich an die vielversprechenden Voraussagen, die man ihrem Liebling gemacht hatte und nannte ihn "Sigi, mein Gold". Er verfügte als einziger über ein eigenes Zimmer und wurde gegenüber seinen Schwestern bevorzugt. Andererseits erlebte er sich isoliert angesichts dieser "Weiberherrschaft". Bis zu ihrem Tod besuchte er sie jeden Sonntagmorgen und nahm bei ihr das Essen ein, auf das er regelmäßig Magenschmerzen bekam. Ihre Enkel beschreiben die Großmutter als

"vital, stark, emotional, scharfsinnig, intelligent – obwohl sie nur wenig Bildung genossen hatte – imposant, schön; sie hatte einen starken Willen und war vielen Anforderungen gewachsen. Aber sie war auch launisch, herrschsüchtig und tyrannisch. Sie machte als ältere Dame, wenn es ihr gelegen kam, manchmal Gebrauch von hysterischer Taubheit. Ihre Enkeltochter scheint Angst vor ihr gehabt zu haben" (Stroeken 1992, 123).

Irgendwie erinnert sie mich etwas an Freuds hysterische Patientinnen, an Anna von Lieben z. B., nur fehlten der die Vitalität und Souveränität seiner Mutter. Sonderlich mütterlich war diese nicht, diese Seite suchte Freud dann eher bei seiner Frau Martha, die die versorgende Rolle übernahm, sich aber gegenüber der Psychoanalyse gut abzugrenzen wußte. Über diese führte er innerhalb der Familie nur mit seiner Schwägerin Minna Bernays und später mit Tochter Anna Gespräche.

Da er die Mutter eher männlich-aktiv und den Vater eher weiblich-passiv erlebte, führte das zu dem scheinbaren Paradoxon, daß Freud zwar ein einfühlsamer Psychotherapeut gegenüber seinen zunächst durchgehend weiblichen Patienten war, aber gleichzeitig eine "phallozentrische" Theorie der Sexualität entwickelte. Appignanesi und Forrester kommen daher zu dem Schluß, daß die Psychoanalyse, die eine Heilung durch Liebe darstellt, ein prinzipiell weiblicher Beruf sei, weswegen von allem Anfang an so viele Frauen diese Profession ergriffen haben (Appignanesi/Forrester 1994, 263). Rohde-Dachser hingegen bezeichnet die Geschichte der Psychoanalyse als die einer Eroberungsgeschichte der Frau durch den Mann, die im Irma-Traum ihren bildhaften Niederschlag findet (Rohde -Dachser 1991, 168).

Holt untersucht minutiös die Zuordnung von männlichen und weiblichen Eigenschaften in Freuds Schriften und kommt zu folgendem Ergebnis:

Masculinity	Femininity
Attributes of Men/Boys	Attributes of Women/Girls
Superior	Inferior
everything that is strong	everything that is weak
phallic eroticism	anal eroticism
greater intensity of libido	possess a weaker sexual instinct
double standard of sexual	envy and jealousy play an
morality is valid for men	even greater part than in men
aggressive, detiant and	need for instruction and
self-sufficient	assistance, depent and pliant
instinct for mastery with	most suppress aggressiveness
easily passes over into	
cruelty	
sadism	masochism
wild	tender, shyness, modesty
superego inexorable,	weaker, less independent
impersonal, independent of	superego, less sense of
its emotional origins	justice
complete object-love with	narcissism, self contentment
sexual overevaluation,	physical vanity, to be loved
depent on love-object	stronger need than to love
suplimate more	little able to sublimate instincts, oppose, retard, restrain the work of civilization
active	passive

(Holt 1992, 17)

170

Die männlichen und weiblichen Anteile vereinigen sich auch in Freuds Charakter und in seinem Agieren als Therapeut. Einerseits war er einfühlsam, warm und helfend (z. B. gegenüber Anna von Lieben) andererseits aber auch kontrollierend, manipulativ und autoritär (z. B. gegenüber Ida Bauer), je nachdem, ob er es mit einer mittelalterlichen Dame (Mutter-Sohn-Beziehung) oder einem jungen Mädchen (Vater-Tochter-Beziehung) zu tun hatte. Dieser autoritäre Zug zeigte sich auch gegenüber seinen Schülern und in der Organisation der Psychoanalyse. Er wollte für seine Anhänger der Übervater sein, genauso wie er in seinen jungen Jahren zuerst Brücke, später Charcot als positive, Meynert als negative Vaterfigur erlebt hatte (Gelfand 1992).

Eine etwas andere Beziehung entwickelte er zu seinen Schülerinnen. Sie waren seine "Töchter" und er fühlte sich von ihnen angezogen wie von den eigenen Töchtern. Er identifizierte sich mit dem König Lear, der von "seinen Töchtern Liebe forderte, als wären sie seine Frauen, und zwar auf die bedingungslose, egoistische Weise, mit der ein Säugling die Liebe der Mutter fordert" (zit. nach Appignanesi/Forrester 1994, 23).

Seine jüngste Tochter Anna war auch gleichzeitig seine Schülerin und seine "Antigone", die den zwar nicht blinden, aber krebskranken Vater auf seinen Reisen begleitete. Beide verband eine tiefe Zärtlichkeit, die Anna später in ihrem Umgang mit Kindern ausleben konnte. Intime Männerbekanntschaften dürfte sie nicht gemacht haben, das ließ die Vaterbindung nicht zu, dafür verband sie eine innige Freundschaft mit Dorothy Burlingham, einer amerikanischen Analytikerin.

Homosexuelle oder bisexuelle Beziehungen spielten im Leben einiger Schülerinnen von Freud eine wichtige Rolle, entweder in Form eigener Neigung, wie z. B. bei Joan Rivière oder Hilda Doolittle, oder durch die des Vaters oder Ehemannes, wie es bei Marie Bonaparte der Fall war. Letztere zeigte hysterische Symptome, die sich vor allem im Genitalbereich äußerten und zu einer Reihe von Operationen führten, um die Frigidität und andere psychosomatische Störungen zu beheben. Sie übertrug in der Analyse ihre starke Vaterbindung auf Freud, blieb ihm aber auch später treu und verhalf ihm und seiner Familie zur Flucht aus Nazideutschland nach Frankreich und von dort nach Großbritannien. Im Gegensatz zu anderen dürfte er ihr relativ viel über sich erzählt haben, z. B. auch, daß er nicht unberührt in die Ehe gegangen ist und daß er, genauso wie sie, sich vor der dunklen und wilden weiblichen Natur fürchte (Appignanesi/Forrester 1994). Er hielt auch Frauen von "elementarer Leidenschaftlichkeit", die nicht die Übertragungsbeziehung akzeptieren wollen, für unanalysierbar.

Wieder war es eine hysterische Frau, die sein besonderes Vertrauen besaß, vielleicht weil sie ihm ähnlich war, weil sie wie er Angst vor der abgründigen weiblichen Lust hatte, weil sie wie er diesen Konflikt somatisierte. Freuds Hypochondrie der jüngeren Jahre paßte gut zur Hysterie seiner Patientinnen, im Alter schuf sein schweres Krebsleiden die Basis für das Verständnis von körperlichem und psychischem Leid.

Es fällt auf, daß viele Frauen, die bei Freud eine Analyse machten, sich mit dem Vater identifizierten und Schwierigkeiten mit der Mutter hatten, ähnlich wie wir das bei den frühen Patientinnen gesehen haben. Helene Deutsch (1884–1982) gilt als die Freudschülerin, die sein Konzept von der passiven weiblichen Sexualität und deren Steigerung im Masochismus weiterführte und die eigentliche Bestimmung der Frau in der Mutterschaft sah. Deswegen wurde sie auch, besonders von feministischer Seite, heftig kritisiert. Gleichzeitig aber hatte sie Schwierigkeiten, ihrem Sohn eine gute Mutter zu sein, da sie selbst als Mädchen gegen ihre Mutter und deren konventionelle Ansichten rebellierte. Die gütige mütterliche Rolle spielte in ihrem späteren Leben ihr Gatte Felix, der sich auch stärker als sie um beider Sohn Martin kümmerte (Appignanesi/Forrester 1994). Sie verband offensichtlich mit ihrem Analytiker die Konfusion der Zuordnung von männlichen und weiblichen Eigenschaften. Er erlebte seine Mutter eher männlich, sie suchte sich einen mütterlichen Gemahl. Er entwickelte eine phallozentrische Sexualtheorie, sie ein an der Mutterschaft orientiertes Frauenbild.

Eine andere Schülerin von Freud, die sich allerdings keiner Lehranalyse bei ihm unterzog, war Lou Andreas Salomé. Sie stellt eine der wenigen Frauen aus dem Umfeld von Freud und der Psychoanalyse dar, die eine glückliche Kindheit hatte, gekennzeichnet von der Liebe zum Vater und einer gewissen Ambivalenz zur Mutter. Die Vielumworbene verweigerte sich so lange sexuell, bis sie in Rilke den idealen Liebhaber gefunden zu haben glaubte. Sie könnte man als den Prototyp der Narzißtin ansehen, die Freud folgendermaßen beschreibt:

"Es stellt sich besonders im Falle der Entwicklung zur Schönheit eine Selbstgenügsamkeit des Weibes her, welche das Weib für die ihm sozial verkümmerte Freiheit der Objektwahl entschädigt. Solche Frauen lieben, strenggenommen, nur sich selbst mit ähnlicher Intensität, wie der Mann sie liebt. Ihr Bedürfnis geht auch nicht dahin zu lieben, sondern geliebt zu werden, und sie lassen sich den Mann gefallen, welcher diese Bedingung erfüllt. Die Bedeutung dieses Frauentypus für das Liebesleben der Menschen ist sehr hoch einzuschätzen. Solche Frauen üben den größten Reiz auf die Männer aus, nicht nur aus ästhetischen Gründen, weil sie gewöhnlich die schönsten sind, sondern auch infolge interessanter psychologischer Konstellationen.

Es erscheint nämlich deutlich erkennbar, daß der Narzißmus einer Person eine große Anziehung auf diejenigen anderen enfaltet, welche sich des vollen Ausmaßes ihres eigenen Narzißmus begeben haben und sich in der Werbung um die Objektliebe befinden; ... Dem großen Reiz des narzißtischen Weibes fehlt aber die Kehrseite nicht; ein guter Teil der Unbefriedigung des verliebten Mannes, der Zweifel an der Liebe des Weibes, der Klagen über die Rätsel im Wesen desselben hat in dieser Inkongruenz der Objektwahltypen seine Wurzel" (Freud 1914 c, 55 f.).

Somit halfen Frauen wie Lou Andreas Salomé Freud, sein altes Frauenbild zu revidieren, die Aufspaltung in idealisierte und erniedrigte Frau, ebenso wie das der großen Mutter zu überwinden und im narzißtischen Frauentypus jemanden zu finden, der sich selbst über den anderen lieben kann. Allerdings ganz geheuer dürften solche Frauen Freud nicht gewesen sein, denn er stellte fest, daß der Mann, der um sie wirbt, unbefriedigt bleibt, weil er sich ihrer Liebe nie sicher sein kann. Erinnert uns das nicht stark an seine Mutter, deren Liebe er auch nur durch außergewöhnliche Leistung erhalten konnte und in deren Gegenwart er zeit seines Lebens ein gewisses Unbehagen (Magenschmerzen!) empfand?

Eine besondere analytische Liebesbeziehung ging Freud mit der Schriftstellerin Hilda Doolittle ein. Sie kam zu ihm, um vor allem ihre Mutterbeziehung analysieren zu lassen, und Freud gestand ihr, daß es ihm schwerfalle, mütterliche Übertragungen zu akzeptieren, da er sich so sehr als Mann fühle. Auch wenn er schon alt war und deswegen einmal in einem Gefühlsausbruch während der Analyse gesagt haben soll "Das Schlimme ist – ich bin ein alter Mann – Sie halten es nicht für der Mühe wert, mich zu lieben" (zit. nach Appignanesi/Forrester 1994, 539), sah er sich immer noch gern in der Rolle des Vaters oder Liebhabers.

In dieser Analyse könnten sich vor allem die väterlichen Übertragungen aus der realen Beziehung zu seiner Tochter Anna niedergeschlagen haben, die ihre Lehranalyse beim Vater absolvierte, was aus heutiger Sicht äußerst bedenklich erscheint, damals aber nicht so außergewöhnlich war, da es in Analytikerkreisen Mode wurde, sich gegenseitig zu analysieren. Um ihre Mutterkonflikte aufzuarbeiten, bat er allerdings Lou Andreas Salomé um Hilfe, die zwar keine regelrechte Analyse durchführte, aber intensive Gespräche mit Anna hatte. Auch hier drückte sich Freud vor der mütterlichen Übertragung, was in dem Fall jedoch verständlich ist, denn wer will schon für die eigene Tochter Vater und Mutter sein?

Die Frauen, mit denen Freud sich umgab, mögen sich geändert haben – sie reichen von seinen häuslichen Erfahrungen über Hysterikerinnen bis zu eher maskulinen und manchmal homosexuellen Analysandinnen – sein Selbstwertgefühl als Mann dürfte gleichgeblieben sein. Geändert aber hat sich durch sie sein Konzept der Weiblichkeit, obwohl er am Ende seines Lebens gestand, daß diese für ihn einen "dunklen Kontinent" darstelle, den spätere Generationen erforschen sollen.

Und die ließen nicht auf sich warten. Es waren vor allem die rebellischen Töchter, die sich um eine andere Sichtweise bemühten. Ihr Hauptangriff ging gegen die Vorstellung, daß das Mädchen erst in seinem Pubertätsalter die Vagina entdeckt, während es bis dahin auf den Besitz des Penis fixiert sei. Untersuchungen an kleinen Mädchen ab dem zweiten Lebensjahr haben gezeigt, daß diese sehr wohl, im Zuge der Erforschung ihres eigenen Körpers, ein Wissen über die Vagina besitzen; deren psychische Repräsentanz ist allerdings geringer, da dieses Organ zwar greifbar, aber nicht sichtbar ist. Der Penisneid wird als ein phasenspezifisches Entwicklungsphänomen interpretiert, der erst durch reale Demütigung verstärkt wird. Als Voraussetzung für eine positive Verarbeitung des Penisneides sieht Shala Chehrazi folgendes an:

(1) Eine hinreichend gute Beziehung zur Mutter.
(2) Kenntnis und Wertschätzung der eigenen Genitalien.
(3) Fortschritte in der kognitiven Entwicklung, die eine Unterscheidung zwischen inneren und äußeren Genitalien möglich machen.
(4) Auflösung des Ödipuskonflikts und Identifikation mit der Mutter (Chehrazi 1988).

In diesem Sinne wird argumentiert, daß es durch die Identifikation mit der Mutter schon präödipale Schwangerschaftswünsche gibt und der Kindeswunsch gegenüber dem Vater erst ein sekundäres Phänomen darstellt.

Schon Melanie Klein (1882 – 1960) und Karen Horney (1885 – 1952) heben die Bedeutung der Mutterbeziehung für die Entwicklung des Mädchens hervor. Letztere betont (1994) bereits die soziale Verstärkung des Penisneids in einer patriarchalen Gesellschaft und das immer schon vorhandene Wissen des Mädchens um die Vagina. Spätere Analytikerinnen, wie Chasseguet-Smirgel, wiederum sehen diesen Körperteil als verschlingendes Organ, das sich den Penis einverleibt und damit auch zu dessen Besitz verhilft (Chasseguet-Smirgel 1974). Diese Vorstellungen kommen aber eher den uralten Ängsten des Mannes von der kastrierenden Frau entgegen und weniger, wie bei Chasseguet-Smirgel, der Vorstellung eines weiblichen Masochismus, der sich durch die Identifizierung mit einem Partialobjekt entwickelt und den Typus der Frau als Mitarbeiterin und rechte Hand des Mannes schafft. Treten aber Schuldgefühle wegen der Einverleibung auf, verschiebt sich die Sexualtätigkeit auf die äußeren Zonen, es entwickelt sich die klitorale Sensibilität. Schuld am Penisneid hat, wie bei Freud, durch narzißtische Kränkung des Mädchens die Mutter, und der Vater wird als der Retter aus der Mutterbindung gesehen. Maria Torok geht sogar so weit, daß sie das Masturbationsverbot der Mutter als Ursache für die Hysterie ansieht, da sie dadurch das Kind noch mehr an ihren Körper kettet und den Händen (= Penis) verbietet, sexuell aktiv zu sein (Torok 1974).

Auch Cordelia Schmidt-Hellerau vertritt ein stark an Freud orientiertes Modell. Wie er spricht sie von einem femininen Masochismus, der in der Ödipussituation durch den Wunsch nach Penetration durch den Vater entsteht, und unterscheidet ihn vom neurotischen oder pathologischen Masochismus dadurch, daß dieser bei Mädchen entsteht, die sich mit dem Vater identifizieren, ihn gleichzeitig aber auch als Rivalen ansehen und die libidinöse Bindung zur Mutter aufrechterhalten. Sich von seinem Vater kein Kind zu wünschen, wäre demnach pathologisch (Schmidt-Hellerau 1988).

Die Mutter-Tochter-Beziehung ist auch das zentrale Thema der späteren Psychoanalytikerinnen. Bei Nancy Chodorow wird der Mann zum Außenseiter, an den höchstens die weibliche Botschaft geht "Entlaste die Mutter" oder "Entdecke deine Gefühle, ich helfe dir dabei". Laut Rohde-Dachser wird hier die weibliche Emotionalität zum Penisäquivalent, die Frau zur Retterin des Mannes (Rohde-Dachser 1991, 263).

Nicht gesondert eingehen möchte ich auf feministische Kritikerinnen des Freudschen Weiblichkeitskonzepts, da sie zwar die Bedeutung der Gesellschaft für die Entwicklung des weiblichen Selbstwertgefühls hervorheben, aber keine eigene innerpsychische Theorie von Weiblichkeit entwickelt haben, obwohl es gerade in diesem Zusammenhang interessant wäre, die gesellschaftliche Produktion von Unbewußtheit zu studieren. Juliett Mitchell wirft ihnen jedenfalls vor, sich nicht mit dem System der Psychoanalyse beschäftigt zu haben, sondern mit Freuds Aussagen über die Frauen (Mitchell 1976). Ob man das voneinander trennen kann, scheint mir wiederum fragwürdig.

Mein Einwand gegen das Weiblichkeitsmodell von Freud stützt sich auf folgende Beobachtungen:

1. Das Kind im Alter von drei bis sechs Jahren, also in der Zeit der Ausbildung des Ödipuskomplexes, ist bereits sozial geformt, und die Wahrnehmung des Penisbesitzes oder der Penislosigkeit ist daher nicht vorurteilsfrei. Das Wissen darum ist ein bewußtes und löst bewußte Schlüsse und unbewußte Phantasien aus. Die Geschlechtsidentität setzt aber bereits früher ein, unter anderem durch Abtasten des eigenen Körpers und durch masturbatorische Erlebnisse.

2. Beim Mädchen und bei der Frau ist es letztendlich gleichgültig, ob Klitoris oder Vagina stimuliert werden, das Lusterlebnis geht vom Körperinneren (Kontraktion der Gebärmutter) aus und erfaßt den ganzen Körper, dürfte sich also prinzipiell von dem stärker organorientierten Lusterlebnis des Mannes unterscheiden. Man kann demnach davon ausgehen, daß das kleine Mädchen von allem Anfang an beide Organe für sich entdeckt hat.

3. Die Vorstellung von aktiv und passiv ist vom männlichen Gesichtspunkt geprägt. Penetration gilt als aktiv, den Penis aufnehmen als passiv. Vom weiblichen Standpunkt aus ist aber etwas in sich aufnehmen, umschließen ein aktives Geschehen, vergleichbar mit dem Umschließen der Nahrung. Keiner käme auf die Idee, das Einverleiben der Nahrung als etwas Passives anzusehen! Schon eher läßt der Vergleich verstehen, warum Männer die Vagina schon immer fürchteten und mit ihr Kastrationsängste verbanden. Deswegen mußte vielleicht aus der kastrierenden aktiven Frau die penetrierte passive werden.

4. Kinder betrachten sich selbst als den Nabel der Welt. Warum sollen kleine Mädchen in ihrer Phantasie ihre Mutter mit einem Penis ausstatten, wenn sie selbst keinen haben? Die Entdeckung des Penis beim anderen Geschlecht kann zwar vorübergehend Neid auslösen, nicht aber nachhaltig das Selbstwertgefühl erschüttern, wenn nicht noch eine gesellschaftliche Zurücksetzung dazukommt. Genau die aber setzte um die Jahrhundertwende (und auch noch später) im Alter ab drei ein, in dem die Mädchen durch Kleidung und Verhaltensregeln gezähmt, durch geringere Bildungsangebote benachteiligt und allmählich zu wohlerzogenen jungen Damen geformt wurden[18].

Hier zeigt sich das Problem der Hysterikerin. Sie ist es, die sich nicht total zähmen läßt, die sich aktiv an ihren Körper heranmacht, die Lust als ein komplexes Erlebnis ansieht, aber eingebremst wird durch ihre prinzipielle Akzeptanz der patriarchalen Wertwelt, verstärkt durch eine besondere Zuneigung zum Vater und eine konfliktreiche Beziehung zur Mutter. Selbst als ihr ab den 20er Jahren unseres Jahrhunderts die Sublimierung ihrer libidinösen Wünsche durch Studium und größere

Die feierliche Kommunion (Musée des Beaux-Arts, Rouen)

Unabhängigkeit ermöglicht wird, kann sie sich nicht ganz von alten Denk- und Verhaltensmustern lösen, was z. B. einige Freudschülerinnen, die selbst Analytikerinnen wurden, durch ihre neurotischen Symptome beweisen. Hysterisches Verhalten wird also noch längere Zeit Frauenschicksal sein.

Wenn wir uns nun Freuds Umgang mit Männern zuwenden, dann sticht als erstes die Dreierbeziehung Freud – Breuer – Fließ ins Auge. Von Josef Breuer haben wir schon gehört, daß er Freud seit dessen Studienzeit kannte und ihn vor allem in den ersten Jahren seiner freien Praxis unterstützte. Von ihm übernahm er die kathartische Methode, wenn er sie auch zunächst mit anderen vermischte. Die "Studien über Hysterie" sind ein Zeugnis gemeinsamen Forschens, stellen aber gleichzeitig den Schwanengesang dieser so fruchtbaren Partnerschaft dar. Breuers Weigerung, die sexuelle Ätiologie bei der Entstehung von Psychoneurosen zu akzeptieren, führte schließlich zum Bruch. Doch auch noch danach erwähnte ihn Freud hin und wieder in seinen Briefen an Fließ, und auch dieser korrespondierte mit Breuer und besuchte ihn, da er durch seine Gattin mit der Familie Breuer verwandt war.

Josef Breuer im Alter von 55 Jahren, 1897 (Österr. Nationalbibliothek, Wien)

Neben den wissenschaftlichen Differenzen dürfte auch eine Geldschuld die Beziehung zwischen Freud und Breuer belastet haben. Dieser hatte seinem jüngeren Kollegen in dessen Aufbaujahren eine größere Summe Geld geborgt, welche jener 1898 zum Teil zurückzahlen wollte. Breuer jedoch gab das Geld generös retour, mit dem Hinweis auf ein Honorar, das eine Verwandte Freud für ihre Behandlung schuldig sei. Dieser empfand das Verhalten seines Freundes und Förderers herablassend und kränkend, wohl auch deswegen, weil die angestrebte Unabhängigkeit dadurch verhindert wurde. Freuds Urteil milderte sich etwas, nachdem seine Beziehung zu Fließ die ersten Sprünge zeigte. Breuer hingegen scheint, ohne daß Freud dies wußte oder wahrhaben wollte, zeit seines Lebens die Entwicklung der Psychoanalyse interessiert verfolgt zu haben. Erst als Breuer gestorben war und sein Sohn Robert Freud über das große Interesse seines Vaters aufgeklärt hatte, dürfte diesem eine Zentnerlast vom Herzen gefallen sein, und er gedachte seines toten Freundes in einem Nachruf mit großem Respekt (Hirschmüller 1987). Hirschmüller meint, daß Freud mit Breuer dasselbe passiert sei, wie Breuer mit Bertha Pappenheim – beide wollten nicht unvoreingenommen die Übertragungen wahrhaben; im Gegensatz zu Hirschmüller glaube ich, daß es weniger väterliche, sondern eher müt-

Sigmund Freud und Wilhelm Fließ, Anfang der 90er Jahre (A. W. Freud et al.)

terliche Übertragungen waren. Freud erwartete Verständnis, Hilfe, Loyalität und Anerkennung seiner Leistung, wie er es von seiner Mutter gewöhnt war, die ihn gegenüber ihren anderen Kindern bevorzugt hatte. Und Breuer beobachtete wie eine kluge Mutter ihren Sohn interessiert, aber diskret aus der Ferne. Sein Tod war für Freud schmerzlich und befreiend, so wie der Tod der wirklichen Mutter fünf Jahre später.

Übernahm Breuer bei Freud die Mutterrolle, so kam Fließ die des Geliebten zu. Die beiden kannten einander ab Mitte der 80er Jahre, ihr Briefwechsel reicht von 1887 bis 1904. Mit einigen Ausnahmen sind uns nur die Briefe Freuds an Fließ erhalten. Dieser war ein Hals-Nasen-Ohren-Arzt in Berlin, ungefähr gleich alt wie Freud, und beschäftigte sich ebenfalls mit dem Problem der Sexualität, allerdings auf eher physiologischer Grundlage. Er stellte dem weiblichen Zyklus von 28 Tagen einen männlichen von 23 Tagen gegenüber, sah einen Zusammenhang zwischen weiblichen Genitalien und Nase und entwickelte eine Theorie der Bisexualität. Freud stand einige Jahre unter seinem Einfluß. Erst 1897 ersetzte er seine eigenen physiologischen Modelle durch psychologische. Die Theorie vom Konstanzprinzip der Erregungssumme wurde abgelöst von der Verführungs-

179

und darauf von der Libidotheorie. In diese ließ er auch die Vorstellung der Bisexualität einfließen. Später entstand daraus ein Urheberrechtsstreit, der die Freundschaft, die vorher schon stark abgekühlt war, endgültig beendete.

Fließ war für Freud in der Zeit seiner Ablöse von Breuer, dem Ringen um eine Theorie des Unbewußten, der Selbstanalyse im Zusammenhang mit dem Tod des Vaters und der wissenschaftlichen Isolation ein wichtiger Ansprechpartner, eine Art Supervisor und Freund. Ihm berichtete er auch über seinen physischen und psychischen Zustand, der zu jener Zeit dem seiner hysterischen Patientinnen nicht unähnlich war. Er klagte vor allem über Herzbeschwerden und Todesängste, aber auch Kopfschmerzen, Gelenkschmerzen und eine Art Dauerschnupfen quälten ihn sehr. Wegen letzterem ließ er sich ein paarmal die Nase von Fließ verätzen, wegen der Herzbeschwerden konsultierte er Breuer, der aber keinen Organschaden feststellen konnte, weil das Leiden vermutlich psychosomatischen Ursprungs war. Über die vage Diagnose ärgerte Freud sich sehr – er glaubte damals, nicht älter als 50 Jahre zu werden. Fließ verbot ihm das Rauchen, doch Freud hielt die Abstinenz nie sehr lange aus. Auch Fließ war ein Leidender, und so dürften sie sich gegenseitig bemitleidet haben.

Aber Freud zeigte sich in dieser Beziehung auch als leidenschaftlich Liebender. Seine Briefe begannen mit "Liebster" (Freud an Fließ vom 6. 8. 1895, zit. nach Masson 1986), "Unseliger ... Kümmerst Du Dich gar nicht mehr, was ich treibe" (24. 7. 1895). Er spricht von einer "Kette von Liebesbeweisen von Eurer Seite" (8. 8. 1894) und von der "Aussicht ... mit Euch zusammenzuleben" (23. 8. 1894), er findet "Dienstag nach Deiner Abreise war die Stadt leer" (4. 3. 1895) und freut sich "auf den Kongreß wie auf die Befriedigung von Hunger und Durst" (30. 6. 1896). Er schmeichelt Fließ und bezeugt seine Demut mit Worten wie "einer, der ganz dumm ist und alles vergessen hat" (26. 8. 1898). "Mir graut immer noch, ... vor Deinem Heldentum. Ich hielte gar nichts aus" (16. 11. 1898). "Was danke ich Dir alles an Trost, Verständnis, Anregung ... und zuletzt noch an Gesundheit ... Ich weiß, Du hast mich nicht so nötig wie ich Dich" (1. 1. 1896). Doch bereits am 1. 3. 1896 stellt er die bange Frage anläßlich eines Berichts über Breuer "Wird es uns beiden miteinander auch so gehen?" Es zeigt sich, daß es auch diesmal wissenschaftliche Differenzen waren, die schließlich zum Bruch führten. Hatte Freud sich zunächst noch voll hinter die Periodenlehre seines Freundes gestellt und sogar in seiner eigenen Familie die wildesten Berechnungen vorgenommen (Menstruationen Marthas, Krankheiten der Kinder, Zahndurchbruch bei Anna etc.), um ihre beiden Sexualtheorien zu "verschmelzen", so distanzierte er sich im Zuge seiner Selbstanalyse immer stärker davon. 1899 schreibt er an Fließ: "Meinem eigenen Seelenleben hat die ganze Beschäftigung doch sehr wohl getan; ich bin offenbar viel normaler, als ich vor vier oder fünf Jahren war" (2. 3. 1899). Einerseits bezeichnet er Fließ als neuen Kepler (27. 6. 1899), was vermutlich leicht ironisch gemeint war, andererseits hält er ihn aber auch für jemanden, der "das Leben in die Fesseln der Zahlen und Formeln zu schlagen" versucht (3. 7. 1899). Er sandte ihm zwar alle Kapitel der Traumdeutung und hoffte auf eine wissenschaftliche Korrektur. Die Treffen aber, die sogenannten Kongresse, die er früher herbeigesehnt hatte, wurden immer seltener. Das letzte fand im Sommer 1900 statt. Darüber berichtet Wilhelm Fließ:

"Mit Freud habe ich oft Zusammenkünfte zu wissenschaftlicher Aussprache gehabt. So in Berlin, Wien, Salzburg, Dresden, Nürnberg, Breslau, Innsbruck. Das letzte Mal im Sommer 1900 in Achensee. Damals war Freud von einer mir unerklärlichen Heftigkeit gegen mich, weil ich in einer Diskussion über Freuds Beobachtungen an seinen Kranken den periodischen Vorgängen auch für die Psyche unbedingt Geltung zusprach: insbesondere sie auch für diejenigen psychopathischen Erscheinungen als wirksam hinstellte, mit deren Analyse zum Zwecke der Heilung sich Freud beschäftigt. Weder plötzliche Verschlechterungen noch plötzliche Besserungen seien daher ohne weiteres auf die Analyse und ihre Einwirkungen zu schieben. Ich belegte meine Meinung mit eigenen Beobachtungen. Im Gefolge jener Diskussion glaubte ich bei Freud eine persönliche Animosität gegen mich wahrzunehmen, die aus Neid entsprang. Hatte doch Freud früher in Wien zu mir gesagt: 'Es ist gut, daß wir Freunde sind. Ich würde vor Neid zerspringen, wenn ich sonst hörte, daß einer in Berlin solche Sachen findet ...' Wegen der Situation am Achensee (Sommer 1900) habe ich mich still von Freud zurückgezogen und unsern regelmäßigen Briefwechsel eingehen lassen. Seit jener Zeit hat Freud über meine wissenschaftlichen Funde nichts mehr von mir gehört" (10. 7. 1900, Fußnote 1).

Und Freud meint resignierend: "... ich mache selbst nichts Neues und bin, wie du schreibst, dem völlig entfremdet, was du machst" (15. 2. 1901). Der endgültige Bruch erfolgte, als Fließ vermutete, Otto Weininger, der in seinem Buch "Geschlecht und Charakter" auch eine Theorie der Bisexualität vertritt, habe seine Ideen von Freud, der sie wiederum ihm gestohlen habe. Freud versuchte zwar durch etliche öffentliche Gegendarstellungen seine Unschuld zu beweisen, aber die Freundschaft war unwiderruflich zerbrochen; der Fall beschäftigte sogar die Gerichte.

Ernst Kris bemerkt in der Einleitung zur Erstausgabe der Briefe Freuds an Wilhelm Fließ im Jahre 1950, "daß die Überschätzung von Fließ' Persönlichkeit und Leistung einem inneren Bedürfnis Freuds entsprochen habe" (zit. nach Masson 1986, 529). Dieses Bedürfnis war ein feminines, wie es Freud selbst in einem Brief an Fließ (7. 5. 1900) ausdrückt oder später Ferenczi gegenüber: "Ein Stück homosexuelle Besetzung ist eingezogen und zur Vergrößerung des eigenen Ichs verwendet worden" (Freud an Ferenczi, zit. nach Masson 1984, 181). Übernahm er hierbei unbewußt die Rolle seiner hysterischen Patientinnen, entwickelte hysterische Symptome und suchte in der Beziehung zu Fließ die Rettung und Erlösung? Erst als er erkannte, daß er sich selber helfen mußte und seine Selbstanalyse begann, setzte nach und nach die Ernüchterung und Entfremdung ein. Die Idealisierung seines Liebesobjektes wich einer sachlichen Einstellung, die leidenschaftliche Affäre endete mit einer Scheidung. An Alimenten überließ Fließ unfreiwillig seinem ehemaligen Freund die Theorie der Bisexualität, die dieser in seine eigene Libidotheorie einbaute. (Knaben und Mädchen unterscheiden sich bis zum Eintritt in die phallische Phase psychosexuell nicht voneinander, erst dann beginnt die Differenzierung.) Die Beziehung zwischen beiden endete zwar nicht so versöhnlich wie die zwischen Freud und Breuer, aber Robert Fließ, Wilhelms Sohn, schloß sich der Psychoanalyse an. Damit erfolgte die Versöhnung quasi in der nächsten Generation.

Im späteren Leben ließ Freud sich nie wieder mehr ganz so tief mit einem anderen Menschen ein. Trotzdem dürfte er in die Beziehung zu C. G. Jung ziemlich viele Gefühle investiert haben. Diesmal ging es ihm aber nicht mehr um die Geburt einer neuen Theorie, sondern um das Weiterleben und Expandieren der Psychoanalyse. Um das zu gewährleisten, suchte Freud einen Thronfolger und fand ihn zunächst in der Person von C. G. Jung. Über diesen haben wir schon einiges im Zusammenhang mit der Spielrein-Affäre gehört. Während dieser Zeit war er noch ein loyaler Anhänger der Freudschen Lehre und wurde deswegen 1910 zum Präsidenten der Internationalen Psychoanalytischen Vereinigung gewählt, und Freud bezeichnet ihn in einem Brief vom 10. 8. 1910 als "Mein lieber Sohn und Nachfolger" (Freud an Ferenczi, zit. nach Kerr 1994, 346) und meint sogar, in Anklang an die Bibel: "Dies ist mein lieber Sohn, an dem ich mein Wohlgefallen habe" (348). Im letzten Zitat drückt sich die Identifikation Freuds mit dem Gott des alten Testaments aus, der den Menschen den Messias schickt – also der Jude Freud den Christen Jung – damit die Lehre weltweit Anerkennung findet im Sinne des "Gehet hin und lehret alle Völker". Vielleicht faszinierte ihn Jung auch deswegen so sehr, weil er einen hysterischen Zug hatte, nämlich den, auf die Menschen starken Eindruck machen zu wollen. Beide reisten zusammen in die USA und erhielten dort die Ehrendoktorwürde. Zu Beginn dieser Reise wurde Freud das erstemal im Beisein Jungs ohnmächtig. Früher war ihm das schon einmal passiert, nämlich, als ihm seine Freunde anläßlich seines 50. Geburtstags eine Medaille mit seinem Portrait und dem Text: "Der das berühmte Rätsel löste und ein ganz mächtiger Mann war" schenkten. Es sollte noch eine weitere Ohnmacht folgen, denn bereits 1912 begann die Entfremdung zwischen beiden Männern. Freud warf Jung vor, sich einerseits zu wenig um die Psychoanalytische Vereinigung zu kümmern, andererseits zu sehr ins Mystische abzugleiten und die Bedeutung der Sexualität zu mindern. Bei Jung hingegen setzte zu dieser Zeit eine schwere Lebenskrise ein, vielleicht vergleichbar mit der von Freud 15 Jahre zuvor, die sich sogar in vorübergehenden psychotischen Zuständen äußerte. Den Höhepunkt erreichte die Auseinandersetzung Freud – Jung bei einem Kongreß im November 1912 in München, an dem Jung einen Vortrag über den ägyptischen Herrscher Amenhotep hielt, bei dem es um das Vater-Sohn-Verhältnis ging und währenddessen Freud ohnmächtig vom Stuhl sank. Nachdem Jung ihn in ein anderes Zimmer getragen, soll Freud gesagt haben: "Es muß süß sein zu sterben" (zit. nach Kerr 1994, 504). Freud erklärte den Vorfall als "Stück eines unbeherrschten homosexuellen Gefühls" (504), andere sprachen von einem Vaterkomplex. Im Zusammenhang mit Jung entzog sich Freud also zweimal einer unangenehmen Situation durch Ohnmacht, außerdem scheint er bei seinen "Auftritten" ein großes Publikum genossen zu haben – Züge, die wir auch bei seinen hysterischen Patientinnen kennenlernen konnten.

Der Bruch zwischen den beiden Männern war auf jeden Fall unaufhaltsam. Freud drohte Jung mit der Enthüllung der Spielrein-Affäre, Jung Freud mit der Veröffentlichung der Minna-Bernays-Affäre, über die er angeblich von der Betroffenen selbst etwas erfahren hatte. Er legte den Vorsitz der Internationalen Psychoanalytischen Vereinigung zurück und trat mit den meisten Schweizern aus dieser aus. Freud hingegen gründete das Geheime Komitee, das in Zukunft über die reine Lehre wachen sollte. Zwar versuchte Sabina Spielrein noch einmal Freud, Adler und Jung zusammenzubringen, aber ihr Versuch mußte scheitern. "Der Rest ist Schweigen", wie es Jung in seinem letzten Brief vom 6. 1. 1913 an Freud ausdrückt (Jung an Freud, zit. nach Kerr 1994, 513).

Sigmund Freud und Sándor Ferenczi, 1917 (A. W. Freud et al.)

Nach dem mütterlichen Freund (Breuer), dem platonischen Liebhaber (Fließ) hatte Freud nun auch den geliebten Sohn (Jung) verloren. In seinem realen Leben dürfte er mit den Liebesbeziehungen große Schwierigkeiten gehabt haben, vielleicht deswegen, weil seine eigentliche Liebe der Psychoanalyse galt. Sie war sein liebstes Kind und sie verteidigte er, wie einst seine Mutter ihren "Sigi" gegenüber seinen Geschwistern verteidigt hatte. Möglicherweise war auch hier der konstatierte Vaterkomplex eher ein Mutterkomplex. Schließlich wurde seine Mutter nicht nur als scharfsinnig und intelligent, sondern auch als herrschsüchtig und tyrannisch geschildert.

Die letzte intensive Männerbindung, die Freud einging, war die zu Sándor Ferenczi (1873–1933). Sie begann 1908, Ferenczi war damals 34 Jahre alt, und dauerte faktisch ein Leben lang, obwohl sie zuletzt wieder in eine wissenschaftliche Kontroverse mündete, die möglicherweise das Ableben Ferenczis 1933 beschleunigt hatte. Während all dieser Jahre führten beide Männer einen regen Briefwechsel, bei dem sie persönliche und wissenschaftliche Fragen erörterten. Die persönlichen

Beziehungen äußerten sich darin, daß Ferenczi nicht nur der einzige Freund Freuds war, der bei ihm eine Analyse machte, er durfte ihn auch als einziger Analytiker auf seinen Reisen begleiten und wäre sogar als Schwiegersohn willkommen gewesen. Wissenschaftlich verband die beiden das besondere Interesse am Phänomen der Übertragung und Gegenübertragung. Ferenczi glaubte, daß es keinen prinzipiellen Unterschied zwischen der normalen und der neurotischen Übertragung gäbe, höchstens einen quantitativen.

Zu dieser Erkenntnis dürfte er durch eine persönliche Erfahrung gekommen sein. 1901 verliebte er sich in die um acht Jahre ältere Gizella Palos, die mit einem "melancholischen, tauben und kontaktarmen Mann" verheiratet war und zwei Töchter hatte. Sie wurde seine Geliebte, später seine Analysandin (Krutzenbichler/Essers 1991, 64f.). Auffallend ist, daß sie, wie bei der Beziehung Breuer – Bertha Pappenheim, denselben Namen führte wie die Mutter von Ferenczi.

1911 nahm er auch ihre Tochter Elma in Analyse, in die er sich ebenfalls verliebte, weswegen er sie schließlich an Freud abtrat. Doch nun entstand wieder eine Dreiecksbeziehung, wie im Falle Freud – Jung – Sabina Spielrein, voll von Indiskretion und Vertrauensbrüchen, in die auch die Eltern der Analysandin hineingezogen wurden. Schließlich beendete Freud die Analyse, Elma kehrte zu Ferenczi zurück und dieser prüfte, diesmal abstinent, ihre Gefühle. Diese dürften aber doch nicht stark genug gewesen sein, denn Elma heiratete nach Beendigung der Analyse einen Amerikaner, und Ferenczi verband sich 1919 nun doch mit Gizella, die sich nach der Verehelichung ihrer Töchter zu einer Scheidung von ihrem ersten Mann durchgerungen hatte. Am Tag der Eheschließung starb dieser jedoch, ob durch eigenes Zutun oder an einem Herzanfall, ist nicht geklärt, und Ferenczi klagte seither über depressive Verstimmungen und hypochondrische Symptome und hatte große Schwierigkeiten, sein Gleichgewicht wieder zu erlangen (Krutzenbichler/Essers 1991).

All diese Ereignisse führten dazu, daß Freud Ferenczi in Zukunft vorsichtiger begegnete, obwohl er ihm seine Freundschaft nicht entzog. Zu großen wissenschaftlichen Differenzen kam es erst 1932 durch die Veröffentlichung von Ferenczis "Klinisches Tagebuch", in dem er sein Konzept der mutuellen Analyse und seine Ansicht über reale Traumen als Ursache von Neurosen darlegt. Hierbei geht es einerseits um einen Abbau der asymmetrischen Beziehung zwischen Analytiker und Analysanden – eine Art gegenseitige Analyse – andererseits um eine Wiederaufnahme der Verführungstheorie. Auf beide Positionen möchte ich im nächsten Kapitel noch genauer eingehen, hier soll nur soviel dazu gesagt werden: die Meinungsverschiedenheiten äußern sich in drei Punkten, die meiner Meinung nach mit den unterschiedlichen Charakteren der beiden zusammenhängen.

(1) Freud verlangte Abstinenz und Versagung in der Analyse, Ferenczi Befriedigung und Nachsicht.

(2) Freud wollte, daß sich der Analytiker nach Kopf und Verstand orientiere, bei Ferenczi sollte statt dessen Herz und Gefühl im Vordergrund stehen.

(3) Freud verteidigte gegenüber seinen Schülern die autoritäre und asymmetrische Beziehung in der Analyse, während Ferenczi eine von gegenseitiger Gleichberechtigung geprägte vertrat (Hoffer 1993).

Man könnte von einem väterlichen und einem mütterlichen Konzept der Beziehung sprechen. Während Freud gestand, daß er sich mit den mütterlichen Übertragungen [19] schwer tue, scheinen sie Ferenczi leicht gefallen zu sein. Er war eher der Liebesuchende, auch in seiner Beziehung zu Freud, während dieser von seinen "Söhnen" Gehorsam verlangte. In der Psychoanalytischen Vereinigung verfiel Ferenczi nach seinem Tod eine Zeitlang der Damnatio. Einer der wenigen treuen Anhänger, Michael Balint, formuliert es 1948 so: Ferenczi

"was always admired for his freshness, originality, and fertility, but was hardly ever understood. He was seldom studied thoroughly, seldom quoted correctly, was often criticized, and more often than not erroneously. More than once his ideas were rediscovered later and then attributed to the second 'discoverer' ..." (zit. nach Vida 1994, 257).

Was für ein weibliches Schicksal!

III. Das Begehren des Analytikers: Der Umgang mit der Übertragungsliebe nach Freud

Freud gilt als der Entdecker der Übertragung, die er in eine negative und eine positive aufgliedert. Die positive teilt er wiederum ein in eine freundschaftlich-zärtliche und in eine erotische, obwohl er an anderer Stelle betont, daß alle unsere Gefühlsbeziehungen von Sympathie, Freundschaft und Zutrauen genetisch mit der Sexualität verknüpft sind. Es gibt also zwischen beiden keinen qualitativen Unterschied, höchstens einen quantitativen bzw. einen zweckmäßigen, der den Analytiker vor der Liebe des Patienten schützen soll. Denn dieser ist, analog der Übertragung des Patienten, der Gegenübertragung ausgesetzt und man kann davon ausgehen, daß diese, wenn sie prinzipiell positiv ist, sich dem Grad der Erotik des Analysanden anpaßt. Und hier begannen für Freud und seine Schüler die Probleme, die einerseits zu einer Tabuisierung des Themas, andererseits zu einem recht lockeren Umgang von Analytikern mit dem Abstinenzgebot führen sollten.

Freud selbst äußerte sich hauptsächlich in Briefen (an Jung und Binswanger) und auf Tagungen gegenüber Insidern zu dieser Frage; in seinen Veröffentlichungen hingegen ging er erst in den behandlungstechnischen Schriften (1911–1915) auf die Gegenübertragungsproblematik ein, vor allem in derjenigen mit dem Titel "Bemerkungen über die Übertragungsliebe" aus dem Jahre 1915, wo er in erster Linie seine Schüler vor dieser warnen wollte – zu ihrem eigenen Schutz, aber auch zum Nutzen und Ansehen der Psychoanalyse, die in bürgerlichen und ärztlichen Kreisen ohnehin oft als unmoralisch eingestuft wurde. Als Haltung empfahl er die nüchterne eines Chirurgen oder er verwendete die Metapher des Analytikers als Spiegel, der nur das (Seelen-)bild des Patienten reflektieren, aber nicht selber strahlen sollte.

Die Warnung war vor allem an die "Söhne" gerichtet, die schon einen Sündenfall hinter sich hatten. Jung zählte zu diesem Zeitpunkt nicht mehr dazu, aber Ferenczi, der ein Verhältnis mit Elma Palos hatte, und Wilhelm Stekel, der von einem regelrechten Lauern der Erwartung auf Gegenliebe spricht, von einer Scheinliebe, der er aber nach Ansicht von Freud und Wilhelm Reich des öfteren erlegen ist

(Krutzenbichler/Essers 1991, 74 f.). Auch Georg Groddeck, Michael Balint, Otto Rank, August Aichhorn, Wilhelm Reich, Rudolph Löwenstein, Viktor Tausk, Sándor Radó, René Allendy, Ernest Jones, Harald Schultz-Hencke hatten Beziehungen mit ihren Analysandinnen, einige wurden später ihre Ehefrauen (Krutzenbichler/Essers 1991, 103 f.; Falzeder 1994, 183). Man kann einwenden, daß diese Frauen meist nicht als Patientinnen, sondern im Zuge einer Lehranalyse zu ihrem Analytiker gekommen sind, aber in dieser sind sie prinzipiell genauso verletzbar, wie uns die Enthüllungen einer Frau aus Frankreich zeigen, die durch das besonders grausame Spiel ihres Lehranalytikers an den Rand des Zusammenbruchs getrieben wurde (Anonyma 1988). Im Gegensatz dazu dürften Analytikerinnen zurückhaltender gewesen sein, denn nur Frieda Reichmann hatte in dieser frühen Zeit der Psychoanalyse eine Beziehung zu ihrem Analysanden Erich Fromm, den sie auch später heiratete.

Am schlimmsten aber scheint es Otto Gross, der allerdings seine Analyse bei Jung und Stekel frühzeitig abgebrochen hatte und nun als "wilder" Analytiker arbeitete, getrieben zu haben. Der Arzt und Bohèmien, Kokainist und Morphinist predigte die freie Liebe und pflegte viele Frauenbeziehungen neben seiner Ehe mit Frieda Schlosser. Unter anderen auch mit drei Patientinnen, von denen er zweien zum Selbstmord verhalf. Nach dem Tod seines Vaters verlor er jeglichen Halt und verübte Selbstmord auf Raten. Obwohl Jung, vor dessen weiterer Behandlung im Burghölzli Gross geflüchtet war, seinen krankhaften Zustand erkannte und bei ihm Dementia praecox und einen Vaterkomplex diagnostizierte, konnte er sich seiner Faszination nicht ganz entziehen. Vielleicht ging Jungs "Predigen der Polygamie" auf diese Erfahrung zurück und auch sein Versuch, in der Erotik Heilung zu finden, denn nicht nur Sabina Spielrein war seine Patientin, sondern auch Toni Wolff, die spätere Langzeitgeliebte (Dittrich 1993).

Wir sehen also, Freud hatte allen Grund, seine Schüler zu ermahnen, und nicht, wie noch im Falle der Affäre Jung-Spielrein, die Grenzüberschreitung zu bagatellisieren. Jedoch der Punkt Gegenübertragung fällt in seinen "Bemerkungen über die Übertragungsliebe" recht mager aus. Wohl erklärt er, warum sich die Patientin verliebt und daß das nichts mit den Vorzügen der Person des Analytikers selbst zu tun habe, aber wir erfahren wenig über die möglichen Gefühle des Analytikers. Er soll nicht zu jung sein, da in jungen Jahren die "geschlechtliche Liebe eine der Hauptinhalte des Lebens und die Vereinigung seelischer

188

und körperlicher Befriedigung im Liebesgenusse geradezu einer der Höhepunkte derselben" darstellt (Freud 1915 a, 229). Weiters soll er sich besonders vor den eher subtilen Verführungskünsten seiner Patientinnen hüten, obwohl ihm das peinlich sein mag, und er hat im übrigen die volle Verantwortung für das dynamische Geschehen, durch das er die Analysandin vom trüben Sumpf der Erinnerungen ans sichere Ufer der Erkenntnis geleiten soll, zu tragen. Hier schildert Freud vermutlich seine eigenen Erfahrungen während der Frühzeit der Analyse. Freud selbst dürfte in jüngeren Jahren durchaus auch der Gefahr einer Grenzüberschreitung ausgesetzt gewesen sein, besonders in den Beziehungen zu seinen hysterischen Patientinnen Anna von Lieben und Fanny Moser, aber sowohl der Alters- als auch der Standesunterschied hatten ihm vermutlich seine Standhaftigkeit leichter gemacht, trotzdem sprach er gegenüber Jung von einem "narrow escape". Deswegen war ihm das Thema wahrscheinlich unangenehm und der mehrmals angekündigte, ihm notwendig erscheinende Artikel zur Gegenübertragung wurde niemals geschrieben.

Daß Analytikerinnen gegenüber ihren Patienten keine so eklatanten Gegenübertragungsfehler begehen wie ihre männlichen Kollegen mag damit zusammenhängen, daß sich auch in der Analyse die realen Machtverhältnisse widerspiegeln. Daher dürften die unterschiedlichen sozialen Rollen von Mann und Frau mitentscheidend sein, ob eine(r) die Situation ausnützt oder sich eher im Hintergrund hält. Ethel S. Person hingegen meint, daß Frauen in der Analyse häufiger erotische Übertragungen als Widerstand benützen, weil sie auch im realen Leben eher Identität über Beziehungen aufbauen, während Männer sich stärker über Leistung und Autonomie bestimmen. Dieser Unterschied ergibt sich nicht nur aus sozialen, sondern auch aus innerpsychischen Gründen, da das kleine Mädchen durch den Objektwechsel in der Ödipalphase eine größere Angst vor Liebesverlust entwickelt und dadurch den Beziehungen mehr Augenmerk schenkt (und daher auch leichter hysterisch wird). Männer hingegen tendieren in der Analyse dazu, das Bewußtsein der Übertragung zu bekämpfen, so daß auch ihre Analytikerinnen es weniger mit erotischen Übertragungen zu tun bekommen und somit weniger gefährdet sind (Person 1994).

Es könnte aber auch damit zusammenhängen, daß die Psychoanalyse, die man in ihrer Grundstruktur mit der symbiotischen Mutter-Kind-Beziehung vergleichen kann, im Prinzip eine mutterrechtliche Grenzsetzung enthält, also ein Tabu zwischen Mutter und Sohn, nicht aber eines zwischen Vater und Tochter errichtet (Dittrich 1993).

Einer, der schon sehr früh an einem eigenen Gegenübertragungskonzept gearbeitet hat, war Sándor Ferenczi. Er bot Freud wegen seines Herzleidens, das er teilweise für psychosomatisch bedingt hielt, eine Psychoanalyse an. Dieser schlug das Angebot mit der Begründung ab, daß er schon zu alt und zu krank dafür sei. Mit ein Grund war aber sicher auch, daß er fürchtete, durch die Analyse und das Ausbreiten der Geheimnisse seiner Seele, an Autorität zu verlieren. Schon einmal, auf der Schiffsreise nach Amerika, auf die Ferenczi Jung und Freud begleitet und bei der man sich gegenseitig die jüngsten Träume erzählt hatte, weigerte Freud sich, seine Träume genauer analysieren zu lassen. Zusätzlich störte ihn wahrscheinlich, daß ihn einer analysieren wollte, der einige Zeit davor sein Analysand gewesen ist. Doch genau das scheint das neue Konzept zu sein, das Ferenczi später für die Psychoanalyse entworfen hat, eine Art Heilung durch gegenseitige Liebe.

In der Zeit nach dem Bruch mit Jung beschäftigten sich beide auch mit der Frage der Gedankenübertragung. Sie verstanden darunter eine Art synchrone Schwingung des Unbewußten, die es dem Analytiker ermöglicht, die Äußerungen seines Patienten zu deuten, denn jeder Analytiker kommt nur so weit, als die eigenen Komplexe und inneren Widerstände es gestatten. Ferenczi baute nun dieses Konzept der Gedankenübertragung in das der mutuellen oder gegenseitigen Analyse ein als eine Form des Dialogs des Unbewußten (Dittrich 1995). Die Voraussetzung dazu schuf er durch die Technik der Relaxation, bei der der Analysand sich ähnlich geborgen fühlen soll wie das Kind bei der Mutter, damit er sich leichter in die frühe Kindheit zurückversetzen kann. Im Zuge dieses Verfahrens kam es auch vor, daß er seine Patientinnen zu diesem Zwecke streichelte, küßte und am Schoß sitzen ließ.

Die eigentliche Erfinderin der gegenseitigen Analyse aber war seine Patientin Elisabeth Severn, die von 1924 bis 1932 bei ihm in Behandlung stand. Sie kam aus einer amerikanischen Kleinstadt, wurde in ihrer frühen Kindheit mißbraucht und litt seit dieser Zeit an Nervenzusammenbrüchen, Erschöpfung, Kopfschmerzen, Depressionen und Lebensüberdrüssigkeit. Wegen ihrer Erfahrungen mit Krankheit und Therapie hielt sie sich selbst für eine metaphysische Heilerin und verfaßte sogar ein Buch über Psychotherapie. Sie war 44 Jahre alt, geschieden und hatte eine Tochter, als sie ihre Analyse bei Ferenczi begann. Sie dürfte ihn ähnlich "ausgesaugt" haben wie seinerzeit Anna von Lieben Freud. Manchmal verlangte sie mehrmals am Tag nach ihm, und er konnte sich in seinem "Furor sanandi" nicht genügend von ihr abgrenzen. Vielleicht lag das auch daran, daß er sich mit ihr besonders verbunden fühlte, da auch er als Kind mißbraucht worden war. Das dürfte vermutlich auch der Grund gewesen sein, warum er seinen Patienten die Schilderungen von Verführungen geglaubt und sie nicht ins Reich der Phantasie verwiesen hat, wie Freud das im Prinzip seit der Entdeckung des Ödipuskomplexes tat, obgleich auch er an der realen Möglichkeit eines Mißbrauchs immer festgehalten hat.

Als Severn erkannte, daß Ferenczi total erschöpft war, bot sie ihm ihre Dienste an. Die letzten neun Monate ihrer Analyse begannen mit der Analyse des Analytikers, der seinerseits immer abhängiger von seiner Analysandin wurde. Erst im Dezember 1932 beendete er, unter heftigem Protest von Elisabeth Severn, die Behandlung, zu einem Zeitpunkt also, an dem er bereits von seiner schweren Krankheit (perniziöse Anämie) gezeichnet war. Wie sehr diese mit der Überbeanspruchung als Analytiker in Zusammenhang stand, welche Rolle der gleichzeitige Konflikt mit Freud und der Psychoanalytischen Vereinigung dabei gespielt hat, das kann man heute nur noch vermuten.

In diese Zeit fiel auch die Abfassung des Werkes "Klinisches Tagebuch", in dem er seine Beobachtungen und Theorien zusammenfaßte, deretwegen es schon brieflich zwischen Freud und ihm zu Auseinandersetzungen gekommen war. Die eigentliche Majestätsbeleidigung aber beging Ferenczi, als er 1933 auf dem 12. Kongreß der Psychoanalyse in Wiesbaden einen Vortrag über "Sprachverwirrung zwischen dem Erwachsenen und dem Kind" hielt, in dem er die reale Verführung eines Kindes als Ursache für Neurosen, insbesondere der Hysterie, ansah. Unter Sprachverwirrung versteht Ferenczi, daß der Erwachsene auf den kindlichen Wunsch nach Zärtlichkeit mit der reiferen Sprache der Leidenschaft antwortet. Dies aber scheint auch häufig in der Therapie zu passieren. Sprach nicht schon Breuer von der leidenschaftlichen Liebe Bertha Pappenheims zu ihrem Vater (und zu ihrem Hund)? Drückte sich nicht bereits dort eher das Begehren des Analytikers aus, während sich die zum kleinen Mädchen regredierte Bertha nach Zärtlichkeit, Geborgenheit und Verständnis sehnte. Breuer erkannte nicht nur nicht die Übertragung, er übersah vor allem auch seine Gegenübertragung.

Die Psychoanalytische Vereinigung mißbilligte Ferenczis Ansichten sehr, sein Vortrag wurde zwar in deutscher, nicht aber in englischer Sprache veröffentlicht. Erst 1949 machte ihn sein Schüler Michael Balint durch die englische Übersetzung einem breiteren Publikum zugänglich (Hoffer, Fortune, Rachmann 1994).

Dabei hatte Freud natürlich nicht unrecht, wenn er seine Bedenken äußerte, als er erfuhr, daß Ferenczi in seinem mütterlichen Bemühen während der Therapie eine als Kind mißbrauchte Patientin küßte. Er kritisiert dessen "Johannistrieb" in einem Brief vom 13. 12. 1931 mit folgenden Worten:

"Sie haben kein Geheimnis daraus gemacht, daß Sie Ihre Patienten küssen und sich von ihnen küssen lassen … Nun malen sie sich aus, was die Folge der Veröffentlichung Ihrer Technik sein wird. Es gibt keinen Revolutionär, der nicht von einem noch radikaleren aus dem Feld geschlagen würde. Soundso viele unabhängige Denker in der Technik werden sich sagen: Warum beim Kuß stehen bleiben? Gewiß erreicht man noch mehr, wenn man das 'Abtatscheln' dazunimmt, das ja auch noch keine Kinder macht. Und dann werden kühnere kommen, die den weiteren Schritt machen werden zum Beschauen und Zeigen – und bald werden wir das ganze Repertoire des Demiviergetums und der petting-parties in die Technik der Analyse aufgenommen haben, mit dem Erfolg einer großen Steigerung des Interesses an der Analyse bei Analytikern und Analysierten" (Freud an Ferenczi, zit. nach Wirtz 1989, 257 f.).

Von nun an stehen zwei Konzepte der Gegenübertragung einander gegenüber. Das von Freud ist geprägt von der Korrelation zwischen freier Assoziation auf Seiten des Analysanden und freischwebender Aufmerksamkeit auf Seiten des Analytikers; es entsteht also eine asymmetrische Beziehung. Das von Ferenzci hingegen ist gekennzeichnet von Empathie und Gleichheit.

Die Auswüchse beider Konzepte führen einerseits zum Analytiker als "schafsgesichtiger Blechaffe …, der seine Behandlungsräume kahl und unpersönlich … gestaltet, der sich morgens vor Praxisbeginn den Trauring … abstreift und einen weißen Kittel überzieht" (Krutzenbichler/Essers 1991, 105). Anderseits aber zu den kunterbunten sexuellen Beziehungen, die Ursula Wirtz als analytischen Inzest bezeichnet, da die Analysandin in der Regression zum Kind wird und ihr Analytiker zum Vater (oder zur Mutter), von dem sie primär Zuwendung, aber keinen Sex erwartet, obwohl sie ihre Sehnsüchte durchaus auch erotisch ausdrücken kann. Nach einer solchen Erfahrung brauchen so Mißbrauchte oft eine neue Analyse, um dieses Trauma aufzuarbeiten, vor allem wenn sie merken, daß sie nicht geliebt, sondern nur begehrt und nach dem Erkalten der Lust wieder fallengelassen werden, obwohl nach einer Studie von Gartrell und Herman aus dem Jahr 1986 65 Prozent der Analytiker angaben, daß für ihre Grenzüberschreitung das Motiv Liebe war und 92 Prozent glaubten, daß auch die Patientinnen sie liebten (Wirtz 1989, 269). Die Los Angeles Times meldete am 14. 2. 1976, daß 20 Prozent der befragten Therapeuten gestanden, mindestens einmal mit einer Patientin intim gewesen zu sein (246). Wieder sind es, wie in der Frühzeit der Psychoanalyse, männliche Analytiker und weibliche Patienten, wieder bedient sich der sozial Mächtige der Übertragungsliebe einer Kranken in unverantwortlicher Weise. Besonders häufig trifft es Hysterikerinnen und Frauen mit Ich-Störungen. Cremerius geht in einem Vortrag, den er am 24. 6. 1988 vor der Psychoanalytischen Akademie in München gehalten hat, genauer auf das Thema "Aus gegebenem Anlaß" ein. Er kritisiert vor allem die Ausbildungsinstitutionen, die mit zweierlei Maß messen, nach dem Motto: quod licet Jovi (Lehranalytiker) non licet bovi (in Ausbildung Stehende). Er empfiehlt den Analytikern zuerst ihre Lebenssituation zu überdenken, denn ein Analytiker mit sexuellen Defiziten ist natürlich besonders für Grenzüberschreitungen anfällig (Anonyma 1988).

Dies zur analytischen Praxis nach Freud. Aber es gab auch einige theoretische Überlegungen zum Thema Übertragungsliebe und Gegenübertragung. Vor allem die zärtliche und die leidenschaftliche Übertragung, die Freud als "zwei Seiten ein und derselben Medaille betrachtet" (Krutzenbichler/Essers 1991, 124), werden jetzt künstlich getrennt, und es entstehen die milde positive, die starke positive, die idealisierte, die erotische, die sexuelle, die sexualisierte, die erotisierte, die triebgereinigte, die triebhaft bedrohliche, die maligne, die benigne, die masochistische Übertragung, die schließlich im Begriff des erotic horror gipfelt, dem Schreckgespenst erotischer triebhafter Wünsche im Patienten und im Analytiker (Krutzenbichler/Essers 1991, 125–129). Diese Vorstellungen spiegeln die Ängste der Analytiker vor den Verführungskünsten ihrer Patientinnen, aber auch vor ihrer eigenen Verführbarkeit wider. Schon Helene Deutsch erkannte die Einheit von Übertragungs- und Gegenübertragungsprozessen, wenn sie von "Okkulten Vorgängen während der Psychoanalyse" schreibt. Aber genauer geht man auf dieses Thema erst nach dem Zweiten Weltkrieg ein. 1949 hielt Paula Heiman einen Vortrag, bei dem sie, ohne ihn zu erwähnen, auf Ferenczi zurückgriff. Es muß zu einem Rapport zwischen Analytiker und Patienten kommen, das heißt, der Analytiker darf aus Angst vor emotionalen Verstrickungen keine kalte und distanzierte Haltung einnehmen. René Spitz, ein Vertreter der Objektbeziehungstheorie, vergleicht die analytische Situation mit der frühkindlichen Beziehungssituation, was durch die liegende Haltung des Patienten und die Unsichtbarkeit des Analytikers verstärkt wird. Dadurch werde nämlich die Phantasietätigkeit provoziert, die Übertragungsbeziehung entspricht daher der frühen Objektbeziehung (Weiß 1988).

Nach Heinrich Racker ist es manchmal nötig, daß der Analytiker, wenn er mit dem Deuten nicht mehr weiterkommt, vorübergehend die ihm vom Patienten zugedachte Rolle tatsächlich spielt, um dann zu analysieren, was dabei abgelaufen ist. Er widerspricht auch Freud, der Frauen von "elementarer Leidenschaftlichkeit" für unanalysierbar hält, und meint, daß dahinter paranoide und depressive Ängste liegen können, die dann übertragen werden, wenn der Widerstand am Zusammenbrechen ist. Die Gegenübertragung ist vermutlich gleicher Natur, deswegen scheint Freud solche Situationen vermieden zu haben. Analog zur Übertragungsneurose spricht Racker von der Gegenübertragungsneurose. "Denn auch der Analytiker ist nicht frei von Neurosen. Ein Teil seiner Libido bleibt in seiner Phantasie ... gebunden und befindet sich deswegen in Übertragungsbereitschaft" (Racker 1993, 125).

In den 80er Jahren widmete man sich besonders der Frage der sexuellen Gegenübertragung. Es ist wahrscheinlich kein Zufall, daß sie in erster Linie von Frauen wie E. S. Person, Nancy M. Kulish, Helen Silverman, Janine Chasseguet-Smirgel und Almut Massing gestellt wurde. Sie weisen vor allem auf die Schuld- und Schamgefühle des Analytikers hin, wenn er bemerkt, daß er sexuelle Erregung verspürt. Er soll aber weder mit Abwehr, noch mit Agieren darauf reagieren, sondern mit freiwilliger Aufhebung des Inzesttabus bei gleichzeitigem Lustverzicht (Krutzenbichler/Essers 1991, 141). Könnte das Freud gemeint haben, wenn er sagt, daß wir erst frei sind, wenn wir in unserer Phantasie Mutter und Schwester lieben können? Muß es in der Analyse eine gewisse Verführungsbereitschaft des Analytikers geben, ohne aber die Intimitätsdistanz zu überschreiten, wie es Grunert (1989, 142 f.) vorschlägt? Denn schließlich soll die Versagung des Analytikers den Patienten drängen, seine ganze Aufmerksamkeit dem "Erkenne dich selbst" zu widmen.

Gegenwärtig geht auf jeden Fall die Tendenz dahin, daß der Analytiker das Selbstbild des neutralen Beobachters – ein Relikt des positivistischen Wissenschaftsideals – aufgeben und seine, in die Äußerungen des Patienten verstrickte Subjektivität benützen soll, um das Beziehungsgeflecht besser zu verstehen (Thomä/Kächele 1985).

Jürgen Körner unterscheidet demnach in der Psychoanalyse drei Gegenübertragungskonzepte:

(1) das defensiv objektivierende
(2) das instrumentelle
(3) das interaktionelle.

Das erste ist das von Freud ausgehende und besagt: Gegenübertragung ist eigentlich unerwünscht. Das zweite schließt an Ferenczi und Heimann an und betont die Nützlichkeit der Gegenübertragung. Einmal handelt es sich um eine Spiegel-, das andere Mal um eine Einwegscheibenbeziehung, in beiden Fällen also um ein Einbahnmodell. Dem stellt Körner die interaktionelle Gegenübertragung als dialektisches Konzept entgegen. Sie

"umfaßte alle Körperempfindungen, Gedanken, Gefühle und Handlungsimpulse des Analytikers. Die therapeutische Situation wäre als reale, konflikthafte Beziehung zu verstehen, die von beiden Beteiligten gemäß ihrer unterschiedlichen Rolle gestaltet und fortentwickelt wird. Die Rolle des Analytikers sieht vor, die Beziehungskonflikte mit seinen Patienten nicht nur zu 'beantworten', sondern als inneren Konflikt selbst zu erleben und durchzuarbeiten" (Körner 1990, 96 f.).

Dieser Anspruch ist hoch, so hoch, daß man ihn nahezu als unmenschlich ansehen kann, denn die Analyse nach diesem Muster entspräche einer Realbeziehung mit allen Höhen und Tiefen, aber ohne Erfüllung und unter strengster Kontrolle des Analytikers. Vielleicht sollte man sich doch ein wenig an dem orientieren, was Freud in einem Brief an Binswanger geraten hat:

"Das Problem der Gegenübertragung … gehört zu den technisch schwierigsten der Psychoanalyse. Theoretisch halte ich es für leichter lösbar. Was man dem Patienten gibt, soll eben niemals unmittelbarer Affekt, sondern stets bewußt zugeteilter sein, und dann je nach Notwendigkeit mehr oder weniger. Unter Umständen sehr viel, aber niemals aus dem eigenen Unbewußten. Dies hielte ich für die Formel. Man muß also seine Gegenübertragung jedesmal erkennen und überwinden, dann erst ist man selbst frei. Jemandem zu wenig zu geben, weil man ihn zu sehr liebt, ist ein Unrecht an dem Kranken und ein technischer Fehler. Leicht ist das alles nicht, und vielleicht muß man dazu auch älter sein" (Freud an Binswanger, zit. nach Anonyma 1988, 181).

Zuletzt wäre noch zu erwähnen, daß die Beachtung der Gegenübertragung nicht nur ein wichtiges Thema in der Analyse ist, sondern daß diese auch als methodischer Forschungsansatz in die Verhaltenswissenschaften Eingang gefunden hat. Besonders der Ethnologe und Psychoanalytiker Georges Devereux betont in seinem Werk "Angst und Methode in den Verhaltenswissenschaften" die Bedeutung der systematischen Selbstbeobachtung bei der Interpretation von Daten, insbesondere wenn es um die Erforschung einer fremden Kultur geht. Der Mythos vom neutralen Beobachter, den bereits Einstein aus dem Bereich der Physik verwies, hat damit auch in den Verhaltenswissenschaften ausgedient. Von nun an müßte ein jeder Historiker, Linguist,

Psychologe und Ethnologe seinen eigenen Standpunkt, was Kulturkreis, Alter, Geschlecht, aber auch persönliche Eigenheiten betrifft, genau überprüfen und überlegen, inwiefern das alles dazu beitragen kann, beobachtete Daten zu verzerren.

Die philosophische Richtung des Konstruktivismus geht die Unsicherheit unserer Erkenntnis betreffend sogar noch einen Schritt weiter, wenn sie feststellt, daß wir alle, gemäß unserer Erfahrungen, in einer eigenen Wirklichkeit leben und daß das überwiegend gemeinsame Weltbild nur die Folge eines gesellschaftlichen Konsenses darstellt.

Die psychoanalytischen Erkenntnisse zu Übertragung und Gegenübertragung sind somit weit über ihr eigentliches Wirkungsfeld bedeutsam geworden und aus dem heutigen philosophischen und wissenschaftlichen Diskurs nicht mehr wegzudenken.

IV. Rückblick und Ausblick

Wenn man in der Geschichte der Hysterie zurückblickt, dann kann man folgende Ursachenerklärung finden:

1. Eine metaphysiche
2. Eine medizinische
3. Eine gesellschaftliche.

1. Die metaphysische Ursachenerklärung: Hysterie ist eine Auszeichnung durch die Gottheit. Sie kann eine Strafe, aber auch ein Zeichen der Auserwähltheit sein. In der Antike z. B. galt Epilepsie als die Krankheit der Lieblinge der Götter, denn in religiöser Ekstase zeigten sie epileptische Symptome. Man kann davon ausgehen, daß sich unter diesen Ausgezeichneten auch etliche HysterikerInnen befanden. Auch die Heiligen des Mittelalters standen in einem besonderen Rapport zu ihrem Gott.

Bei den Juden hingegen lernen wir eher die negative Seite der Hysterie kennen, nämlich die Besessenheit durch einen Dämon oder bösen Geist. Auffallend ist, daß es hier vor allem Knaben und Männer sind, die so gezeichnet wurden. Als Beispiel möchte ich den Fall eines besessenen Jünglings anführen, der von Jesus geheilt wurde und von dem uns der Evangelist Markus folgendermaßen berichtet:

"Meister, ich habe meinen Sohn zu dir gebracht. Er ist von einem stummen Geist besessen; immer wenn der Geist ihn überfällt, wirft er ihn zu Boden, und meinem Sohn tritt Schaum vor den Mund, er knirscht mit den Zähnen und wird starr. Ich habe schon deine Jünger gebeten, den Geist auszutreiben, aber sie hatten nicht die Kraft dazu. Da sagte er zu ihnen: O du ungläubige Generation! Wie lange muß ich noch bei euch sein? Wie lange muß euch noch ertragen? Bringt ihn zu mir! Und man führte ihn herein. Sobald der Geist Jesus sah, zerrte er den Jungen hin und her, so daß er hinfiel und sich mit Schaum vor dem Mund auf dem Boden wälzte. Jesus fragte den Vater: Wie lange hat er das schon? Der Vater antwortete: Von Kind auf; oft hat er ihn sogar ins Feuer oder ins Wasser geworfen, um ihn umzubringen. Doch wenn du kannst, hilf uns; hab Mitleid mit uns! Jesus sagte zu ihm: Wenn du kannst? Alles kann, wer glaubt. Da rief der Vater des Jungen: Ich glaube; hilf meinem Unglauben! Als

Christus erscheint der Magdalena (Bibliothèque Nationale, Paris)

Jesus sah, daß die Leute zusammenliefen, drohte er dem unreinen Geist und sagte: Ich befehle dir, du stummer, tauber Geist: Verlaß ihn und kehr nicht mehr in ihn zurück! Da zerrte der Geist den Jungen hin und her und verließ ihn mit lautem Geschrei. Der Junge lag da wie tot, so daß alle Leute sagten: Er ist gestorben. Jesus aber faßte ihn an der Hand und richtete ihn auf, und der Junge erhob sich" (Die Bibel, Markus 9/14–29, 1128).

Von besessenen Frauen erfahren wir nur Genaueres über Maria Magdalena. Sie wurde eine Jüngerin Jesu, nachdem er ihr sieben Dämonen ausgetrieben hatte (Lukas 8/2, 1153). Sie war es auch, der er als erstes nach seinem Tod erschienen ist und der er den Auftrag gab, seine Auferstehung zu verkünden (Joh. 20/19–23, 1210). Es scheint also, daß sie zuerst besessen und später ganz auf ihren Heiler und Meister ausgerichtet gewesen war, so daß sie nach seinem Tod sogar ihn zu sehen und seine Stimme zu hören glaubte.

198

König Ludwig IX. von Frankreich als Wunderheiler

Auch die vielen Blinden, Lahmen oder an Blutfluß Leidenden dürften in den Genuß der Suggestionskraft dieses Wunderrabbis gekommen sein, deren es im übrigen in dieser Zeit und Gegend etliche gegeben hat. Auch später waren es ausgezeichnete Personen, wie Heilige und Könige, denen Wunderheilungen nachgesagt wurden.

Später rückte man der Besessenheit immer mehr mit Scheiterhaufen und Teufelaustreibung zu Leibe. Noch in den Tagen Mesmers heilte der Schweizer Landpfarrer Gassner Menschen, die massenhaft zu ihm strömten, mittels der Kraft des Exorzismus.

Die metaphysische Erklärung ist bis heute auch in der zivilisierten Welt anzutreffen. Heilige Orte wie Lourdes, Fatima oder Medjugorje rufen nach wie vor Wunderheilungen hervor, die als Werk Gottes oder der Jungfrau Maria angesehen werden, und gehen meistens auf Visionen von Jugendlichen zurück, die vorgaben, dort der Mutter Gottes begegnet zu sein. Die moderne Esoterikwelle, die von Orten der Kraft spricht, dürfte diese Tendenz noch verstärken.

2. Die medizinische Ursachenerklärung: Schon Ägypter und Griechen sahen in der Hysterie eine Krankheit der Frauen, der man mit verschiedenen Therapien beizukommen versuchte. Die Behandlung war nun keine spirituelle, bei der ein böser Geist ausgetrieben wurde, sondern eine materielle, wo eingeführt, geräuchert, ausgekratzt und operiert wurde. Die Hysterie mutierte so zum Tummelplatz der Ärzte und fiel der Medizinalisierung anheim; die Macht über die Frau ging vom

Priester auf den Arzt über. Trotz Verschiebung der Ursache von der Gebärmutter zum Nervensystem, beschäftigte man sich weiterhin in erster Linie mit den weiblichen Geschlechtsorganen. Doch schon im 17. Jahrhundert entwickelte sich ein gewisses psychologisches Verständnis. Der englische Arzt Sydenham meint nämlich, daß Frauen anfälliger seien, "because they have a more delicate, less firm constitution, because they had a softer life, and because they are accustomed to the luxuries and commodities of life and not to suffering" (zit. nach Bernheim 1990, 4). Die konstitutionelle Ursache geht hier Hand in Hand mit einem moralisierenden Unterton; diese Luxusgeschöpfe bräuchten eben mehr sinnvolle Beschäftigung, dann kämen sie nicht auf so "dumme Ideen" (= Symptome). Es steckt in dieser Diagnose ein guter Schuß calvinistischer Arbeitsmoral. Überhaupt werden die moralischen Therapien und somit die Heilung durch psychische Beeinflussung im Aufklärungszeitalter immer häufiger. Die Psychiatrie wird humaner, die Ketten verschwanden, der Kranke sollte zu einem bürgerlichen Leben hingeführt werden, bei Frauen bedeutete das Heirat und Familie (Foucault 1995; Dörner 1995). Im Rahmen dieser Überlegungen finden wir sogar eine Hysterieprophylaxe. Der Arzt Grasset rät bei der Erziehung von einem mit einem Hysterierisiko behafteten Kind folgendes:

"Rechtzeitig soll in der Erziehung mit der körperlichen Ertüchtigung begonnen werden. Eine vorzeitige intellektuelle, vor allem aber das Gefühlsleben betreffende Entwicklung ist zu vermeiden. Empfehlenswert sind das Leben auf dem Lande, eine etwas strenge Lebensweise, kalte Bäder und Waschungen, Spaziergänge, körperliche Bewegung und laute und wilde Spiele. Zu vermeiden sind dagegen zu viel Zuwendung, vor allem aber zu viel Sentimentalität in den Beziehungen zu den Eltern. Verboten werden sollten Internate, schulische Überanstrengung, voreiliges Streben nach unnützen Zeugnissen, später dann Bälle, Abendgesellschaften, Kleidungskult, die Lektüre von erschreckenden Geschichten und Romanen. Tissot hatte recht, als er sagte: 'Wenn ihre Tochter mit 15 Jahren Romane liest, wird sie auch mit 15 ihre Zustände kriegen.' Was die Musik betrifft, so sollte man romantische Stücke und gefühlsbetonte Musik verbieten; das gilt aber nicht für das Klavierspiel, da es vor aller Anregung der Phantasietätigkeit eine mühevolle, mechanische und gymnastische Betätigung ist. Briquet sagte es so: 'Wenn Sie ein Mädchen sehen, das im Wolkenkuckucksheim lebt, setzen Sie es ans Klavier, und die Luftschlösser werden schnell in sich zusammenfallen.' Insgesamt gesehen, muß man vor allem den Körper und die Muskeln stärken und die Intelligenz mehr zur praktischen Seite hin lenken, ich würde sagen auf den Boden der Tatsachen. Auch muß man starke Ideen fördern, die bei den ja unvermeidlichen Schicksalsschlägen Halt und Trost bieten können. In Fällen, wo dies möglich ist, würde ich auch ohne zu zögern kluge und bedachtsam angebotene religiöse Prinzipien befürworten, die für die harmonische Entwicklung eines von einer Neuropathin stammenden Kindes sehr nützlich sein können. Die daraus resultierenden Anweisungen muß man der Familie detailliert darlegen wie absolut notwendige Regeln und nicht etwa wie banale Ratschläge" (zit. nach Israel 1983, 229).

Die Psychoanalyse war die erste Richtung, die psychische Krankheiten, und hier in erster Linie die Hysterie, als Folge familiärer Konstellationen ansah. Freud huldigte zwar am Anfang noch der Neuropathologie durch sein Krankheitsmodell des Ausgleichs der Erregungsenergie, aber bereits seine Verführungstheorie verlegte die Krankheitsursache in den engeren Kreis der Familie, ihrer Bediensteten und Bekannten. Seine spätere Ödipustheorie rückte die Bedeutung der Vater- und Mutterbeziehung noch stärker in den Mittelpunkt, obwohl heutzutage die Verknüpfung der Hysterie mit dem ödipalen Konflikt zunehmend zweifelhaft geworden ist und man frühere Konflikte, vor allem oraler und narzißtischer Herkunft, immer stärker als Ursache heranzieht.

Erst Freuds Renegat Alfred Adler schenkte der Geschwisterkonstellation sein Augenmerk. Damit ist ein weiterer Schritt zu einer Entmedizinalisierung von psychischen Krankheiten getan, und der Weg wird frei für eine gesellschaftliche Betrachtung abnormen Verhaltens.

3. Die gesellschaftliche Ursachenerklärung: Einer der ersten, der die Verflechtung von Gesellschaft und Krankheit gesehen hatte, dürfte Alfred Adler gewesen sein. Obwohl auch er zunächst als Hauptursache für die Neurose eine Organminderwertigkeit angenommen hatte – also ein Organ wird zum Symptomträger des Konflikts – wies er später immer stärker auf gesellschaftliche Faktoren hin, die ein verstärktes Minderwertigkeitsgefühl entstehen lassen können, wie z. B. Schichtenzugehörigkeit, Erziehungsstil, Platz in der Geschwisterreihe bzw. Position des Einzelkindes und Geschlechtsrolle. Besonders Frauen haben nun die Wahl, ihre weibliche Rolle abzulehnen und den Weg des männlichen Protestes einzuschlagen, indem sie permanent den Männern ihre Leistungsstärke und Überlegenheit demonstrieren müssen (was auf Dauer ganz schön anstrengend und mitunter aufreibend ist), oder sie flüchten in die Taktik der Schwäche und betonen ihre Zartheit und Verletzlichkeit (Adler 1912). Das 20. Jahrhundert scheint durch die gesetzliche Angleichung von Frauen und Männern eher den ersten Weg gefördert zu haben. Aber täuschen wir uns nicht! Gesetzesgleichheit bedeutet noch lange nicht Gleichheit im öffentlichen und privaten Leben. Unser Bewußtsein ist konservativ und erst recht unser Unbewußtes. Frauen dürfen zwar heute berufstätig sein, aber sie sind schlechter bezahlt als Männer und sie leisten nach wie vor den Großteil der Haus- und Erziehungsarbeit. Deswegen leiden viele moderne Frauen an Erschöpfung, Müdigkeit und Angst. Die Angst dürfte auch daher kommen, daß sie trotz der Doppelbelastung, die sie auf sich nehmen, nicht sicher sein können, ob ihre Partnerbeziehung hält, was bei einer Scheidungsrate von mehr als 30 Prozent naheliegend erscheint. Und eine ältere Frau hat es auch heute schwerer einen neuen Partner zu finden als ein gleich alter Mann. Viele gehen daher erst gar keine Dauerbeziehung ein und wenn doch, dann verzichten sie häufig auf Kinder. Versucht die Frau aber nun besonders tüchtig zu sein, so wird das meistens weder von Männern noch von ihren Geschlechtsgenossinnen sonderlich geschätzt. Legt sie sich hingegen eine Krankheit zu, kann sie mit mehr Mitgefühl und Sympathie rechnen, vielleicht auch mit größerer Unterstützung ihrer Angehörigen.

Das moderne Kleid der Hysterie zeigt sich daher in Panikattacken, Nervenzusammenbrüchen, depressiven Verstimmungen, psychosomatischen Leiden, Bereitschaft zu Allergien und Magersucht. Klassische Formen der Hysterie finden wir in unserer Gesellschaft fast nur noch bei Frauen aus anderen Kulturen, die aus Südosteuropa, der Türkei oder von noch weiter her zu uns gekommen sind. Entsprechend ihrer stärkeren Einbindung in die Familie und ihrer geringeren Bildungs- und Aufstiegschancen verhalten sie sich manchmal wie die Hysterikerinnen um die Jahrhundertwende; bei unverarbeiteten Konflikten schreien sie, raufen sich die Haare, zucken mit den Gliedmaßen, verdrehen die Augen und werden fallweise ohnmächtig. Ich nehme aber an, in ein bis zwei Generationen werden sie sich unserer Art, verzweifelt zu sein, angepaßt haben.

Auch in der medizinischen Diagnostik ist Hysterie als eigenes Krankheitsbild verschwunden. Statt dessen treten die Begriffe hysterische Persönlichkeitsstörung oder histrionische Persönlichkeit auf, quasi als Grundlage, auf der sich dann eine bestimmte psychische Krankheit entwickeln kann. Man muß aber festhalten, daß hysterisches Verhalten immer schon ein Bollwerk gegenüber dem Abgleiten in den totalen Realitätsverlust und somit in die Psychose gewesen ist. Schon klassische Fälle wie Bertha Pappenheim und Sabine Spielrein entwickelten die hysterischen Symptome zum Schutz ihrer selbst, was ihnen allerdings nicht restlos geglückt ist. Beide kamen wegen ihrer psychotischen Zustände ins Krankenhaus, nicht wegen ihres hysterischen Verhaltens, das sie vermutlich niemals ganz abgelegt haben dürften.

Der hysterische Mensch braucht die Lebenslüge, den Schein, den Selbstbetrug, den er entwickelt hat, um Unerträgliches ertragen zu können. Bricht diese Abwehr zusammen, dann sind Depression, Suizidwünsche und Depersonalisierung die Folge. Laut Lacan und seinen AnhängerInnen zeigt sich dieses Unerträgliche für die Frau in deren Nichtexistenz in einer phallokratischen Gesellschaft. Die Hysterikerin schwindelt sich über diese Tatsache durch die Maskerade der perfekten Frau, des perfekten Spiegelwesens und erlangt somit eine künstliche Identität, die ihr der Mann zugewiesen hat. Die Melancholikerin hingegen fällt in ein Schwarzes Loch und erleidet dabei einen totalen Identitätsverlust (Juranville 1989). Kommt es hingegen zu einer vollkommenen Abspaltung von Teilen des Ichs und deren Projektion auf die Außenwelt, dann bricht die Person auseinander und wir haben es mit einem paranoiden Krankheitsbild zu tun. Der Paranoiker kann dann keine Beziehung mehr zu einem äußeren Objekt aufnehmen und tritt daher den Rückzug aus der Welt der Mitmenschen an. Das unterscheidet ihn von den HysterikerInnen, die trotz eines Hangs zur Dissoziation und Abspaltung im Rapport zu ihrer Umwelt bleiben (Brenman 1990).

Die unmittelbare Erbschaft der Hysterie aber tritt nach Christina von Braun die Anorexie an. Während die Hysterie eine Folge des Abstraktionsprozesses ist, der mit der Erfindung der Schrift als Hauptwerkzeug des Logos begonnen hat, stellt die Anorexie die Folge der "Beleibung der Idee" dar. Das erstemal beschrieben wurde diese Krankheit um 1500, aber erst gegen Ende des 19. Jahrhunderts tauchte der Begriff "hysterische Anorexie" auf. Obwohl die Symptome einander nicht sehr ähnlich sind, zeichnen die Opfer der beiden Krankheiten gewisse Gemeinsamkeiten aus:

(1) Sie kommen eher aus der Mittel- und Oberschicht
(2) Sie manipulieren ihre Umwelt.
(3) Sie entwickeln eine belle indifférence (Janet) gegen ihr Leiden.
(4) Sie sind unempfindlich gegenüber Schmerzen (von Braun 1985, 459).

Wie bei der Hysterie wird das Bild weiblicher Normalität parodiert. Die sportlich-schlanke Frau wird zur magersüchtigen und die Krankheit dient der Abwehr der Psychose – im Falle der Anorexie der Abwehr der Schizophrenie. Noch stärker als bei der Hysterikerin erkennt man deren prinzipielle Willensstärke, Energie und Leistungsfähigkeit. Die Anorektikerin will sich durch ihre Essensverweigerung nicht selbst umbringen, sondern zeigt "leidenschaftliche, wenn auch unterdrückte Liebe zum Leben" (zit. nach von Braun 1985, 459). Sie führt aber einen erbitterten Kampf gegen ihre biologische Rolle, vor allem auch gegen das Werden wie ihre Mutter.

Meistens stammt sie aus einer gutbürgerlichen Kleinfamilie, in der Familienharmonie groß geschrieben wird und damit Konflikte unter den Teppich gekehrt werden. Die Mutter ist oft vorbildliche Hausfrau, die, trotz höherer Bildung, um der Familie willen auf den eigenen Beruf verzichtet hat. Der Vater wünscht sich "echte" Frauen und dominiert als Familienoberhaupt. Die Familienkonstellation erinnert uns sehr an die des ausgehenden 19. Jahrhunderts. Die Anorektikerin kämpft gegen die "Auferstehung des Fleisches", also für die totale Vergeistigung, die ihr der Mann immer schon verwehrt hat. Sie drückt ihren Protest nicht mehr mit dem Körper, sondern durch die Verleugnung des Körpers aus. Dieser Protest macht natürlich erst Sinn, seit ausreichende Ernährung in der zivilisierten Welt gesichert ist. Als Parallele zum individuellen Protest entwickelte sich im 20. Jahrhundert auf politischer Ebene der Hungerstreik. Beide haben nur dann Erfolg, wenn die, an die man appellieren will, einen lieben und achten oder zumindest an dem Überleben interessiert sind.

Laut Tilman Habermas handelt es sich bei Magersucht um eine westlich-ethnische Störung[20] junger Frauen des 20. Jahrhunderts, genauso wie eine solche die Hysterie im 19. Jahrhundert gewesen ist. Seit 1970 tritt sie vor allem in Form der Bulimie auf, die sich durch ein Abwechseln von Eßattacken und Erbrechen auszeichnet. Je weiter die Normen und Techniken von Gewichtskontrolle verbreitet und akzeptiert sind, eines desto geringeren Grades individueller Psychopathologie bedarf es, um an einer Eßstörung zu erkranken. Da für die Bulimie noch dazu weniger Willensstärke als für die totale Essensverweigerung notwendig ist und sie auch nicht zu einer Abmagerung bis auf die Knochen, sondern zu einem begehrenswerten schlanken Körper führt, treffen wir diese Störung heute weitaus häufiger als die Anorexie an (Habermas 1994).

Seit das eindeutig klinische Krankheitsbild Hysterie verlorengegangen ist, bemühte man sich, so etwas wie einen hysterischen Charakter bzw. eine hysterische Familien- und Partnerbeziehung herauszuarbeiten. Schon Karl Abraham in den 20er und Wittels und W. Reich in den 30er Jahren beschrieben wichtige Merkmale des hysterischen Charakters. Stavros Mentzos versucht sie in sieben Kennzeichen zusammenzufassen:

204

(1) Theatralisches Verhalten
(2) Emotionale Labilität
(3) Aktive Abhängigkeitstendenzen
(4) Übererregbarkeit
(5) Egozentrismus
(6) Verführerisches Verhalten
(7) Suggestibilität.
(Mentzos 1995, 46 f.)

Er kritisiert aber diese deskriptive Beschreibung, denn wenn man die Merkmale und Verhaltensmuster einzeln betrachtet, zeigt sich, daß sie nicht spezifisch sind und auch bei anderen psychischen Störungen auftreten können. Er schlägt deswegen eine phänomenologisch-psychodynamische Betrachtungsweise vor. In diesem Sinne charakteristisch erscheint ihm folgender Satz, den er Kurt Tucholsky oder Wilhelm Busch zuschreibt "Was war das eben? fragte sich die Jungfrau erstaunt und sie bekam ihr erstes Kind!" (zit. nach Mentzos 1995, 76). Und er folgert:

"In ihrer Selbstrepräsentanz bleibt diese junge Frau eine Jungfrau, auch nachdem sie Mutter geworden ist, weil ihr selbst ja nichts Gegenteiliges bekanntgeworden sei! Übrigens, ob diese junge Frau das sexuelle Geschehen so massiv verdrängen und sich als Jungfrau darstellen muß, weil die Sexualität sie an Inzest erinnert (ödipaler Konflikt, ödipale Fixierung) oder weil sie nicht erwachsen werden, sondern wie ein kleines Kind in der Nähe der Mutter sein will (orale Abhängigkeit, orale Fixierung), läßt sich aus der kurzen Geschichte nicht ablesen. Man braucht es auch nicht zu wissen, um das Verhalten eindeutig als hysterisch zu identifizieren" (Mentzos 1995, 77).

Im Gegensatz zum klassischen Hysteriebegriff machen nicht Dissoziations- und Konversionsbereitschaft das hysterische Symptom aus, sondern der primäre und sekundäre Krankheitsgewinn. Zu dem primären zählt er vor allem das Verdrängen von Schuld- und Schamgefühlen und die Triebbefriedigung ohne Strafe, zu dem sekundären die Zuwendung, Schonung und Versorgung durch andere, aber auch die Möglichkeit zu subtiler Rache (82–87). Die Symptome stellen somit ein Arrangement mit dem Über-Ich und eine mehr oder minder unbewußte Manipulation der Umwelt dar. Die jungfräuliche Mutter kommt daher zum Genuß, ohne ihr Begehren rechtfertigen zu müssen, und rächt sich zugleich an dem, der sie in diese Lage gebracht hat. Es steckt also ein sadistischer Zug in diesem scheinbaren Erleiden, wie wir das schon bei den besessenen Nonnen kennengelernt haben. Wolfgang Loch führt diesen sado-masochistischen Charakterzug auf die phallisch-vaginale Objektbeziehung zurück, die eine Identifizierung mit beiden Elternteilen ermöglicht, und somit eine bisexuelle Orientierung, wie wir sie häufig bei Hysterikerinnen finden (Ida Bauer z. B.) (Loch 1985, 168 f.). Schon Freud erkannte in seiner Spätzeit, daß bei einer prinzipiellen ödipalen Trieborganisation starke orale Tendenzen zum primär libidinösen Objekt auftreten können.

Diese Beziehungsstruktur leitet uns über zu einem Thema, das erst nach Freud eine intensive Beachtung erfahren hat, nämlich das der hysterischen Ehe- und Partnerbeziehung. Schon Jörg Willi (1975) und S. O. Hoffmann (1979) beschäftigten sich damit und zeigten auf, daß sich aus dem Nebeneinander von ödipalen und oral-narzißtischen Bedürfnissen der Hysterikerin beträchtliche Konflikte und Probleme entwickeln können. Häufig wählt eine solche einen zuverlässigen, eher gehemmten oder zwanghaften Mann, der ihren Wunsch nach Geborgenheit, nicht aber den nach Idealisierung des Vaters entspricht. Sie ist dann trotzdem enttäuscht und träumt von einem Märchenprinzen oder Superman, den sie aber, würde sie ihn tatsächlich näher kennenlernen, auch sehr bald wegen seiner unweigerlich zu Tage tretenden Schwächen verachten müßte. Hoffmann erklärt diesen Umschlag damit, daß Hysterikerinnen ein geringes Selbstwertgefühl besitzen und letztendlich auch von anderen erwarten, daß sie sie nicht respektieren und lieben. Die das aber doch tun, trifft die gleiche Verachtung, die die Hysterikerin unbewußt für sich selbst empfindet (Mentzos, 1995, 102). Es könnte aber auch in einer solchen Situation das Inzesttabu eine unüberwindliche Barriere darstellen.

Willi stellt der hysterischen Frau den hysterophilen Mann gegenüber, den er folgendermaßen schildert:

"Im Gegensatz zur hysterischen Frau ist der hysterophile Mann ausgesprochen exhibitionsgehemmt. Er wirkt bescheiden und zurückhaltend und möchte scheinbar kein Aufhebens von sich machen. Und doch läßt sich gerade bei diesem Mann ein Exhibitionsbedürfnis nachweisen, das im Sinne einer altruistischen Abtretung auf die Frau verschoben wird. Er hat einen ausgesprochenen Drang, die Situation seiner Frau zu dramatisieren. Er möchte sie als ein völlig einmaliges, in nichts vergleichbares Geschöpf sehen, das jenseits der sonstigen allgemein gültigen Anforderungen steht. Die von der Frau gestalteten Szenen werden von ihm aufgeschaukelt; er schürt die allgemeine Aufregung und veranstaltet um die Frau herum einen großen Wirbel, was ihm die Gelegenheit gibt, sich in seiner Helfer- und Retterfunktion zu bewähren" (zit. nach Mentzos 1995, 103).

War das vielleicht auch der unbewußte Antriebsmotor für Freud? Zeigte er zuerst an dem Phänomen der Hysterie so großes Interesse, weil er hoffte, der große Erlöser für die betroffenen Frauen zu sein, und nahm dann sein Eifer ab, weil er erkennen mußte, daß Heilung nur selten möglich war? Übersah er tatsächlich die gesellschaftliche Komponente bei dieser Krankheit oder wollte er sie nur nicht zur Kenntnis nehmen, weil er dann sein eigenes konservatives Weltbild hätte ändern müssen? Wenn er gegen Ende seines Lebens feststellte, daß das Weibliche für ihn ein dunkler Kontinent sei und spätere Generationen ihn erforschen sollten, dann wollte er vielleicht auch ausdrücken, daß er als Mann die prototypische Frauenkrankheit nicht heilen könne und es deswegen Sache der Frauen selbst sei, einen Ausweg zu finden.

Eine andere extreme Verhaltensweise von hysterischen Frauen wäre die der totalen Hingabe an den Übermann und somit die Identifizierung mit der Rolle der versorgenden Mutter, wie wir das vor allem bei Musen und Künstlergattinnen kennengelernt haben. An Stelle des Gatten kann (später) auch der Sohn treten; als Beispiele dafür dienen Freud und seine Mutter, aber auch Ida Bauer und ihr erfolgreicher Sohn. Auf diese Art können sie ihren eigenen Ehrgeiz befriedigen und bekommen etwas vom Glanz ab, der ihnen selbst oft aus gesellschaftlichen Gründen verwehrt blieb.

Schließlich gibt es noch den weichen, anhänglich nach Unterwerfung strebenden Mann, der an einer scheinbar starken und dominanten Frau vom Typus der Diva Gefallen findet. Diese Beziehungen dürften früher seltener vorgekommen sein, da sie eine gewisse Selbständigkeit der Frau voraussetzen.

In all diesen Fällen kann es zu einer einigermaßen befriedigenden Dauerbeziehung kommen. Viel häufiger aber dürfte der Partner das Zusammenleben mit einer hysterischen Frau als unerträglich empfinden, weil

(1) er empört ist über die Unechtheit ihres Verhaltens,
(2) er sich durch den dauernden infantilen Anspruch auf Hilfe unter Druck gesetzt fühlt (z. B. Selbstmorddrohungen),
(3) oder weil er über die Arroganz eines überhöhten Überlegenheits- und Beherrschungsanspruchs in Wut gerät (Mentzos 1995, 98 f.).

Der letzte Punkt druckt meines Erachtens auch das Problem aus, das ein weiblicher Partner mit gewissen Männertypen hat. Trotzdem weisen alle drei Gründe darauf hin, daß es die Hysterikerin versteht, aus ihrer Opferrolle die eines Täters zu machen. Das Zusammenleben mit ihr ist nicht nur für den Partner nervenaufreibend, sondern meist auch für Kinder, Geschwister und ArbeitskollegInnen.

Die größte Provokation für den männlichen Partner scheint die Verleugnung der Vernunft, die Verachtung der Logik und das Beharren auf Nebensächlichkeiten zu sein. Genau das kann man aber als "Gegenwillen" der Hysterikerin, als Rache am Logos und damit stärkste Waffe gegen das Patriarchat ansehen. Wir können daher davon ausgehen, daß heutzutage, nachdem die Ehe de facto nicht mehr als unauflöslich gilt, die Beziehungen vieler Hysterikerinnen kaputtgehen, falls überhaupt welche zustandekommen. Das stellt aber gleichzeitig auch eine Chance dar. Ohne die patriarchale Einrichtung der Ehe verliert das hysterische Verhalten seinen Sinn. Wenn niemand mehr da ist, dem frau eine Szene machen kann, wird diese Waffe wirkungslos. Doch unser Unbewußtes ist zäh und wird sich daher erst allmählich der neuen Situation anpassen.

Die Partnerbeziehung ist allerdings stark von der in der Ursprungsfamilie geprägt. Bei dieser fällt auf, daß sie durch die Idealisierung des Vaters gekennzeichnet ist. In fast allen Fällen von Hysterie, über die Freud uns berichtet, erscheint ein idealisiertes Vaterbild, besonders nach dessen Tod. Die Mutter hingegen wird oft als neurotisch und von der Tochter abgelehnt oder sogar bekämpft geschildert. Freud machte sich auch nie die Mühe, das mütterliche Verhalten genauer zu durchleuchten, während Breuer die Rolle der Mutter von Bertha Pappenheim, die über die Krankheit der Tochter ein Tagebuch geführt hat, sehr wohl zu schätzen wußte.

Neuerdings finden wir den Begriff hysterogene Mutter. Das ist eine, die die Angst des Kindes nicht ernst nimmt und diesem einredet, alles sei in bester Ordnung, weil sie selbst mit angstvollen Gefühlen nicht zu Rande kommt. Deswegen nimmt sie es dem Kind im Grunde auch übel, daß es überhaupt Angst empfindet (Brenman 1990, 178 f.). Es ist aber nichts Neues, daß neurotische Mütter ihre krankmachenden Gefühle weitergeben. Schon Ida Bauers Mutter flüchtete in eine Scheinwelt und war offensichtlich blind für alles, was in ihrer Familie geschah. Aber diese Flucht hatte System und die Lüge war in der Gesellschaft des Fin de siècle allgegenwärtig, also kann man keine Einzelperson für die Hysterie eines Kindes verantwortlich machen, auch heute nicht. Genauso wie es in den 70er Jahren üblich war, von einer schizogenen Mutter zu sprechen, ist es diesmal die hysterogene. Wenn aber die Tochter von ihrer Mutter vorgelebt bekommt, daß Frausein auch jenseits der Mutterrolle einen Wert hat, dann wird es für diese leichter, beide Elternteile schätzen zu lernen. Sie braucht dann auch nicht dieses überhöhte Vaterbild, dem sie ihr Leben lang hinterherjagen muß, ohne es je zu erreichen. Ihre zukünftigen Beziehungen wären dadurch realistischer und selbstbewußter.

Häufig kann man allerdings in der Ursprungsfamilie der Hysterikerin beobachten, daß die Eltern sich nicht lieben und die Kinder ihr einziger Trost sind. Das Mädchen, das sich zunächst gegen die Mutter stellt, imitiert mit der Zeit mütterliches Verhalten und übernimmt auch deren Wertsystem. Früher führte das fast unweigerlich in den Hafen der Ehe, wo sich das Drama dann wiederholte. Heute kann man eher eine ständig wechselnde Partnerbeziehung beobachten. Yves Baumstimler berichtet z. B. von einer 27jährigen Frau, die an Erotomanie, also an dem Wahn litt, unwiderstehlich zu sein, und einen Heißhunger nach Männern entwickelte, ohne von ihnen befriedigt zu werden. Die Analytikerin führt das auf den verführerisch erlebten Vater zurück und klassifiziert ihr Verhalten als hysterisch (Baumstimler 1993). Diese Art von Hysterie scheint aber auch bei Männern verbreitet zu sein, sie stellt daher eine Art weibliches Don-Juan-Verhalten dar, eine Neuauflage jenes Mannes also, der ständig sein Register erweitern mußte. Er ist vermutlich auf der Suche nach der idealen Frau (= Mutter), sie nach dem idealen Mann (= Vater).

Wird die Hysterikerin älter, dann verschwindet zwar ein Teil der Symptome, der schrille Charakter aber bleibt. Israel spricht in diesem Zusammenhang wenig charmant von Hausdrachen und Schreckschrauben (Israel 1983). Sie sind zeit ihres Lebens sehr häufig in den Wartezimmern der Ärzte anzutreffen und wissen andere mit ihren Leiden zu unterhalten. Den Arzt akzeptieren sie oft als ihren Meister, dem sie sich unterwerfen, aber auch als den Herrn über ihren Körper. Immer wieder erfahren wir von Hysterikerinnen, daß sie sich in ihren Arzt verlieben; Emma Eckstein und Anna von Vest z. B. in ihren Chirurgen, also quasi in ihren Kastrator. Oft fühlen sie sich daher selbst zu medizinischen oder sozialen Berufen hingezogen, der Anteil an "geheilten" Hysterikerinnen als Psychoanalytikerinnen dürfte beträchtlich sein. Denn unter dem schrillen Äußeren befindet sich nicht selten eine starke Empfindsamkeit, die gute Voraussetzungen für ein empathisches Verstehen schafft.

Als Analysandinnen entwickeln sie häufig eine "gierige Abhängigkeit" vom Analytiker. Sie scheinen nach dem Motto vorzugehen "Ich werde dich dazu bringen, mich zu lieben, und wenn ich dir alle Knochen brechen muß" oder "Ich werde dich dazu bringen, mich anzubeten, indem ich dich verrückt mache und deinen Wirklichkeitssinn verändere" (Brenman 1990, 1073).

Mentzos differenziert bei der Abhängigkeit zwischen pseudoregressiven und pseudoprogressiven Verhaltensweisen. Bei ersteren wirken die PatientInnen künstlich infantil und scheinen zu sagen "Du sollst mich schonen und lieben" oder "Ich bin total unschuldig, naiv, asexuell" (Mentzos 1995, 109 f.). Im zweiten Fall wollen sie vermitteln, daß sie autark, groß, reif, attraktiv und potent sind. Mentzos fordert den Therapeuten auf, "dem Patienten die verzerrende und verdrängende

Funktion seines habituellen Denkens und Verhaltens zu zeigen – es ist die einzig echte und einzig nützliche Zuwendung" (108). Und weiters

"Die Behandlung hysterischer Symptome und Charaktere kommt dem Versuch gleich, die 'alten Szenen' und ihre verzerrten Wiederholungen innerhalb der hysterischen 'Inszenierungen' zusammen mit dem Patienten neu zu bearbeiten. Die neue, die adäquate Inszenierung, die mit Hilfe eines korrigierten Szenariums die falschen Akzente eliminiert und die richtigen hervortreten läßt, muß in mühsamer Zusammenarbeit vom Patienten und Therapeuten erarbeitet und in der therapeutischen Beziehung paradigmatisch erlebt werden. Nur dadurch können die hysterische Symptomatik und das hysterische Verhalten ihre automatisierte Zwangsläufigkeit verlieren, sich erübrigen, zurücktreten und einer freien Entwicklung der in einem neurotischen Teufelskreis gefangengehaltenen Persönlichkeitsanteile Platz machen" (117).

Wobei wir bei der Kernfrage gelandet sind. Was ist die adäquate Inszenierung und wer bestimmt die falschen Akzente? Wenn die hysterische Persönlichkeit "ein Bild von Frauen in den Worten von Männern" ist, wie es Chodoff und Lyon 1958 formulierten, dann werden die falschen Akzente ständig die störenden sein, wie immer sie sich auch in Zukunft äußern mögen. Störend für wen – den Analytiker, den Partner, die Gesellschaft, die Patientin selbst? Zwar hat diese in der Analyse die Möglichkeit, ihre Probleme gemeinsam mit dem Analytiker/der Analytikerin aufzuarbeiten, ihre Liebesbeziehung in dieser wird aber von ihrem Selbstwertgefühl und ihrer Identität abhängig sein. Und diese wiederum ist nicht nur eine Folge ihrer Familienerfahrung, sondern auch eine der gesellschaftlichen Normen. Von ihnen ist es weitgehend abhängig, wie diese Heilung durch Liebe erfolgen kann.

Für mich wären daher vier Zukunftsszenarien vorstellbar:

1. An der Beziehung der Geschlechter ändert sich nichts Wesentliches. Im Gegenteil – durch Verknappung von Lohnarbeit wird die Frau wieder stärker in die Abhängigkeit vom Mann gedrängt, ihre Leistungen werden nicht honoriert und somit ihr Selbstwertgefühl verringert. Da auch Mutterschaft in einer zukünftigen Gesellschaft an Bedeutung verliert, weil es ohnehin zu viele Menschen auf der Erde gibt, kann sie nicht einmal daraus einen Wert schöpfen. Volltechnisierte Haushalte aber werden sie bei der Alltagsarbeit entlasten, so daß für viel mehr Frauen als früher der Müßiggang und die daraus resultierende Langeweile den Nährboden für das Entfalten neurotischer Verhaltensweisen bereiten wird. Ob sich diese dann eher durch Konversion und Angst (Hysterie) oder durch Verleugnung der Körperlichkeit (Anorexie) äußern werden, ist letztendlich unerheblich.

210

2. Frauen nehmen die traditionelle Rolle, die die Männer ihnen über Jahrtausende zugewiesen haben, zur Kenntnis und konterkarieren sie, aber nicht mehr unbewußt, wie es die Hysterikerin tut, sondern bewußt, ja mitunter provokant. Es müßte dadurch eigentlich klar werden, daß das Weibliche zwar von der Männerwelt zum Zweitrangigen, zum Mangelbegriff, zum Nichts deklariert wurde, daß es aber trotzdem das beherrschende Thema von Religion, Dichtung und Kunst darstellt und immer dargestellt hat. Wann und wo immer Männer sich über Geschlechtlichkeit den Kopf zerbrochen oder die Herzen verzehrt haben, verkörpert dieses Nichts eigentlich das Alles und daraus gilt es Kraft zu schöpfen. Diesmal aber nicht in der üblichen Spiegelfunktion, sondern in aufreizender Selbstbewußtheit. Wahrscheinlich wird der etwas provokante Weg der weiblichen Selbstverwirklichung von vielen Männern als hysterisch bezeichnet werden, aber es wäre eine Form, die den Frauen am wenigsten weh täte, weil sie ihn selbst gewählt haben.

3. Ein dritter Weg wäre der der Rollenangleichung, in gewissen Situationen des Rollentausches, nicht unbedingt als totaler männlicher Protest, sondern in diversen Teilbereichen. Wie wäre es, wenn die Künstlerin oder Dichterin sich von einer männlichen Muse inspirieren ließe, die ihr gleichzeitig die Hausarbeit abnimmt? Oder was käme bei der Spaltung des Männerbildes heraus? Vielleicht der gute, weise Vater, der einen beschützt und unterstützt und als verläßlicher Partner wiederkehrt, auf der einen Seite, und der ewig brünstige geile Bock, dem frau in diversen Liebhabern begegnet, auf der anderen Seite. Hier wäre die Analogie hergestellt zur Spaltung der Frau in Heilige und Hure oder nährende Mutter und böse Hexe. Diese archetypischen Männerbilder gibt es ja schon von alters her, nur sind sie uns nicht so geläufig wie ihre weiblichen Pendants. In der Religion begegnen sie uns im Duo Gott und Teufel, das schon die Phantasien der Nonnen des Mittelalters geplagt hat. Im areligiösen Denken bedeutet Spaltung die Idealisierung der Vaterfigur und die Verdrängung des Mannes als Sexualwesen. Das führt in vielen Fällen direkt in die Arme der Hysterie. Heute scheint allerdings die Spaltung bei Männern und Frauen üblich zu sein. Flüchtige sexuelle Beziehungen findet man bei beiden Geschlechtern, fallweise neben einer versorgenden Dauerbeziehung. Die Utopie geht aber in eine andere Richtung. Wie wäre es, wenn Frauen gleichzeitig zwei (oder mehr) Männer für ihre unterschiedlichen Bedürfnisse zur Seite stünden, so wie es Männer auch schon seit Jahrtausenden praktiziert haben, ohne daß sie dabei ein schlechtes Gewissen bekämen?

4. Die überwiegende Mehrheit der Frauen wird sich vermutlich aber auch weiterhin nach einer ganzheitlichen Beziehung sehnen[21]. In dieser können sie jedoch nur dann glücklich sein, wenn sie zu sich selbst gefunden haben und von ihrem Partner geachtet werden. Es wird also auf das zukünftige Frauenbild ankommen – ob männlich fremdbestimmt oder von Frauen selbst entworfen. Dieser neue Entwurf von Weiblichkeit kann auf die Beziehung zwischen den Geschlechtern zurückwirken und diese möglicherweise entscheidend verbessern. Denn wenn Frauen ihre Maskerade beendet haben, brauchen vielleicht auch Männer nicht mehr ihre dominierende, auf Leistung und Imponiergehabe aufbauende Rolle weiterspielen. Je besser aber menschliche Beziehungen funktionieren, desto ärmer an Neurosen könnte unsere Welt werden. Geben wir also der "Hysterikerin" eine Chance.

Wie soll ich mich nennen?

Einmal war ich ein Baum und gebunden,
dann entschlüpft ich als Vogel und war frei,
in einen Graben gefesselt gefunden,
entließ mich berstend ein schmutziges Ei.

Wie halt ich mich? Ich habe vergessen,
woher ich komme und wohin ich geh,
ich bin von vielen Leibern besessen,
ein harter Dorn und ein flüchtendes Reh.

Freund bin ich heute den Ahornzweigen,
morgen vergehe ich mich an dem Stamm …
Wann begann die Schuld ihren Reigen,
mit dem ich von Samen zu Samen schwamm?

Aber in mir singt noch ein Beginnen
– oder ein Enden – und wehrt meiner Flucht,
ich will dem Pfeil dieser Schuld entrinnen,
der mich in Sandkorn und Wildente sucht.

Vielleicht kann ich mich einmal erkennen,
eine Taube einen rollenden Stein …
Ein Wort nur fehlt! Wie soll ich mich nennen,
ohne in anderer Sprache zu sein.

Ingeborg Bachmann 1993, 20

Anmerkungen

[1] Gedicht von Bertha Pappenheim, geschrieben um 1911. In: Hirschmüller 1978 b, 382

[2] Beide wirken auf unser Unbewußtes, die innerpsychischen Gründe als eine Art anthropologische Konstante, wie z. B. der Ödipuskomlex samt Penisneid und Kastrationsangst, die gesellschaftlichen als variable Form der gesellschaftlichen Produktion von Unbewußtheit, die z. B. die Mächtigkeit des Penisneides bestimmen.

[3] Graf Alessandro Cagliostro (1743 – 1795), italienischer Abenteurer, Alchimist und Geisterbeschwörer, wurde 1786 aus Paris ausgewiesen, da er in die Halsbandaffäre verwickelt war. Er wurde 1789 wegen Betrugs in Rom zum Tode verurteilt, 1791 aber zu Kerkerstrafe begnadigt.

[4] Skandalaffäre am französischen Hof 1785/86. Die Gräfin de la Motte hatte dem Kardinal L. R. von Rohan vorgespiegelt, er könne die Gunst der Königin Marie Antoinette wiedererlangen, wenn er dieser beim Erwerb eines Diamantenhalsbandes behilflich sei. Die Gräfin verkaufte nach dessen Erhalt die Steine einzeln. Der Betrug flog auf, aber Rohan und sein Vertrauter Cagliostro wurden freigesprochen, die Gräfin hingegen zu lebenslangem Kerker verurteilt.

[5] Vergleiche den Fall "Marcelle" von Janet. Diese hatte schwere Geh-, Gedächtnis- und Denkstörungen. "Der Gedankenfluß wurde oft durch etwas unterbrochen, was die Patientin 'Wolke' nannte, in diesen 'Wolken' wurde ihr Geist von allerlei wirren Ideen und Halluzinationen überschwemmt" (Ellenberger 1973, 497).

[6] In seinem Roman "Wahlverwandtschaft" geht Goethe davon aus, daß, wenn ein Kind gezeugt wird, es die Züge desjenigen trägt, an den die Mutter beim Zeugungsakt gedacht hat. Es ist somit ein Symbol der Zusammengehörigkeit über die biologischen Folgen hinaus.

[7] Männlich und weiblich werden in der gesamten Arbeit als Stereotypien verwendet, da mögliche psycho-biologische Unterschiede der Geschlechter durch die gesellschaftliche Überformung nicht mehr eindeutig festgestellt werden können.

[8] Es handelt sich vor allem um die Briefe an seinen Freund Wilhelm Fließ. Der Briefwechsel dauerte von 1887 bis 1904, am intensivsten aber war er in den 90er Jahren.

[9] Die Personalangaben sind allerdings, aus Rücksicht auf die zu verbergende Identität der Patientin, mit Vorsicht zu betrachten, trotzdem dürfte die Standeszugehörigkeit stimmen, da sie auch bei allen anderen Fallgeschichten der "Studien über Hysterie" zutreffend ist.

[10] Irene Fast geht in ihrem Buch "Von der Einheit zur Differenz. Psychoanalyse der Geschlechtsidentität" davon aus, daß beide Geschlechter im Alter des Ödipuskomplexes, also zwischen drei bis sechs Jahren, auf ein Privileg verzichten müssen – das Mädchen darauf, einen Penis zu besitzen, der Knabe darauf, ein Kind bekommen zu können. Trotzdem dürfte meiner Ansicht nach der Verzicht für das Mädchen bedeutungsvoller sein, denn schließlich hat jeder Mann einen Penis, aber erst eine erwachsene Frau, und hier nicht einmal eine jede, gebiert ein Kind. Das männliche Privileg scheint einleuchtender zu sein und der Penisneid daher prägender als der Gebärneid.

[11] Jaques Lacan (1901 – 1981), französischer Psychoanalytiker und Linguist, der in seiner Theorie des Unbewußten von der Sprache des Begehrens ausgeht.

[12] Schon Emil Kraepelin war aufgefallen, "daß Fabrikarbeiter und Landarbeiter ganz unverhältnismäßig wenig vertreten zu sein scheinen. Auch unter den Frauen befanden sich ländliche Arbeiterinnen nur in verschwindend kleiner Zahl. Dagegen war im höchsten Maße auffallend der große Anteil an Dienstmädchen und Köchinnen, der nicht weniger als 45,1 % aller weiblichen Hysterischen betrug" (zit. nach Erdheim 1992, 165). Man kann daher davon ausgehen, daß diese von ihren Herrinnen "angesteckt" worden sind.

[13] Renate Höfer berichtet in ihrem Buch "Die Hiobsbotschaft C. G. Jungs. Folgen sexuellen Mißbrauchs", daß Jung in seiner Kindheit von einem Mann mißbraucht worden ist. Das könnte der Grund sein, warum er diese Möglichkeit bei Sabina Spielrein nicht erwogen hat, da die Erinnerungen daran für ihn allzu schmerzhaft gewesen sein dürften.

[14] Laut Aristoteles, der in der mittelalterlichen Scholastik die höchste philosophische Autorität repräsentierte, hat die Frau keinen eigenen Anteil am Kind, sondern ist nur der Behälter des männlichen Samens.

[15] Oliver Sacks hingegen kommt in seinem Buch Migräne (1966) zu dem Schluß, daß die Lichtvisionen eine Folge von Migräneattacken waren.

[16] Die Untersuchung des französischen Historikers Jules Michelet (1798 – 1874) erschien erstmalig 1862 unter dem Titel "La Sorcière" in Paris. Aus Angst vor einer Beschlagnahme stampften die Pariser Verleger die Auflage wieder ein. Michelet fand sich mit dieser Selbstzensur jedoch nicht ab, sondern ließ das Buch ein Jahr später in Brüssel verlegen.

[17] Illuminaten sind Anhänger esoterischer Vereinigungen, die sich einer höheren Erkenntnis Gottes und eines engeren Verkehrs mit der Geisterwelt rühmen.

[18] Ich möchte nochmals betonen, daß die unbewußte Annahme eines bestimmten durch die Gesellschaft vorgegebenen Rollenbildes konform geht mit der von Freud postulierten Libidoentwicklung, besonders was die Ausbildung des Penisneids betrifft. Ich halte diesen für eine anthropologische Konstante, da mir die Wahrnehmung des Besitzes bzw. Nichtbesitzes eines Penis als eine derartig einschneidende Erkenntnis beim Kind erscheint, daß sie wohl, unabhängig vom Kulturkreis, bei allen Kindern ähnliche Phantasien auslösen dürfte. Die Bewertung dieser Tatsache fällt dann naturgemäß beim Mädchen und Knaben anders aus, ist aber in ihrer Dramatik vom bereits vorher erlebten und später verstärkten Rollenbild abhängig und stellt somit die variable Seite des Unbewußten dar.

[19] Diese Schwierigkeiten, die Freud mit den mütterlichen Übertragungen als Analytiker hatte, stehen meiner Meinung nach nicht im Widerspruch dazu, daß Freud in seinen Realbeziehungen oft unbewußt nach dem Vorbild der Mutter und weniger nach dem des Vaters reagiert hat, wie ich das in diesem Kapitel hervorzuheben versuchte. Im Gegenteil – er war auf dem "mütterlichen" Auge teilweise blind, weil er hier viel mehr und längere Zeit hindurch Verdrängungsarbeit zu leisten hatte.

[20] Laut Devereux ist eine ethnische Störung eine solche, die für einen Kulturkreis typisch ist und daher weit verbreitet, die aber auch durch ihre Übertreibung einen Verstoß gegen geltende Normen darstellt.

[21] Selbstverständlich handelt es sich bei Zukunftsszenarien um Prognosen, die keinen Anspruch auf Wissenschaftlichkeit erheben können. Sie sind aber aus einer Art Extrapolation des Vorhergegangenen gewonnen und somit bis zu einem gewissen Grad fundiert. Trotzdem haben sie etwas mit den Phantasievorstellungen der Autorin zu tun, die ihren feministischen Denkansatz immer betont hat, und sind daher in jeder Hinsicht erweiterbar.

215

Bibliographie

Adler, Alfred (1912): Über den nervösen Charakter. Frankfurt/Main: Fischer 1972
Anonyma (1988): Verführung auf der Couch. Freiburg/Br.: Kore.
Anzieu, Didier (1990): Freuds Selbstanalyse und die Entdeckung der Psychoanalyse. München, Wien: Verlag internationale Psychoanalyse.
Appignanesi, Lisa; Forrester, John (1994): Die Frauen Sigmund Freuds. München: List.
Ariès, Philippe; Chartier, Roger (Hrsg.) (1991): Geschichte des privaten Lebens, III. Frankfurt/Main: Fischer.
Bachmann, Ingeborg (1993): Werke I. München: Piper.
Baumstimler, Yves (1993): Erotomanie zwischen Psychose und Hysterie. In: RISS 8, Nummer 22, 5–21.
Bergmann, Martin S.(1994): Geschichte der Liebe. Frankfurt/Main: Fischer.
Bernheim, Charles (1990): Introduction Part I. In: In Dora's Case. Hrsg. von Charles Bernheim und Claire Cahane. New York: Columbia University Press, 1–18.
Die Bibel (1980): Interdiözesaner Katechetischer Fonds (Hrsg.). Klosterneuburg: Österreichisches Katholisches Bibelwerk.
Blass, Rachel B.(1994): Hatte Dora einen Ödipuskomplex? In: Jahrbuch der Psychoanalyse Band 32, 74–111.
Bräutigam, Walter (1983): Beziehung und Übertragung in Freuds Behandlungen und Schriften. In: Psyche 37/2, 116–129.
von Braun, Christina (1985): Nichtich. Frankfurt/Main: Neue Kritik.
– (1989): Die schamlose Schönheit des Vergangenen. Zum Verhältnis von Geschlecht und Geschichte. Frankfurt/Main: Neue Kritik.
Brenman, Eric (1990): Hysterie. In: Psyche 44/2, 1063–1081.
Breuer, Josef; Freud, Sigmund (1895 d): Studien über Hysterie. Frankfurt/Main: Fischer 1991.
Brocchieri, M. F. B. (1991): Hildegard, die Prophetin. In: Heloise und ihre Schwestern. Hrsg. von Feruccio Bertini. München: Beck, 192–221.
Carotenuto, Aldo (1986): Tagebuch einer heimlichen Symmetrie. Freiburg/Br.: Kore.
Chassé, Erika (1993): Beginentum und Mystik. In: RISS 8, Nummer 23, 51–75.
Chassequet-Smirgel, Janine (1974): Freuds widersprechende psychoanalytische Ansichten über die weibliche Sexualität. In: Psychoanalyse der weiblichen Sexualität. Hrsg. von Janine Chassequet-Smirgel. Frankfurt/Main: Suhrkamp. 46–67.
Chehrazi, Shala (1988): Zur Psychologie der Weiblichkeit. Ein kritischer Überblick. In: Psyche 42/1, 307–327.

Chodoff, P.; Lyons, H. (1958): Hysteria, the Hysterical Personality and "Hysterical" Conversion. In: Amerikanisches Jahrbuch der Psychiatrie. 734–740.

Decker, Hannah S. (1991): Freud, Dora and Vienna 1900. New York: The Free Press.

Deutsch, Felix (1990): A Footnote to Freuds "Fragment of an Analysis of a Case of Hysteria". In: In Dora's Case. Hrsg. von Charles Bernheim und Claire Kahane. New York: Columbia University Press, 35–43.

Devereux, Georges (1973): Angst und Methode in den Verhaltenswissenschaften. München: Hanser.

Dittrich, Karin A. (1993): Der analytische Inzest am Beispiel von Otto Groß und C. G. Jung. In: Luzifer-Amor Heft 14, 40–60.

– (1995): Zur Frühgeschichte des Gegenübertragungsbegriffs bei Freud und seinen ersten Schülern. In: Luzifer-Amor Heft 15, 7–30.

Dörner, Klaus (1995): Bürger und Irre. Frankfurt/Main: Europ. Verlagsanstalt.

Eis, Egon (1983): Jeanne d'Arc. In: Exempla historica. Epochen der Weltgeschichte in Biographien, Band 25. Frankfurt/Main: Fischer, 87–112.

Eissler, K. R. (1987): Ein Abschied von Freuds Traumdeutung. In: Psyche 41, 969–986.

Ellenberger, Henri (1973): Die Entdeckung des Unbewußten. Bern, Stuttgart, Wien: Hans Huber.

Endler, Franz (1977): Das k. u. k. Wien. Wien, Heidelberg: Ueberreiter.

Erdheim, Mario (1987): Hexenwahn, Kulturzerstörung und gesellschaftliche Produktion von Unbewußtheit. In: Zur Idee einer Psychoanalytischen Sozialforschung. Hrsg. von Belgrad et al. Frankfurt/Main: Fischer, 151–162.

– (1992): Die gesellschaftliche Produktion von Unbewußtheit. Frankfurt/Main: Suhrkamp.

Erikson, Erik H. (1990): Reality and Actuality: An Address. In: In Dora's Case. Hrsg. von Charles Bernheim und Claire Kahane. New York: Columbia University Press, 44–55.

Falzeder, Ernst; Haynal, André (1989): "Heilung durch Liebe"? Ein außergewöhnlicher Dialog in der Geschichte der Psychoanalyse. In: Jahrbuch der Psychoanalyse 24. 109–127.

Falzeder, Ernst (1994): The Threads of Psychoanalytic Filiations or Psychoanalysis Taking Effect. In: 100 Years of Psychoanalysis. Hrsg. von André Haynal und Ernst Falzeder. London: H. Karnac (Books) 169–198.

Fast, Irene (1996): Von der Einheit zur Differenz. Psychoanalyse der Geschlechtsidentität. Frankfurt/Main: Fischer.

Fenichel, Otto (1974): Hysterie und Zwangsneurose. Darmstadt: Wissenschaftliche Buchgesellschaft.

Ferenczi, Sándor (1988): Ohne Sympathie keine Heilung. Das klinische Tagebuch von 1932. Frankfurt/Main: Fischer.

Fichtner, Gerhard; Hirschmüller, Albrecht (1985): Freuds "Katharina" – Hintergrund, Entstehungsgeschichte und Bedeutung einer frühen psychoanalytischen Krankengeschichte. In: Psyche 39/1, 220–240.

Forrester, John (1994) "A Whole Climate of Opinion": Rewriting the History of Psychoanalysis. In: Discovering the History of Psychiatry. New York, Oxford: Oxford University Press, 174–190.

Fortune, Ch. (1994): A Difficult Ending: Ferenczi, "R. N.", and the Experiment in Mutual Analysis. In: 100 Years of Psychoanalysis. Hrsg. von André Haynal und Ernst Falzeder. London: H. Karnac (Books), 217–224.

Foucault, Michel (1995): Wahnsinn und Gesellschaft. Frankfurt/Main: Suhrkamp.

Frauenlexikon (1989): Hrsg. von Anneliese Lissner et al. Freiburg/Br., Basel, Wien: Herder.

Freud, Ernst et al. (Hrsg.) (1976): Sigmund Freud. Sein Leben in Bildern und Texten. Frankfurt/Main: Suhrkamp.

Freud, Sigmund (1890 a): Psychische Behandlung. In: Studienausgabe Ergänzungsband, Frankfurt/Main: Fischer 1989, 17–35.

– (1893 a): Über den psychischen Mechanismus hysterischer Phänomene. In: Studienausgabe Band 6, Frankfurt/Main: Fischer 1989, 13–24.

– (1895 d): Zur Psychotherapie der Hysterie. In: Studien über Hysterie. Frankfurt/Main: Fischer 1991, 271–322.

– (1896 c): Zur Ätiologie der Hysterie. In: Studienausgabe Band 6, Frankfurt/Main: Fischer 1989, 53–81.

– (1898 a): Die Sexualität in der Ätiologie der Neurosen. In: Studienausgabe Band 5, Frankfurt/Main: Fischer 1989, 15–35.

– (1900 a): Traumdeutung. In: Studienausgabe Band 2, Frankfurt/Main: Fischer 1989, 29–588.

– (1905 a): Über Psychotherapie. In: Studienausgabe Ergänzungsband, Frankfurt/Main: Fischer 1989, 109–119.

– (1905 d): Drei Abhandlungen zur Sexualtheorie. In: Studienausgabe Band 5, Frankfurt/Main: Fischer 1989, 47–145.

– (1905 e): Bruchstücke einer Hysterie-Analyse. In: Studienausgabe Band 6, Frankfurt/Main: Fischer 1989, 87–186.

– (1906 a): Meine Ansichten über die Rolle der Sexualität in der Ätiologie der Neurosen. In: Studienausgabe Band 5, Frankfurt/Main: Fischer 1989, 149–157.

– (1908 a): Hysterische Phantasien und ihre Beziehung zur Bisexualität. In: Studienausgabe Band 6, Frankfurt/Main: Fischer 1989, 189–195.

– (1909 a): Allgemeines über den hysterischen Anfall. In: Studienausgabe Band 6, Frankfurt/Main: Fischer 1989, 199–203.

– (1912 b): Zur Dynamik der Übertragung. In: Studienausgabe Ergänzungsband, Frankfurt/Main: Fischer, 159–168.

– (1912 d): Über die allgemeine Erniedrigung des Liebeslebens. In: Studienausgabe Band 5, Frankfurt/Main: Fischer 1989, 199–209.

– (1914 c): Zur Einführung des Narzißmus. In Studienausgabe Band 3, Frankfurt/Main: Fischer, 41–68.

– (1914 g): Erinnern, Wiederholen, Durcharbeiten. In: Studienausgabe Ergänzungsband, Frankfurt/Main: Fischer 1989. 207–215.

– (1915 a): Bemerkungen über die Übertragungsliebe. In: Studienausgabe Ergänzungsband, Frankfurt/Main: Fischer 1989, 219–230.

– (1915 c): Triebe und Triebschicksale. In: Studienausgabe Band 3, Frankfurt/Main: Fischer, 81–102.

– (1916–1917 a): Vorlesungen zur Einführung in die Psychoanalyse, Allgemeine Neurosenlehre: In: Studienausgabe Band 1, Frankfurt/Main: Fischer 1989, 415–445.

- (1925 d): "Selbstdarstellung". In: Gesammelte Werke Band 14, London: Imago 1948, 31–96.
- (1931 b): Über die weibliche Sexualität. In: Studienausgabe Band 5, Frankfurt/Main: Fischer 1989, 275–292.
- (1933 a): Neue Vorlesungen zur Einführung in die Psychoanalyse: Die Weiblichkeit. In: Studienausgabe Band 1, Frankfurt/Main: Fischer 1989, 544–565.
- (1985 c): Briefe an Wilhelm Fließ (1887–1904). Hrsg. von J. M. Masson. Frankfurt/Main: Fischer 1986.
- (1985 d): Briefe an seine Patientin Anna von Vest. Hrsg. von Stefan Goldmann. In: Jahrbuch der Psychoanalyse Band 17, 269–295.
Gearhart, Suzanne (1990): The Scene of Psychoanalysis: The Unanswered Questions of Dora. In: In Dora's Case. Hrsg. von Charles Bernheim und Claire Kahane. New York: Columbia University Press, 105–127.
Gelfand, Toby (1992): Sigmund-sur-Seine: Fathers and Brothers. In: Freud and the History of Psychoanalysis. Hrsg. von Toby Gelfand und John Kerr. New York, London: Analytic Press, 29–58.
Glenn, Jules (1989): Freud, Dora und das Kindermädchen. Eine Untersuchung der Gegenübertragung. In: Psyche 43/1, 522–534.
Gnüg, Hiltrud (1989): Erotisch-emanzipatorische Entwürfe. In: Schreibende Frauen. Hrsg von Hiltrud Gnüg und Renate Möhrmannn. Stuttgart: Suhrkamp, 260–280.
Gödde, Günther (1994): Charcots neurologische Hystherietheorie – Vom Aufstieg und Niedergang eines wissenschaftlichen Paradigmas. In: Luzifer-Amor Heft 14, 7–53.
Goldmann, Stefan (1985): Eine Kur aus der Frühzeit der Psychoanalyse. In: Jahrbuch der Psychoanalyse Band 17, 296–337.
Grunert, Johannes (1989): Intimität und Abstinenz in der psychoanalytischen Allianz. In: Jahrbuch der Psychoanalyse 25, 203–235.
Gürtler, Sabine (1995): Rösselsprung der Hysterie. In: Luzifer-Amor Heft 15, 63–69.
von Gumpert, Thekla (Hrsg.) (o. J.): Töchter-Album. 38. Jahrgang. Glogau: Flemming.
Habermas, Tilman (1994): Zur Geschichte der Magersucht, Frankfurt/Main: Fischer.
Halberstadt-Freud, Hendrika C. (1996): Clara Schumann. Liebe und Leben einer Frau. Eine psychoanalytische Interpretation. In: Psyche 50/3, 193–217.
Hammes, Manfred (1977): Hexenwahn und Hexenprozesse. Frankfurt/Main: Fischer.
Hauschild, Thomas et al. (Hrsg.) (1979): Hexen. Katalog zur Sonderausstellung "Hexen" im Hamburgischen Museum für Völkerkunde.
Hirschmüller, Albrecht (1978 a): Eine bisher unbekannte Krankengeschichte S. Freuds und J. Breuers aus der Entstehungszeit der "Studien über Hysterie". In: Jahrbuch der Psychoanalyse Band 10, 136–168.
- (1978 b): Physiologie und Psychoanalyse im Leben und Werk Josef Breuers. In: Jahrbuch der Psychoanalyse Beiheft 4. Bern, Stuttgart, Wien: Hans Huber.
- (1987): Balsam auf eine schmerzende Wunde. In: Psyche 41/2, 55–59.
- (1989): Freuds Mathilde. In: Jahrbuch der Psychoanalyse Band 24, 128–159.

- (1991): Freuds Begegnung mit der Psychiatrie. Tübingen: edition diskord.
- (1994): The Genesis of the Preliminary Communication of Breuer and Freud. In: 100 Years of Psychoanalysis. Hrsg. von André Haynal und Ernst Falzeder. London: H. Karnac (Books), 17–30.
Höfer, Renate (1993): Die Hiobsbotschaft C. G. Jungs. Folgen sexuellen Mißbrauchs. Lüneburg: zu Klampen.
Hoffer, Axel (1993): Asymmetrie und Gegenseitigkeit in der analytischen Beziehung: Lektionen für heute aus der Beziehung zwischen Freud und Ferenczi. In: Psyche 47/1, 1027–1040.
- (1994): Ferenczi's Search for Mutuality: Implications for the Free Association Method. An Introduction. In: 100 Years of Psychoanalysis. Hrsg. von André Haynal und Ernst Falzeder. London: H. Karnac (Books), 199–204.
Hoffmann, S. O. (1979): Charakter und Neurose. Ansätze zu einer psycho-analytischen Charakterologie. Frankfurt/Main: Suhrkamp.
Hofmann, Werner (1987): Zauber der Medusa. Katalog der gleichnamigen Ausstellung der Wiener Festwochen.
Holt, Robert R. (1992): Freud's Parental Identifications as a Source of Some Contradictions within Psychoanalysis. In: Freud and the History of Psychoanalysis. Hrsg. von Toby Gelfand und John Kerr. New York, London: Analytic Press, 1–28.
Horney, Karen (1994): Die Psychologie der Frau. Frankfurt/Main: Fischer.
Israel, Lucien (1983): Die unerhörte Botschaft der Hysterie. München, Basel: Ernst Reinhardt.
Jennings, Jerry (1990): Die "Dora-Renaissance": Fortschritte in psychoanalytischer Theorie und Praxis. In: Psyche 44/1, 385–411.
Jones, Ernest (1960): Das Leben und Werk von Sigmund Freud, I–III. Bern: Huber.
Juranville, Anne (1989): Hysterie und Melancholie bei der Frau. In: RISS 7, Nummer 21, 53–80.
Keller, Werner (1973): Was gestern noch als Wunder galt. Zürich: Droemer.
Kerr, John (1994): Eine höchst gefährliche Methode. München: Kindler.
Kimmerle, Gerd (1991): Die Verleugnung des Weiblichen in Freuds Mythologie des Begehrens. In: Luzifer-Amor Heft 8, 150–159.
King, Vera (1995): Anna, Irma und Dora – Schlüssel zu den Müttern im Schöpfungsprozeß der Psychoanalyse. In: Psyche 49, Heft 9/10, 838–866.
Körner, Jürgen (1990): Übertragung und Gegenübertragung. In: Forum der Psychoanalyse 6, 87–104.
Korintenberg, Georg (1992): Eine Krankheit wie jede andere? In: RISS 7, Nummer 21, 82–88.
Krüll, Marianne (1979): Freud und sein Vater. München: Beck.
Krutzenbichler, H. Sebastian; Essers, Hans (1991): Muß denn Liebe Sünde sein? Über das Begehren des Analytikers. Freiburg/Br.: Kore.
Lakoff, R. T.; Coyne, James C. (1993): Father Knows Best. The Use and Abuse of Power in Freud's Case of Dora. New York: Teachers College Press.
Leonardi, Claudio (1991): Katharina, die Mystikerin. In: Heloise und ihre Schwestern. Hrsg. von Feruccio Bertini. München: Beck, 222–251.
Loch, Wolfgang (1985): Anmerkungen zur Pathogenese und Psychodynamik der Hysterie. In: Jahrbuch der Psychoanalyse 17, 135–174.

Loewenfeld, Leopold (1904): Die moderne Behandlung der Nervenschwäche der Hysterie und verwandter Leiden. Wiesbaden: J. F. Bergmann.

Lorenzer, Alfred (1984): Intimität und soziales Leid. Frankfurt/Main: Fischer.

Masson, J. M. (1984): Was hat man dir, du armes Kind, getan? Reinbek: Rowohlt.

‒ (1986): Briefe an Wilhelm Fließ (1887–1904). Frankfurt/Main: Fischer.

Mentzos, Stavros (1995): Hysterie. Frankfurt/Main: Fischer.

Meyers Neues Lexikon (1980): Hrsg. von Werner Digel und Gerhard Kwiatkowski. Mannheim, Wien, Zürich: Bibliographisches Institut.

Michelet, Jules (1977): Die Hexe. Berlin: Eduard Jakobson.

Millot, Catherine (1990): Die Hysterie an der Grenze. In: Fragmente 34, 35–40.

Minder, Bernard (1994): Sabina Spielrein. Jungs Patientin am Burghölzli. In: Luzifer-Amor Heft 14, 55–127.

Mitchell, Juliet (1976): Psychoanalyse und Feminismus. Frankfurt/Main: Suhrkamp.

Moi, Toril (1990): Represantation of Patriarchy: Sexuality and Epistemology in Freud's Dora. In: In Dora's Case. Hrsg. von Charles Bernheim und Claire Kahane. New York: Columbia University Press, 181–200.

Mühlleitner, Elke (1992): Biographisches Lexikon der Psychoanalyse. Tübingen: edition discord.

Musil, Robert (1970): Der Mann ohne Eigenschaften. Reinbek: Rowohlt.

Perrot, Michelle (Hrsg.) (1992): Geschichte des privaten Lebens, IV. Frankfurt/Main: Fischer.

Person, Ethel S. (1994): Die erotische Übertragung bei Frauen und Männern: Unterschiede und Folgen. In: Psyche 48, Heft 9/10, 783–807.

Peters, Uwe Henrik (1989): Irma – Emma – Martha – Anna. Einige zusätzliche Bemerkungen zu Ausführungen von K. R. Eissler und H. Thomä. In: Psyche 43/2, 830–848.

Pleister, Werner (1983): Catarina von Siena. In: Exempla historica, Epochen der Weltgeschichte in Biographien Band 25. Frankfurt/Main: Fischer, 9–36.

Pollock, G. H. (1968): The Possible Significance of Childhood Object Loss in the Josef Breuer – Bertha Pappenheim (Anna O.) – Sigmund Freud Relationship. In: Journal of American Psychoanalytic Association 16.

Poluda-Korte, Eva S. (1992): Freud und die Töchter. In: Jahrbuch der Psychoanalyse Band 29, 92–139.

Popp, Paul (Hrsg.) (1982): Große Frauen der Welt. Würzburg: Arena.

Rachmann, A. Wm. (1994): The Confusion of Tongues Theory: Ferenczi's Legacy to Psychoanalysis. In: 100 Years of Psychoanalysis. Hrsg. von André Haynal und Ernst Falzeder. London: H. Karnac (Books) 235–256.

Racker, Heinrich (1993): Übertragung und Gegenübertragung. München, Basel: Ernst Reinhardt.

Ramas, Maria (1990): Freud's Dora, Dora's Hysteria. In: In Dora's Case. Hrsg. von Charles Bernheim und Claire Kahane. New York: Columbia University Press, 149–180.

Reclams Schauspielführer (1960): Hrsg. von Otto C. A. zur Nedden und Karl H. Ruppel. Stuttgart: Reclam.

Reicheneder, Johannes Georg (1983): Sigmund Freud und die kathartische Methode Josef Breuers. In: Jahrbuch der Psychoanalyse Band 15, 229–250.

221

Reichmayr, Johannes (1994): Spurensuche in der Geschichte der Psychoanalyse. Frankfurt/Main: Fischer.
Rohde-Dachser, Christa (1989): Weiblichkeitsparadigmen in der Psychoanalyse. In: Was will das Weib in mir? Hrsg. von Karola Brede. Freiburg/Br.: Kore, 73–97.
– (1991): Expedition in den dunklen Kontinent. Weiblichkeit im Diskurs der Psychoanalyse. Berlin, Heidelberg: Springer.
Sacks, Oliver (1996): Migräne. Reinbek: Rowohlt.
Schaps, Regina (1982): Hysterie und Weiblichkeit. Frankfurt/Main, New York: Campus.
Schindler, Regula (1994): Hysterie. In: RISS 9, Nummer 27, 51–69.
Schlesier, Renate (1990): Mythos und Weiblichkeit bei Sigmund Freud. Frankfurt/Main: Hain.
Schmidt-Hellerau, Cordelia (1988): Über das Rätsel der Weiblichkeit. Neue Thesen zur weiblichen Entwicklung, herausgearbeitet aus den Werken Sigmund Freuds. In: Psyche 42/1, 289–306.
Schneider, Monique (1989): Der weibliche Blick und die theoretische Schrift. In: Psyche 43/1, 331–338.
Schrott, Heinz (1989): Zum Verhältnis von Mesmerismus, Hypnose und Psychoanalyse. In: Wunderblock. Eine Geschichte der modernen Seele. Hrsg. von Jean Clair et al. Wiener Festwochen. Wien: Löcker.
Schur, Max (1973): Sigmund Freud: Leben und Sterben. Frankfurt/Main: Suhrkamp.
Sexl, Roman (1982): Was die Welt zusammenhält. Stuttgart: Deutsche Verlags-Anstalt.
Shahar, Shulamith (1981): Die Frau im Mittelalter. Königstein/Ts.: Athenäum.
Shorter, Edward (1994): Moderne Leiden. Reinbek: Rowohlt.
Spielrein, Sabina (1986 a): Die Destruktion als Ursache des Werdens. Hrsg. von G. Kimmerle. Tübingen: edition discord.
– (1986 b): Tagebuch einer heimlichen Symmetrie. Hrsg. von A. Carotenuto. Freiburg/Br.: Kore.
Stopczyk, Annegret (1980): Was Philosophen über Frauen denken. München: Matthes & Seitz.
Stroeken, Harry (1992): Freud und seine Patienten. Frankfurt/Main: Fischer.
Swales, Peter (1986): Freud, his Teacher and the Birth of Psychoanalysis. In: Appraisals and Reappraisals Band I. Hrsg. von Paul E. Stepansky. New York, London: Analytic Press, 3–82.
– (1988): Freud, Katharina and the First 'Wild Analysis'. In: Appraisals and Reappraisals Band III. Hrsg. von Paul E. Stepansky. New York, London: Analytic Press, 81–160.
Thomä, Helmut; Kächele, Horst (1985): Zur Theorie und Praxis der Gegenübertragung. In: Jahrbuch der Psychoanalyse 17, 175–210.
– (1987): Wer war Freuds "Irma"? In: Psyche 41/2, 987–991.
Torok, Maria (1974): Die Bedeutung des "Penisneides" bei der Frau. In: Psychoanalyse der weiblichen Sexualität. Hrsg. von Janine Chassequet-Smirgel. Frankfurt/Main: Suhrkamp, 192–233.
Traum und Wirklichkeit. Wien 1870–1930. Katalog zur gleichnamigen 93. Sonderausstellung des Historischen Museums der Stadt Wien (1985).

Vare, Ethlie; Ptacek, Greg (1990): Patente Frauen. Große Erfinderinnen. Wien, Darmstadt: Paul Zsolnay.

Vida, Judith E. (1994): Sándor Ferenczi. Amalgamating With the Existing Body of Knowledge. In: 100 Years of Psychoanalysis. Hrsg. von André Haynal und Ernst Falzeder. London: H. Karnac (Books) 257–266.

Weininger, Otto (1980): Geschlecht und Charakter. München: Matthes & Seitz.

Weiß, Heinz (1988): Der Andere in der Übertragung. In: Jahrbuch der Psychoanalyse, Beiheft 11. Bern, Stuttgart, Wien: Hans Huber.

Wellendorf, F. (1987): Der Fall Dora. Eine Mesalliance. In: Zur Idee einer psychoanalytischen Sozialforschung. Hrsg. von Belgrad et al. Frankfurt/Main: Fischer, 70–84.

Willi, J. (1975): Die Zweierbeziehung. Reinbek: Rowohlt.

Wirtz, Ursula (1989): Seelenmord, Inzest und Therapie. Zürich: Kreuz.

Wurmser, L. (1991): Der goldleuchtende Dolch. Masochistische Übertragung, Über-Ich-Übertragung und Gegenübertragung. In: Forum der Psychoanalyse 7, 1–19.

Young-Bruehl, Elisabeth (1994): A History of Freud Biographies. In: Discovering the History of Psychiatry. Hrsg. von Mark S. Micale and Roy Porter, 157–173.

Zizek, Slavoj (1995): Otto Weininger oder Die Frau existiert nicht. In: Texte Psychoanalyse, Ästhetik, Kultur. Heft 1, 60–83.

Zöllner, Erich (1961): Geschichte Österreichs. Wien: Verlag für Geschichte und Politik.

Zweig, Stefan (1982): Die Welt von Gestern. Frankfurt/Main: Fischer

Register

229

Bildnachweis

Seite 12 aus Sexl, R. 1982
Seiten 18, 34, 40, 100, 177 aus Perrot, M. 1992
Seiten 28, 144, 148 aus Hauschild, Th. et al. 1979
Seite 30 aus Hofmann, W. 1987
Seiten 55 (links), 178 aus Hirschmüller, A. 1978 b
Seiten 55 (rechts), 84 (rechts) aus Appignanesi, L., Forrester, J. 1994
Seiten 84 (links), 116 (links), 168, 179, 184 aus Freud, E. et al. 1976
Seite 116 (rechts) aus Goldmann, St. 1985
Seiten 134, 138 aus Leonardi, C. 1991
Seiten 141, 161 aus Popp, P. 1982
Seite 146 aus v. Braun, Chr. 1985
Seite 157 aus Endler, F. 1977
Seite 163 aus v. Gumpert, Th. (o. J.)
Seite 164 aus "Traum und Wirklichkeit", 1985
Seite 198 aus Ariès, P. et al. 1991
Seite 199 aus Keller, W. 1973